JN485592

기술혁신 경영전략의 이론과 활용

* 이 저서는 2017년 정부(교육부)의 재원으로 한국연구재단의 지원을 받아 수행된 연구임(NRF-2017S1A6A4A01021282)

기술혁신 경영전략의 이론과 활용

영남대학교 출판부

우리가 낯선 지역을 여행할 때 필요한 것 중 하나가 바로 여행용 지도입니다. 여행용 지도는 교통편과 맛집 정보를 비롯하여 해당 여행지에 대한 다양한 정보를 제공하여 생소한 관광지를 여행하는 데 큰 도움이 됩니다. 본 학술서는 '기술혁신 경영전략' 이라는 분야를 학문적으로 여행하려는 학생들과 연구자들에게 유용한 여행용 지도로 사용되기 위해 저술되었습니다.

본 학술서는 기술혁신 경영전략 분야에 대한 성공적인 학문적 여행을 위해 다음과 같은 세 가지 구성(Part I ~ Part III)을 통해 독자들의 여행을 안내합니다.

첫째, 본 학술서의 Part I(1장~3장)에서는 기술혁신 경영전략의 중요성과 개념에 대해 여행을 합니다. 기술혁신 경영전략 분야는 '기술', '혁신', '경영', '전략' 분야의 융합을 통해 형성되고 발전되는 융복합적인 분야이기 때문에 다차원적인 관점에서 기술혁신 경영전략의 중요성과 개념을 파악하고 이해하는 것이 본 학술서를 통한 여행의 중요한 출발점입니다. 이를 위해 Part I에서는 기술혁신 경영전략의 중요성을 기술-시장-기업 시스템에 기반한 3가지 분석 차원을 통해 조명합니다. 이와 함께 기술혁신의 역동성과 적자생존에 대한 여행을 한 후, '기술', '혁신', '경영', '전략'의 의미에 대한 고찰을 통해 '기술혁신 경영전략'의 개념을 파악합니다.

둘째, Part II(4장~10장)에서는 기술혁신 경영전략의 이론에 대해 여행합니다. 이 여행에서는 1950년대부터 2010년대 전반기까지 기술혁신 경영전략 이론의 흐름을 6세대로 구분하여, 세대별 기술혁신 경영전략 주요 대표 이론의 발생 배경과 핵심 내용을 살펴보고, 이러한 주요 대표 이론들 상호간의 공통점과 차이점을 여행합니다.

셋째, Part III(11장~17장)에서는 6세대별 기술혁신 경영전략 주요 대표 이론 활용의 중요 요인에 대해 여행합니다. 6세대별 유관 연구들을 통해 이 여행에서는 세대별 기술혁신 경영전략 주요 대표 이론의 활용을 위해 고려해야되는 중요 요인들을 살펴봅니다. 이와 함께 6세대별 기술혁신 경영전략 주요 대표 이론 활용의 중요 요인들을 비교 분석하고 후속 연구들을 위한 제언을 끝으로 본 학술서를 통한 학문적 여행은 마무리됩니다.

본 학술서의 저술과 출간을 위해 큰 도움을 주신 분들께 본 지면을 통해 다음과 같이 감사의 인사를 올리고 싶습니다. 먼저, 하느님께 깊은 감사 인사를 올립니다. 하느님의 은총과 자비가 없었다면, 본 학술서는 이 세상에 존재 할 수 없었을 것입니다. 저술출판지원 사업을 통해 본 학술서의 저술출판을 지원해주신 한국연구재단에 감사를 드립니다. 또한 본 학술서의 출간을 위해 많은 지원을 해주신 영남대학교 언론출판문화원의 박태경 원장님과 이종백 실장님께 감사드립니다. 그리고 본 학술서의 저술에 필요한 학술 자료 수집에 큰 도움을 주신 영남대학교 중앙도서관의 조석주 선생님과 정순화 선생님께도 감사의 마음을 전합니다. 본 학술서를 위한 집필 과정의 시작부터 출간을 위한 마지막 과정까지 가족의 응원과 사랑이 큰 힘이 되었습니다. 사랑하는 아내와 딸에게 감사의 마음을 전합니다.

2022년 10월

영남대학교의 아름다운 가을 캠퍼스에서 허용석

PART II 기술혁신 경영전략의 이론

I 그림/표 차례

기술혁신 경영전략의 이론과 활용

PART I

기술혁신 경영전략의 중요성과 개념

그림 1-1 Part I의 구성 체계

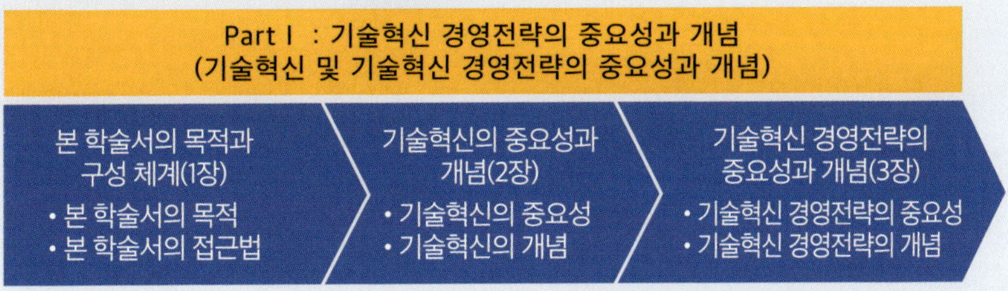

본 학술서의 Part I은 <그림 1-1>과 같이 기술혁신 경영전략의 중요성과 개념을 설명하기 위한 3개의 장들로 구성 되어 있다. 1장에서는 본 학술서의 목적과 구성 체계를 소개하고 2장 및 3장에서는 각각 기술혁신과 기술혁신 경영전략의 중요성과 개념에 대해 다루고 있다.

1장

본 학술서의 목적과 구성 체계

4차 산업혁명 시대의 도래로 오늘날 국가와 기업이 경쟁우위를 창출하고 유지하는 데 기술혁신 경영전략이 더욱 중요해지고 있다. 따라서, 본 학술서는 기술혁신 경영전략을 공부하는 학생들과 유관 분야 연구자들을 위한 교육 및 연구용으로 저술되었다.

유학(儒學)의 사서삼경(四書三經) 중 하나인 『대학(大學)』을 보면 "구일신 일일신 우일신(苟日新 日日新 又日新)" 이라는 글을 접하게 된다. 이 글은 중국의 은(殷)나라를 세운 탕왕(湯王)이 자신의 세숫대야에 새겨 놓고 늘 가까이하던 잠언으로서, "진실로 하루가 새롭게 되기 위해서는 매일 매일 새로워지고 또 매일이 새로워져야 한다."라는 뜻이다. 이는 지속적으로 자기 혁신을 추구하라는 것을 의미한다. 세수를 할 때마다 이 잠언을 읽으면서 탕왕은 자신의 정치를 고여서 썩는 물이 아니라 날마다 새롭게 샘솟는 물처럼 혁신하기 위해 부단한 노력을 하였다. 그 결과 탕왕은 중국 역사에 길이 빛나는 성군으로 이름을 남겼다.

전술한 바와 같이 탕왕이 매일 가슴에 깊이 새겼던 "苟日新 日日新 又日新"이라는 잠언은 오늘날 기업의 기술혁신을 위해 다음과 같은 2가지 의미로 재해석 될 수 있다. 첫째, 기업이 기술을 통해 지속적인 경쟁우위를 창출하기 위해서는 기업이 전략적으로 연구 및 개발하는 기술들이 매일 지속적으로 새로워져야 된다는 것을 의미한다. 둘째, 자원과 시간의 제약 조건 안에서 경제적 이익을 추구하는 기업[1]의 목적을 고려했을 때, 기업의 수익성을 위해 혁신되는 기술은 지속적으로 새로워지는 것만으로는 안된다. 탕왕이 자신을 둘러싼 환경적 제약 조건 하에서 매일 자신을 새롭게 만들어 자신의 목표를 달성했듯이, 기업에 의해 지속적으로 창출되는 기술혁신 또한 기업의 수익 창출이나 비용 감소로 이어져 기업의 합법적이며 도덕적인 경제적 이익 증대에 공헌할 수 있을 때 기술혁신이 비로소 기업 경영에 필요한 진정한 의미를 가질 수 있다(Afuah, 2003). 즉, 기업의 기술혁신은 날마다 새로워지는 혁신과 함께 기업의 이익 창출과 증진에 기여할 수 있을 때 진정한 의미를 가질 수 있다. 이는 Motorola(社)를 비롯한 통신사업 분야에 세계 굴지의 기업들이 참여한

1) 본 학술서에서는 합법적이며 도덕적인 경제적 이익 추구를 목적으로 하는 영리 조직을 기업으로 전제함.

컨소시엄을 통해 개발되어 출시된 휴대전화 위성 통신 서비스인 이리듐(Iridium)의 실패 사례에서 극명하게 드러난다. 1990년 6월 시작된 이리듐 사업의 성공을 위해 4십억 달러가 넘는 천문학적인 액수의 과감한 투자가 감행되어 세계 최초로 국제 전화 위성 통신 서비스가 시장에 도입되었으나, 1999년 결국 파산 신청을 하게 되었다(Abetti, 2000; Collins, 2005; Finkelstein & Sanford, 2000). 누구나 손 쉽게 휴대전화로 국제전화를 할 수 있는 오늘날과는 달리, 상대적으로 국제 전화가 쉽지 않았던 1990년대에 위성 통신을 이용하여 휴대전화를 통해 쉽게 국제 전화를 가능하게 한 이리듐은 기술적인 측면에서는 너무나 혁신적이었다. 하지만, 당시에 상용되고 있던 이동전화 서비스에 비해 서비스 이용료가 너무 고가였기 때문에 소비자들의 선택에서 멀어지게 되었다(Finkelstein & Sanford, 2000). 이러한 사례는 혁신성뿐만이 아니라 수익성이 기업의 성공적인 기술혁신을 정의하는 데 필수 요소임을 잘 보여주고 있다.

그렇다면, 오늘날 기업의 기술혁신을 혁신성과 수익성을 겸비한 성공적인 기술혁신으로 이끌기 위해 우리가 이해해야 할 기술혁신 경영전략의 주요 대표 이론들은 무엇이며, 이러한 주요 대표 이론들의 발생 배경과 핵심 내용은 무엇인가? 또한, 기술혁신 경영전략의 주요 대표 이론의 성공적인 활용을 위해 고려해야 할 중요 요인들은 무엇인가? 이 두 가지 질문이 바로 본 학술서에서 그 해답을 제공하려는 핵심적인 질문이다. 본 학술서는 이 두 가지 질문에 보다

그림 1-2 본 학술서의 구성 체계

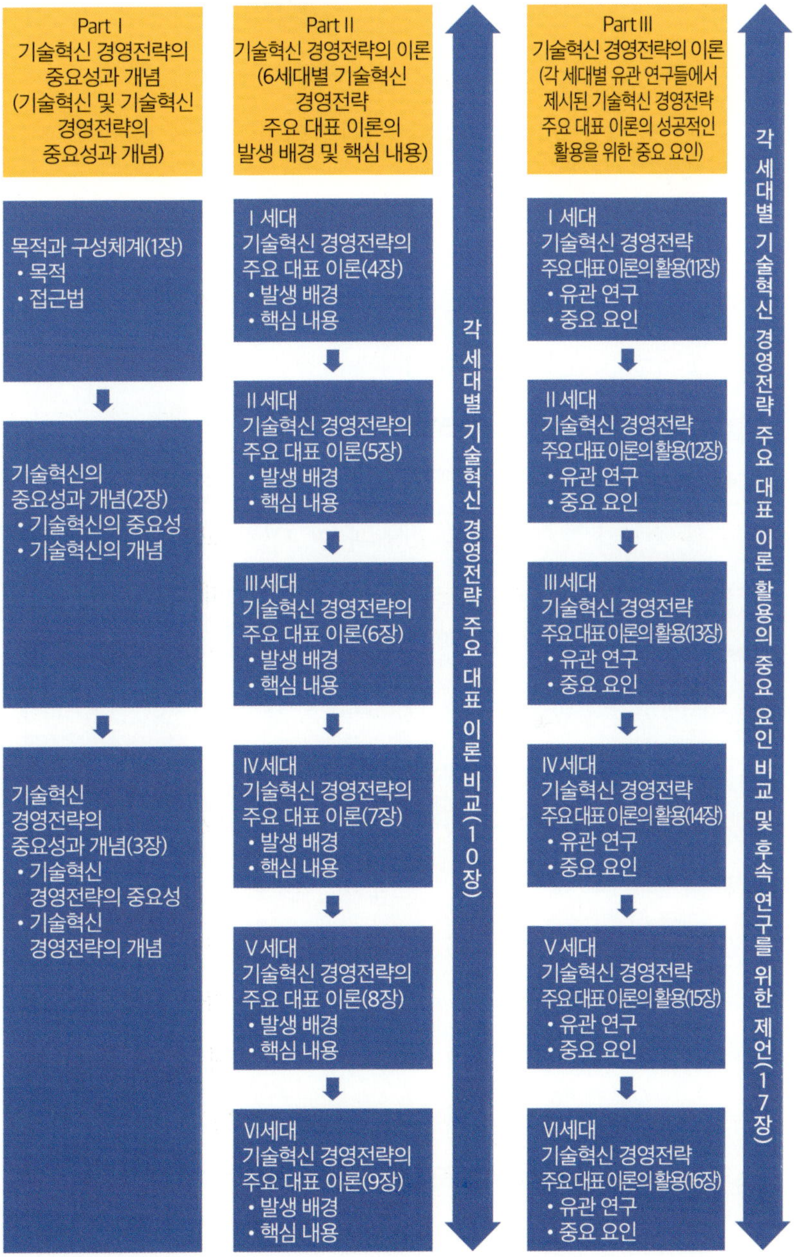

효과적으로 답하기 위해 <그림 1-2>에서 볼 수 있는 바와 같은 구성 체계를 바탕으로 다음과 같이 세 가지 접근법을 사용하였다.

첫 번째 접근법으로 역사적인 관점에서 시간의 흐름에 따라 기업의 기술혁신 경영전략 이론의 발전 흐름을 6세대로 구분하여 각 세대별 주요 대표 이론의 발생 배경 및 핵심 내용을 살펴보고 세대별 주요 대표 이론들을 비교하였다. 이를 통해 우리는 기술혁신 경영전략 주요 대표 이론들의 시대별 변화 양상과 흐름을 파악할 수 있다. 이러한 첫 번째 접근법은 본 학술서의 수평축에 해당된다.

두 번째 접근법은 전술한 기술혁신 경영전략 이론의 6세대별 발전 흐름 속에서 각 세대별 주요 유관 연구들에서 제시된 기술혁신 경영전략 주요 대표 이론들의 성공적인 활용을 위한 중요 요인들을 조명하였다. 이를 통해 우리는 각 세대별 기술혁신 경영전략 주요 대표 이론들의 성공적인 활용을 위해 고려해야 할 중요 요인들을 파악할 수 있다. 이러한 접근법은 본 학술서의 수직축에 해당된다.

세 번째 접근법은 기술혁신이라는 내용을 조명하기 위해 사용하는 렌즈에 해당하는 것으로서, 본 학술서는 기술혁신을 경영전략의 관점에서 조명한다. 기업이 기술혁신으로 거두어 들일 수 있는 수익은 기술의 우수성과 기업 자체의 노력에 의해서만 결정되는 것이 아니라, 기업을 둘러싼 거시 및 미시 환경 속에서 함께 경쟁하고 있는 다른 기업들과의 상호 경쟁 또한 기술혁신의 성공에 막대한 영향을 미친다(Afuah, 2003; Besanko, Dranove, Shanley, & Schaefer, 2010;

Burgelman, Christensen, & Wheelwright, 2009; Tidd & Bessant, 2014). 따라서 기술혁신의 성공을 위해서는 『손자병법(孫子兵法)』에서 손자가 얘기한 바와 같이, "지피지기 백전불태(知彼知己百戰不殆: 적을 알고 나를 알면 백번의 전쟁에도 위태롭지 않다.)"와 같은 전략적 접근이 필수적이다. 오늘날과 같이 기술에 기반한 경쟁이 빠른 속도로 격화되고 있는 상황에서 시장 환경과 경쟁사들에 대한 전략적 분석과 이를 바탕으로 한 경영전략이 기술혁신과 효과적으로 접목돼야만 기술혁신이 성공적인 성과를 거둘 수 있다(Grant, 2016; Porter, 1991; Tidd & Bessant, 2014). 이를 고려하여 본 학술서는 기술혁신을 경영전략의 관점에서 조명한다.

수평선과 수직선이 촘촘히 만나면 하나의 수평면을 이루게 되는 것처럼 기술혁신 경영전략의 주요 대표 이론들의 발전 과정(본 학술서의 수평축)에 대한 이해와 이러한 이론들의 성공적인 활용에 필요한 중요 요인들에 대한 고찰(본 학술서의 수직축)이 만날 때 우리는 기술혁신 경영전략에 대한 보다 깊고 넓은 지식의 체계를 가질 수 있다. 이와 함께 본 학술서에서는 경영전략이라는 렌즈를 사용하여 기술혁신 경영전략의 주요 대표 이론들의 발전 흐름을 살펴보고, 이러한 이론들의 성공적인 활용을 위해 필요한 중요 요인들을 각 세대별 유관 연구들을 통해 조명하였다.

| 참고문헌

Abetti, P. A. (2000). Critical success factors for radical technological innovation: A five case study. Creativity & Innovation Management, 9(4), 208-221.

Afuah, A. (2003). Innovation management : Strategies, implementation, and profits, Oxford University Press.

Besanko, D., Dranove, D., Shanley, M., & Schaefer, S. (2010). Economics of strategy, Wiley.

Burgelman, R. A., Christensen, C. M., & Wheelwright, S. C. (2009). Strategic management of technology and innovation, McGraw-Hill.

Collins, M. (2005). One world ... one telephone: Iridium, one look at the making of a global age. History & Technology, 21(3), 301-324.

Finkelstein, S., & Sanford, S. H. (2000). Learning from corporate mistakes: The rise and fall of iridium. Organizational Dynamics, 29(2), 138-148.

Grant, R. M. (2016). Contemporary strategy analysis, Wiley.

Porter, M. E. (1991). Towards a dynamic theory of strategy. Strategic Management Journal, 12(s2), 95-117.

Tidd, J., & Bessant, J. (2014). Strategic innovation management, Wiely.

2장

기술혁신의 중요성과 개념

2.1 기술혁신의 중요성

기술혁신은 우리 사회와 기업의 변화에 중요한 영향을 미친다(Afuah, 2003; Betz, 2011; Jordan, 2012; Perez, 2002; Schilling, 2013). 우리는 오늘날 사회의 곳곳에서 기술혁신의 다양한 혜택을 접하고 있다. 예를 들어, 스마트폰을 통해 음악과 영화를 감상할 수 있으며 은행에 직접 가지 않고도 손 쉽게 돈을 송금을 할 수 있다. 이뿐만 아니라, 고속철도의 상용화는 보다 신속한 여행을 가능하게 하였으며, 다양한 종류의 예방 주사를 통해 여러 질병으로부터 안전할 수 있다. 이제는 어둠을 밝혀주는 전구가 없는 인간의 삶을 상상할 수 없으며, 인공지능 기술이 의료 산업과 금융 산업을 비롯한 다양한 분야에서 활용되고 있다. 기술혁신이 우리 사회에게 가져다준 혜택과 긍정적인 파급 효과를 일일이 열거하는 것 자체가 이제는 쉽지 않다.

반면, 기술혁신은 우리 사회에 부정적인 영향을 미치기도 한다(Schilling, 2013). 예를 들어, 기술혁신을 통한 급격한 산업화로 나날이 심각해지고 있는 환경오염은 시급히 해결해야 할 큰 문제이다. 이뿐만 아니라, 원자력 발전은 에너지원으로 중요한 역할을 하고 있으나, 후쿠시마와 체르노빌 원전의 방사능 누출 사건에서 볼 수 있는 것처럼 자연 환경과 인간에게 막대한 피해를 줄 수 있다. 이와 같이 기술혁신은 우리 사회에 긍정적인 영향과 함께 부정적인 영향을 미칠 수 있다(Schilling, 2013). 따라서, 기술혁신이 기업과 사회에 미치는 영향을 심도 있게 이해하는 것은 매우 중요한 일이다(Jordan, 2012; Perez, 2002; Schilling, 2013).

기술혁신의 중요성에 대한 심도 있는 설명을 위해 본 학술서는 기술, 시장 및 기업 시스템(technology-market-enterprise system)의 상호작용에 기반한 관점을 사용하였다. 여기서 시스템(system)이란 "공동의 목적을 달성하기 위해 상호 작용하는 구성 요소들의 집합체"(Carlsson, Jacobsson, Holmén, & Rickne, 2002, p. 234)를 의미한다. 시스템은 공동의 목표, 투입물, 변환 과정, 산출물, 피드백, 그리고 시스템 경계 등의 6가지 요소로 구성된다(Hanson, 2014; Skyttner, 2001; Von Bertalanffy, 1969; Wilson, 1990). 이러한 시스템의 개념을 기업에 적용해보면, <그림 2-1>과 같이 기업에서는 합법적이고 도덕적인 이익 극대화라는

그림 2-1 시스템 이론으로 바라본 개방형 시스템으로서의 기업

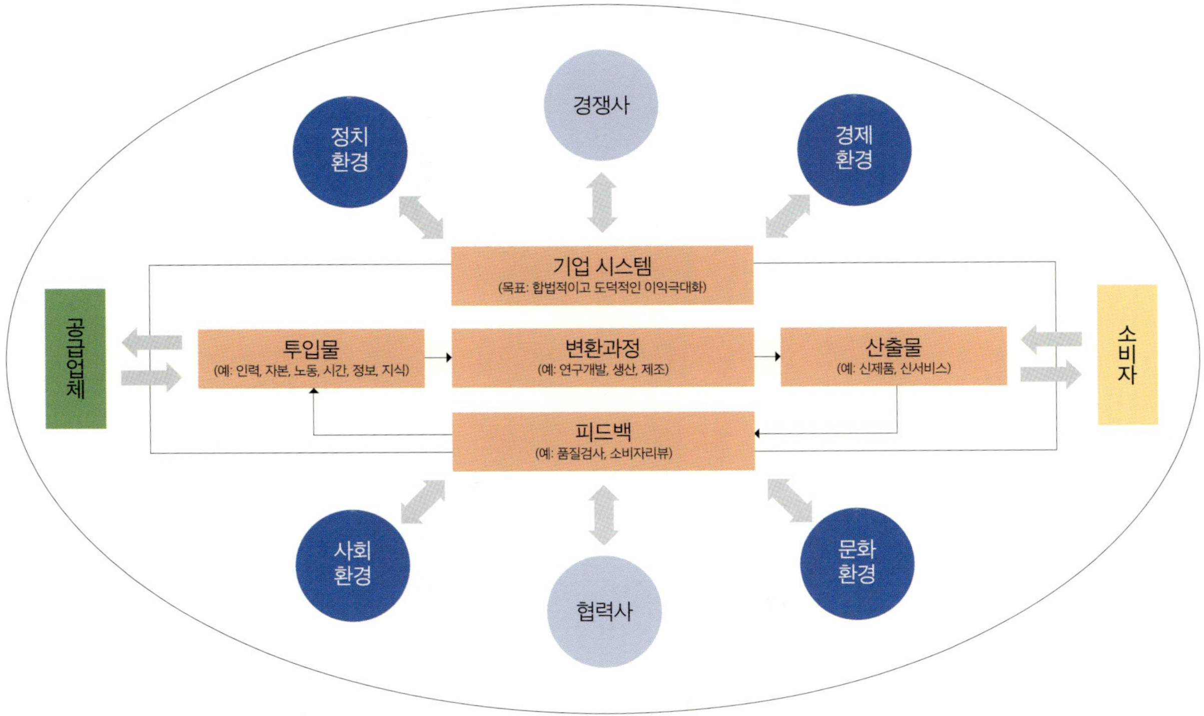

자료원 : Wilson (1990, p.157) 수정 인용

공동의 목표를 달성하기 위해 인력, 자본, 노동, 시간, 정보, 지식과 같은 투입물을 재료로 사용하여 기업 내의 변환 프로세스(예: 연구개발, 생산, 제조)를 통해 제품과 서비스를 산출한다. 이를 소비자에게 공급하고, 품질 검사 및 소비자 리뷰와 같은 피드백이 이루어지므로, 기업은 일종의 시스템인 것이다(Stalk, 1988).

시스템 이론에서 시스템은 환경과의 상호작용성을 기준으로 개방형 시스템(open system)과 폐쇄형 시스템(closed system)으로 구분된다(Betz, 2011; Hanson, 2014; Von Bertalanffy, 1969; Wilson, 1990). 개방형 시스템은 환경으로부터 제공받은 투입물을 변환 과정을 통해 산출물로 변환하여 환경에 제공하는 상호작용을 하지만, 폐쇄형 시스템은 환경과의 상호작용이 부재하다(Betz, 2011; Hanson, 2014; Skyttner, 2001; Von Bertalanffy, 1969). 이러한 환경과의 상호작용 여부를 기준으로 Betz(2011)은 기술 시스템을 개방형 시스템으로 정의하였다. <그림 2-1>에서 볼 수 있는 것처럼, 기업은 경쟁사 및 협력사뿐만 아니라 정치, 경제, 사회, 문화 환경과 상호작용을 하기 때문에 기업도 개방형 시스템으로 볼 수 있다.

개방형 시스템은 환경과의 상호작용을 통해 서로 영향을 주고받기 때문에 기술 시스템, 시장 시스템과 기업 시스템은 서로 독립적으로 존재하는 것이 아니라 상호 영향을 주고받는다. 예를 들어, 인터넷 혁명은 시스템 이론의 관점에서 <그림 2-2>와 같이 기술, 시장 및 기업 시스템 사이에서 상호작용한 결과로 해석할 수 있다. 기술

그림 2-2 기술, 시장 및 기업 시스템간 상호작용

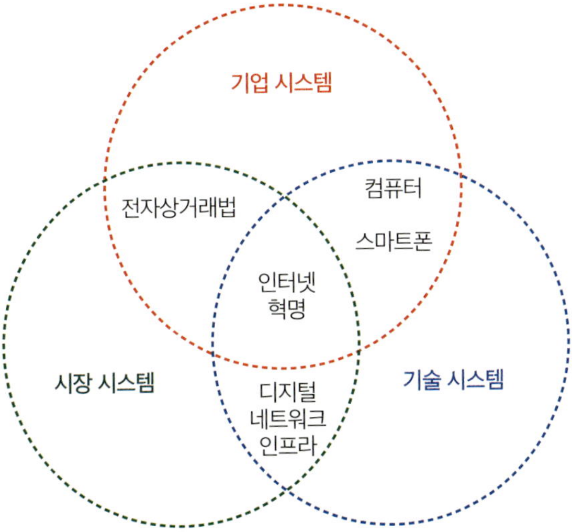

시스템과 기업 시스템의 상호작용은 인터넷 혁명을 우리의 삶 속으로 급속하게 파급시킨 컴퓨터와 스마트폰을 출현시켰으며, 시장 시스템과 기술 시스템의 상호작용은 원래 군사용으로 개발하였던 인터넷을 상업적으로 사용하기 시작한 계기를 마련하였으며 디지털 네트워크 인프라의 구축을 촉진시켰다. 또한, 기업 시스템과 시장 시스템의 상호작용은 인터넷을 통한 비즈니스의 지속적인 발전을 위한 제도적 장치로 전자상거래법을 시행하게 만들었다.

시스템 이론의 중요한 특성 중 하나는 역동적인 변화의 관점에서 사물을 바라보는 것이다(Betz, 2011). 특히 투입물과 산출물을 통해 환경과 지속적인 상호작용을 하는 개방형 시스템은 시간의 흐름과 상관없이 현재 상태에 머무는 것이 아니라 상호작용의 과정에서 역동적으로 변화하게 된다(Betz, 2011; Mele et al., 2010; Skyttner, 2001). 따라서 개방형 시스템의 개념과 시스템의 상호작용성 및 역동적 변화를 바탕으로 본 절에서는 <그림 2-3>과 같이 기술, 시장 및 기업 시스템 차원에서 각각 기술혁신의 영향을 먼저 고찰하였다. 그 후 시스템의 상호작용성을 고려하여 기술혁신이 경제 패러다임의 변화를 통해 기술, 시장, 기업 시스템 전체에 미치는 영향을 살펴보았다. 본 절의 마지막에서는 기술혁신의 중요성을 기술혁신의 역동성과

그림 2-3 기술-시장-기업 시스템에 기반한 3가지 분석 차원

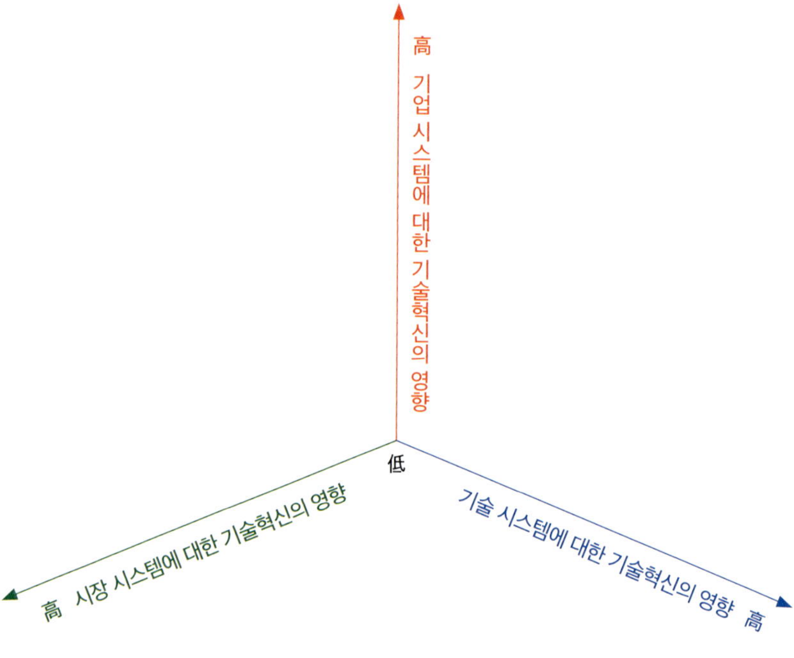

적자생존(適者生存)의 경쟁 관점에서 파악하였다.

2.1.1 기술 시스템에 대한 기술혁신의 영향

모든 기술은 그 자체로 일종의 시스템으로 볼 수 있으며(Betz, 2011), 기술혁신은 새로운 기술의 도입을 통해 기술 시스템에 영향을 미친다(Afuah, 2003; Henderson & Clark, 1990; Marquis, 1969; Tidd & Bessant, 2014; Trott, 2012). 이와 일맥상통(一脈相通)하는 관점에서 아래와 같은 유관 선행 연구들은 기술혁신이 기술 시스템에 미치는 영향에 기반하고 있다.

첫째, Betz(1993)은 기술혁신이 기술 시스템에 미치는 영향력의 크기를 기준으로 기술혁신을 점진적 혁신(incremental innovation), 급진적 혁신(radical innovation), 차세대 기술혁신(next-generation innovation) 등의 3가지 형태로 구분하였다. 여기서 점진적 혁신이란 유선 전화기의 통화 품질을 개선하는 것과 같이 새로운 기능을 창출하는 것이 아니라 기존의 성능을 개선하는 정도의 기술 시스템의 변화를 의미하고, 급진적 혁신은 인터넷이나 증기 기관과 같이 기존에 없던 완전히 새로운 기능을 창출해내는 혁신을 말하며, 차세대 기술혁신은 비행기의 프로펠러 엔진을 대체한 제트엔진 기술과 같이 성능이나 비용을 대폭적으로 바꾸는 기술 시스템의 변화를 의미한다(Betz, 1993; Betz, 2011). 비행기의 프로펠러 엔진 기술을 제트엔진 기술로 대체하기 위해서는 엔진의 대체를 위해 원자재와 같은 투입물뿐만이 아니라 산출물인 프로펠러 엔진을 만들어 내기 위한 변환 프로세스도 제트엔진 제조에 적합하게 변화해야 하기 때문에 기존의 기술 시스템에 많은 영향을 미칠 수 밖에 없다.

둘째, Henderson & Clark(1990)은 기술 시스템에 대한 기술 혁신의 영향력을 구성 요소 지식(component knowledge)과 구성 연결 지식(architectural knowledge)의 개념을 사용하여 설명한다. 예를 들어, 비빔밥이라는 맛있는 제품을 만들기 위해서는 비빔밥에 들어가는 채소를 비롯한 다양한 재료에 대한 지식과 이런 재료들을 어느 정도의 비율로 어떻게 조합해서 연결해야 최상의 맛을 낼 수 있는 비빔밥이 될 수 있는지를 알아야 한다. 비빔밥의 재료에 대한 지식이 바로 구성 요소 지식이며 재료를 조합 및 연결하는 지식이 바로 구성 연결 지식이다(Afuah, 2003; Henderson & Clark, 1990). Henderson & Clark(1990)은 기술혁신이 이와 같은 두 가지 형태의 지식에 미치는 영향을 기준으로 기술혁신의 형태를 구분하였다. Henderson & Clark(1990)에 의하면 급진적 혁신과 구조적 혁신은 구성 연결 지식을 변화시키는 것으로, 이는 기술 시스템의 변환 프로세스에 영향을 미친다. 또한, 점진적 혁신, 급진적 혁신, 모듈형 혁신, 구조적 혁신 모두 구성 요소 지식을 강화하거나 파괴하는 변화를 주면서 기술 시스템의 투입물에 영향을 미친다.

셋째, Tidd & Bessant(2014) 또한 Henderson & Clark(1990)과

유사한 논리적 맥락에서 기술 시스템에 미치는 영향력의 크기를 기준으로 기술혁신의 형태를 유형화하였다. Tidd와 Bessant(2014)는 기술혁신이 창출한 결과물이 보여주는 새로움의 정도(3단계: 개선, 자사에서 처음, 세계에서 처음)와 기술혁신이 시스템에 미치는 영향의 범위(구성 요소 수준, 시스템 전체 수준)를 기준으로 기술혁신의 유형을 구분하였다.

전술한 Betz(1993), Henderson & Clark(1990), Tidd & Bessant (2014)와 같은 선행 연구들에서 볼 수 있는 바와 같이 기술혁신이 기술 시스템에 미치는 영향은 기술혁신 연구에서 중요하게 고려되는 부분 중 하나이다.

2.1.2 시장 시스템에 대한 기술혁신의 영향

기술혁신은 다양한 방법으로 시장 시스템에 영향을 미친다. 예를 들어, 소비자 측면에서 기술혁신은 전기, TV, 라디오, 전구, X-ray, 자동차, 의약품, 배, 스마트폰, 고속 열차와 같은 신제품의 도입을 통해 소비자의 만족을 증대시키며, 생산자 측면에서 대량생산 방식, 전사적 자원관리(ERP: Enterprise Resource Planning) 시스템, 스마트 팩토리(smart factory)의 도입 등과 같이 생산 프로세스의 효율성을 증진시켜서 원가 감소에 영향을 준다(Betz, 2011; Schumpeter, 1939). 또한 기술혁신은 시장 영역 측면에서 홈쇼핑, 전자상거래 및 모바일 앱 시장의 창출과 같이 신시장을 창출하여 비즈니스의 영역을 확대시키며, 시장 자원 측면에서는 원자력 발전 및 셰일 가스의 발견과 같이 시장 자원의 범위를 확대시킨다(Betz, 2011; Schumpeter, 1939).

기술혁신이 시장 시스템에 미치는 영향은 Schumpeter(1942), Christensen(1997), Chistensen, Raynor & Mcdonald(2015)의 연구에서 매우 심도 있게 다루어지고 있다.

Schumpeter(1942)는 '창조적 파괴(creative destruction)'라는 개념을 사용하여 기술혁신이 산업측면에서 시장 시스템에 미치는 영향을 고찰하였다. Schumpeter(1942)는 우체국의 전보 기술을 대체하는 전화기의 도입과 같은 급진적인 기술혁신이 舊산업을 파괴하고 新산업을 창출하면서 시장 시스템의 변화에 중요한 역할을 수행한다는 점을 강조하였다.

산업의 파괴와 창출에 핵심적인 역할을 하는 창조적 파괴의 중요성에 대한 Schumpeter(1942)의 논점은 Christensen(1997)과 Chistensen, Raynor & Mcdonald(2015)의 연구에서 제시된 파괴적 혁신(disruptive innovation)의 중요성과 일맥상통(一脈相通)하게 연결되어, 기술혁신이 산업측면에서 시장 시스템에 미치는 영향의 중요성을 깊이 있게 고찰하고 있다. 예를 들어, 파괴적 혁신을 통한 舊산업의 몰락과 新산업의 창출 과정은 <그림 2-4>를 통해 볼 수 있는 것처럼 소비자 만족 차원에서 이해될 수 있다. <그림 2-4>에서 ①번 직선은 현재 수익성이 가장 높은 기술(예: 공중 전화 통신 기술)을 나타내며, ②번 직선은 시장에 상대적으로 늦게 진출한 파괴적 혁신(예: 무선 통신 기술)을

그림 2-4 파괴적 혁신과 新산업 창출

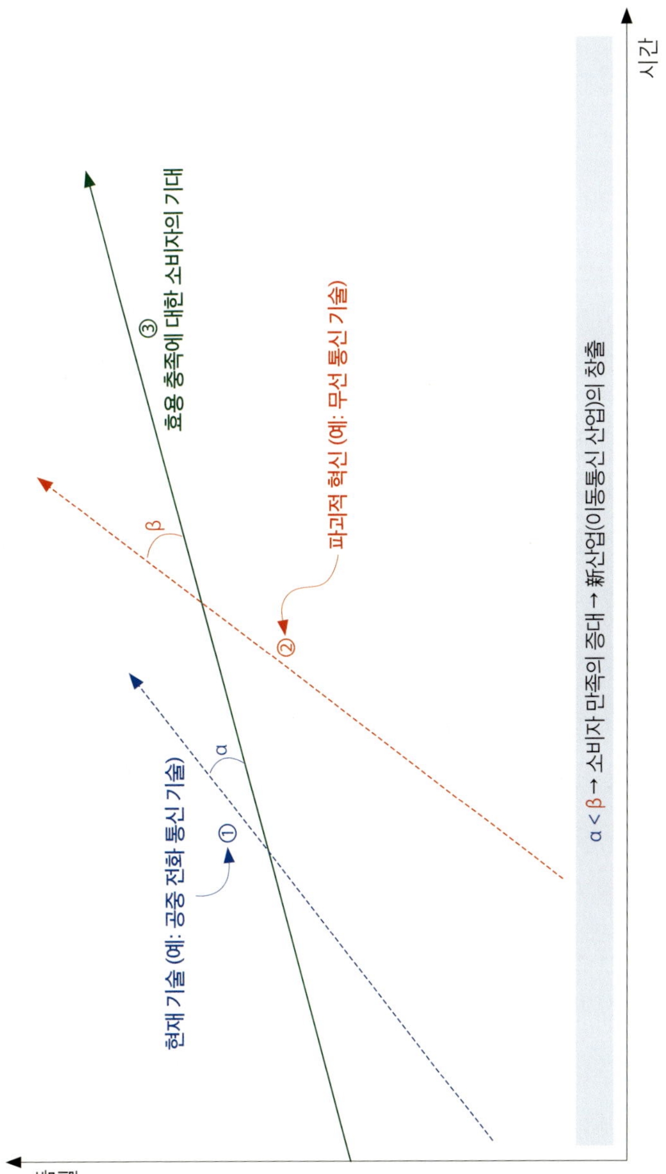

자료원 : Chistensen(1997, p. xvi) 및 Trott (2012, p. 27) 수정 인용

의미하고, ③번 직선은 효용 충족에 대한 소비자의 기대를 나타낸다. ①번 직선과 ③번 직선이 교차하면서 생긴 각도인 α는 공중 전화 통신 기술의 품질이 소비자의 효용(utility) 충족에 대한 기대를 능가하는 정도를 의미한다. 따라서 α가 커질수록 공중 전화 통신 기술에 대한 소비자의 만족도는 증가하게 된다. 동일한 논리로 β가 증가할수록 무선 통신 기술에 대한 소비자의 만족도는 커지게 된다. 무선 통신 기술(파괴적 혁신: ②번 직선)은 시간적으로는 공중 전화 통신 기술(현재 가장 수익성이 높은 기술: ①번 직선)보다 시장에 늦게 진출하였으나, 시간이 지나면서 무선 통신 기술이 소비자에게 더 많은 만족을 창출할 수 있기 때문에(α < β) 산업의 흥망성쇠(興亡盛衰)를 초래하게 된다. 즉, 무선 통신 기술이라는 파괴적 혁신 때문에 공중 전화 통신 기술에 기반을 두고 있는 舊산업은 파괴되며 무선 통신 기술에 기반한 이동통신 산업이라는 新산업이 창출하게 되어 시장 시스템에 큰 변화가 발생하게 된다(Christensen, 1997; Christensen,et al., 2015; Trott, 2012).

2.1.3 기업 시스템에 대한 기술혁신의 영향

기술혁신은 다양한 방법으로 기업 시스템에 중요한 영향을 미친다. 따라서, 주요 유관 선행 연구들은 기업 시스템에 미치는 기술혁신의 영향에 대해 다음과 같이 주목하고 있다.

첫째, 기술혁신은 기업의 역량 강화나 파괴를 통해 기업 시스템에 큰 영향을 미친다(Betz, 2011; Schilling, 2017). 이러한 관점에서 Tushman & Anderson(1986)은 기술혁신을 역량 강화 혁신(competence enhancing innovation)과 역량 파괴 혁신(competence destroying innovation)으로 유형화하였다. 역량 강화 혁신은 자사가 이미 보유하고 있는 기존의 기술 기반을 통해 자사의 신기술을 강화하는 형태의 기술혁신을 의미하며, 역량 파괴 혁신은 새로운 기술의 도입으로 기존 기술의 경쟁력이 파괴되는 경우를 말한다(Tushman & Anderson, 1986).

애플(社)의 스마트폰 iPhone 시리즈는 역량 강화 혁신의 대표적인 예로 볼 수 있다. 2007년에 처음 출시된 iPhone 1세대 이후 현재까지 전세계의 수 많은 소비자들이 구매한 iPhone의 성공 요인 중 하나는 바로 이전 모델의 기술적 지식 기반을 바탕으로 다음 모델의 기술혁신을 일구어내는 역량 강화 혁신으로 볼 수 있다. 반면, USB 메모리는 역량 파괴 혁신의 예로 볼 수 있다. USB 메모리 기술은 기존의 지배적인 디지털 데이터 저장 기술인 CD의 경쟁력을 파괴하고, 휴대 용이성과 저장 용량을 확대하는 획기적인 혁신을 창출하였다.

둘째, Betz(2011), Utterback(1994)와 Utternack & Abernathy(1978)은 기술혁신이 기업의 역량 증진과 기업간 경쟁 관계에 미치는 영향에 주목했다. Betz(2011)에 의하면 점진적인 혁신은 시장 경쟁 상황에서 기업의 방어력의 증진을 가능하게 하며, 급진적인 혁신은 새로운 비즈니스를 창출함으로써 새로운 경쟁의 장을 열어 기업간 경쟁 관계의 변화를 초래하게 한다. 이러한 변화 속에서 기업의 생존과 성장을 위한 전략적인 노력은 결국 기업 시스템의 변화로 이어지게 된다(Trott, 2012; Utterback & Abernathy, 1978).

셋째, Utterback(1994)와 Utternack & Abernathy(1978)은 기술혁신이 3단계(유동적 단계, 과도적 단계, 구체적 단계)로 진행되며, 이 과정에서 제품 혁신, 프로세스 혁신, 경쟁 관계 및 조직의 통제 구조가 상호 영향을 주고받는다는 점을 지적하였다. Trott(2012) 또한 기술혁신은 기업 시스템에 있어서 추가적인 경영방식의 변화와 조직적인 변화를 유발할 수 있다는 점을 강조했다.

2.1.4 기술-시장-기업 시스템 전체에 미치는 기술혁신의 영향

기술혁신은 기술, 시장, 기업 시스템 전체에 중요한 영향을 미치며 패러다임의 변화를 촉진시킨다(Perez, 2002; Perez, 2010; Trott, 2012; Schumpeter, 1939). 기술혁신은 경제성장과 변화의 원동력이며(Kondratieff, 1979; Schumpeter, 1939) 경제의 근본적인 패러다임을 변화시킴으로써 기술, 시장, 기업 시스템 전체에 큰 영향을 미친다(Perez, 2002; Perez, 2010; Trott, 2012). 예를 들어, 현재 우리가 일상생활에서 많이 사용하고 있는 인터넷 기술의 발전은 온라인 보안과 같은 기술 시스템의 발전을 초래하였으며, 인터넷 비즈니스 시장과 같은 새로운 시장 시스템을 창출하고 기업 시스템을 디지털화 하는 데 중요한 역할을 하였다.

기술-경제 패러다임(Techno-Economic Paradigm)에 대한 기존의 유관 연구들(Dosi, Gambardella, Grazzi, & Orsenigo, 2008; Perez, 2002; Perez, 2010)은 기술혁신이 기술, 시장, 기업 시스템 전체에 미치는 영향을 이해하는 데에 유용한 도움을 준다.

기술-경제 패러다임에서 '기술혁명(technological revolution)'으로 대표되는 기술혁신은 신기술 및 새로운 인프라의 도입과 성장을 발생시킴으로써 기술 시스템, 시장 시스템 및 기업 시스템에 영향을 미치며 新산업과 舊산업의 흥망성쇠(興亡盛衰)를 결정하는 핵심 요인이다(Dosi et al., 2008; Perez, 2002; Perez, 2010). 여기서 기술혁명이란 "전체 경제 구조의 대격변을 일으키는 새롭고 역동적인 강력한 기술, 제품 및 산업의 결합"(Perez, 2002, p. 8)을 의미한다.

기술혁명이 기술, 시장 및 기업에 미치는 영향과 관련한 여러 연구들 중에 특히, Pereze(2002)는 <그림 2-5>와 같이 기술혁명이 동태적인 영향을 통해 기술, 시장 및 기업 시스템의 변화를 초래하는 과정을 잘 설명하고 있다. Perez(2002)에 따르면 기술혁명은 도입기를 시작으로 전환점을 거쳐 정착기에 이르는 과정을 통해 경제 패러다임의 변화를 촉발시키며 각 과정에서 발생하는 기술, 시장 및 기업 시스템간 상호작용은 차세대 기술혁명의 중요한 밑거름으로 작용한다. Perez(2002)는 이러한 기술혁명의 과정(도입기 → 전환점 → 정착기)을 <그림 2-5>에서 볼 수 있는 바와 같이 다음과 같은 4단계로 설명하고 있다.

기술혁명의 도입기는 기술혁명으로의 돌입 단계와 열광 단계로 이루어지는데, 돌입 단계는 기술혁명이 시작되면서 舊산업의 쇠퇴와

그림 2-5 기술혁명과 기술, 시장 및 기업 시스템의 변화

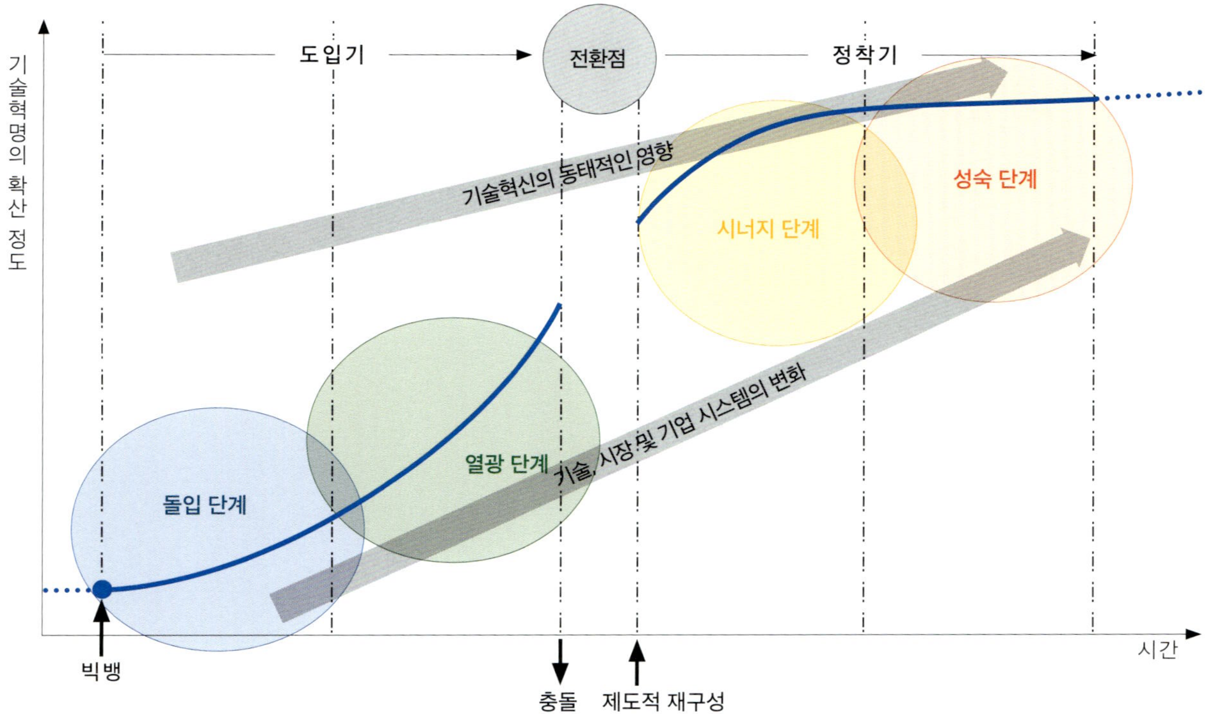

자료원 : Perez(2002, p. 48) 수정 인용

실업이 발생하는 신기술의 시기이다. 열광 단계에서는 기술혁명에 대한 집중 투자와 함께 금융 버블기를 겪게 된다. 충돌과 제도적 재구성이 일어나는 전환점 이후에 진행되는 기술혁명의 정착기는 시너지 단계와 성숙 단계로 구성되어 있는데, 시너지 단계는 고용 증대와 함께 성장하는 황금기를 말하며, 성숙기는 주요 산업의 시장 포화와 기술적 성숙이 일어나는 시기이다.

기술-경제 패러다임에서 주목해야 될 점은 기술혁명이 단순히 제품이나 프로세스를 새롭게 발전시키는 데에만 그치는 것이 아니라 자본 투자와 함께 신기술과 새로운 사회 인프라의 발전을 촉진시키는 촉매제의 역할을 통해 경제 패러다임을 근본적으로 변화시킨다는 점이다(Perez, 2002; Perez, 2010). 따라서 새롭게 변화된 패러다임에서 요구되는 기술혁신의 원칙에 어긋나는 기업은 결국 도태되어 생존 자체가 어려워진다(Aldrich, 1999; Evans & Wurster, 1997).

예를 들어 정보 기술 혁명에서 요구되는 기술혁신의 원칙은 정보 기술을 활용한 정보와 지식의 효과적이며 효율적인 생산과 유통이다(Aldrich, 1999; Perez, 2010; Evans & Wurster, 1997; Evans & Wurster, 1999). 정보 기술 혁명의 시기에는 보다 유용하고 다양한 정보와 지식을 효율적이고 효과적으로 생산하고 유통하는 것이 매우 중요하며, 이러한 기술혁신의 원칙을 잘 활용하는 기업만이 생존과 성장 가능성이 높아진다(Aldrich, 1999; Perez, 2010; Evans & Wurster, 1997; Evans & Wurster, 1999). 이는 종이로 인쇄된 백과사전 시장의 강자였던 Britanica

그림 2-6 정보 기술 혁명의 영향

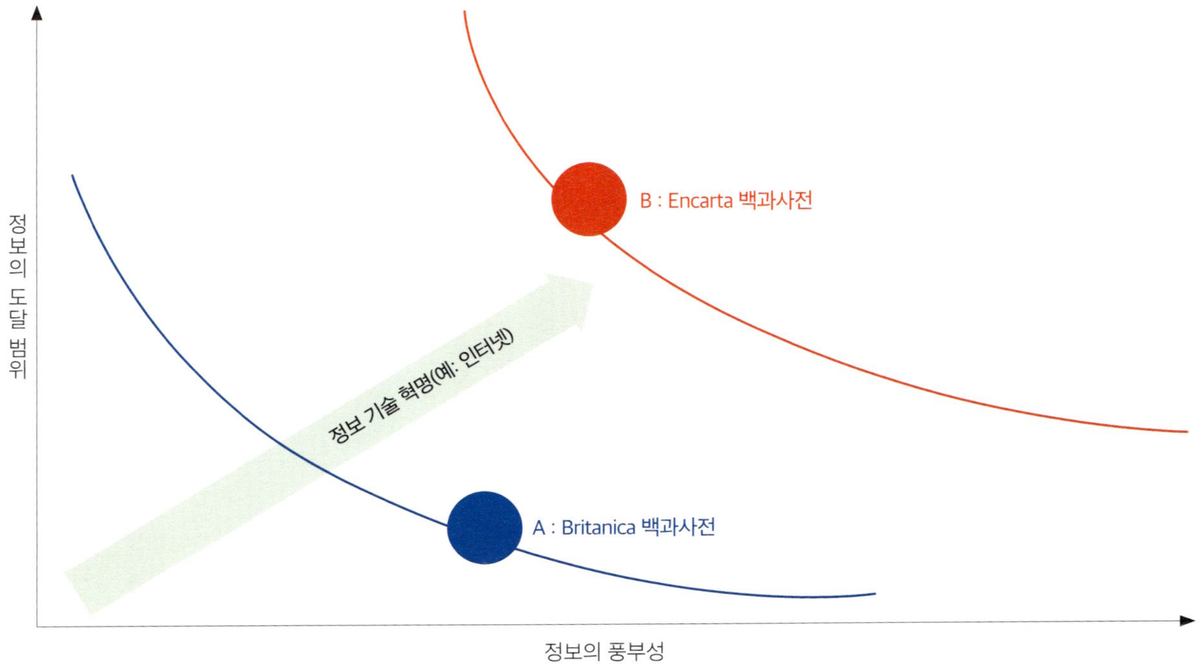

자료원 : Evans & Wurster(1997, p. 74) 수정 인용

백과사전이 정보 기술 혁명 시대가 도래하면서 CD 형태의 디지털 백과사전인 Encarta와의 시장 경쟁에서 열세에 놓이게 된 사례에서도 잘 드러난다.

Britanica 백과사전과 Encarta 백과사전의 사례는 <그림 2-6>과 같이 인터넷이라는 기술혁신이 초래한 정보의 도달 범위(reach)와 풍부성(richness)의 확장이 기업 시스템과 시장 경쟁에 미친 영향으로 설명될 수 있다(Aldrich, 1999; Evans & Wurster, 1997; Evans & Wurster, 1999).

인터넷이 없었던 기존 기술 시스템에서는 <그림 2-6>과 같이 정보의 도달 범위와 풍부성 사이에는 상충관계(trade-off)가 형성되었다(Evans & Wurster, 1997; Evans & Wurster, 1999). 종이로 인쇄된 백과사전의 정보 도달 범위를 높이기 위해서는 인쇄된 내용이 적을수록 효과적이었다. 백과 사전의 페이지 수가 많아지면 무게가 무거워져서 백과사전을 휴대하기가 어렵다. 그러나 디지털 네트워크 기술에 기반한 인터넷 혁명으로 손쉽게 많은 정보를 디지털화하여 다양한 사람들에게 전달하는 것이 가능하게 되었다(Aldrich, 1999; Evans & Wurster, 1999). 정보 기술 혁명의 급속한 파급과 함께 1993년 Microsoft(社)는 CD 형태의 디지털 백과사전인 Encarta를 출시하였다. Encarta 백과사전은 가격과 편리성 측면에서 Britanica 백과사전과의 시장 경쟁에서 경쟁우위를 창출하였다(Aldrich, 1999; Evans & Wurster, 1997). 종이로 인쇄된 백과사전인 Britanica와는 달리, Encarta 백과사전은 지식과 정보를 CD에 간편하게 담아 Britanica 백과사전에 비해 매우 낮은 가격으로 제공했을 뿐만 아니라 백과사전의 내용에 대한 간편한 검색 기능까지 제공하여 <그림 2-6>의 B지점에 포지셔닝(positioning)할 수 있었다(Aldrich, 1999; Evans & Wurster, 1997). 그 결과, <그림 2-6>의 A지점에 있었던 Britanica 백과사전과의 시장 경쟁에서 우위를 점하게 되었다(Aldrich, 1999; Evans & Wurster, 1999). 현재 Britanica 백과사전은 온라인으로 사용 가능하지만, Encarta 백과사전이 시장에 출시되기 전에 정보 기술 혁명에서 요구되는 기술혁신의 원칙에 기반하여 정보 기술 혁명으로 인한 시장 변화에 대한 대응책들이 선제적으로 Britanica 백과사전에 신속하게 반영되었다면 Britanica 백과사전과 Encarta 백과사전 사이에 벌어졌었던 시장 경쟁의 양상과 결과는 많이 달라졌을 것이다.

2.1.5 기술혁신의 역동성과 적자생존(適者生存)

기술혁신은 <그림 2-2>의 기술-시장-기업 시스템의 상호작용성에서 볼 수 있는 바와 같이 정태적인(static) 것이 아니라 기술 도입, 기술 발전 및 기술 성숙처럼 역동적인(dynamic) 변화 단계를 거쳐 발전한다(Foster, 1986; Utterback & Abernathy, 1975; Utterback & Abernathy, 1978). 이러한 기술혁신의 역동성은 다음과 같은 주요 연구들에서 잘 나타난다.

첫째, 기술혁신의 동태적인 변화는 Foster(1986)에 의해

그림 2-7 기술 S 곡선과 기술혁신의 역동성

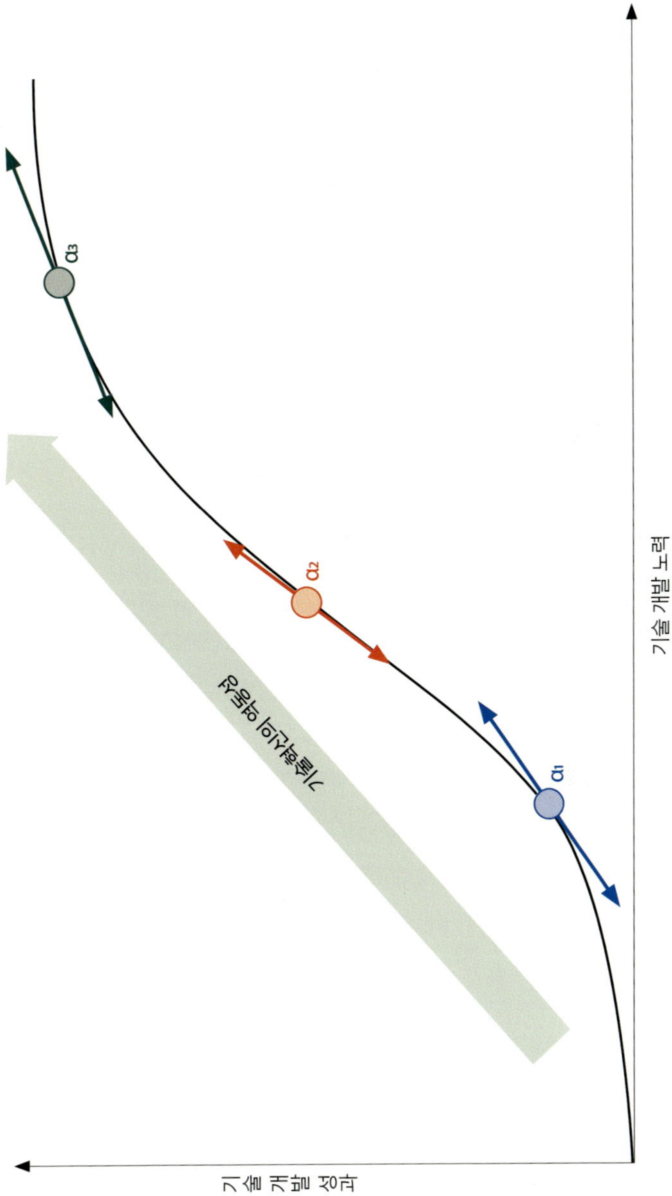

자료원 : Foster (1986, p. 31) 수정 인용

그림 2-8 기술혁신의 3단계와 기술혁신의 역동성

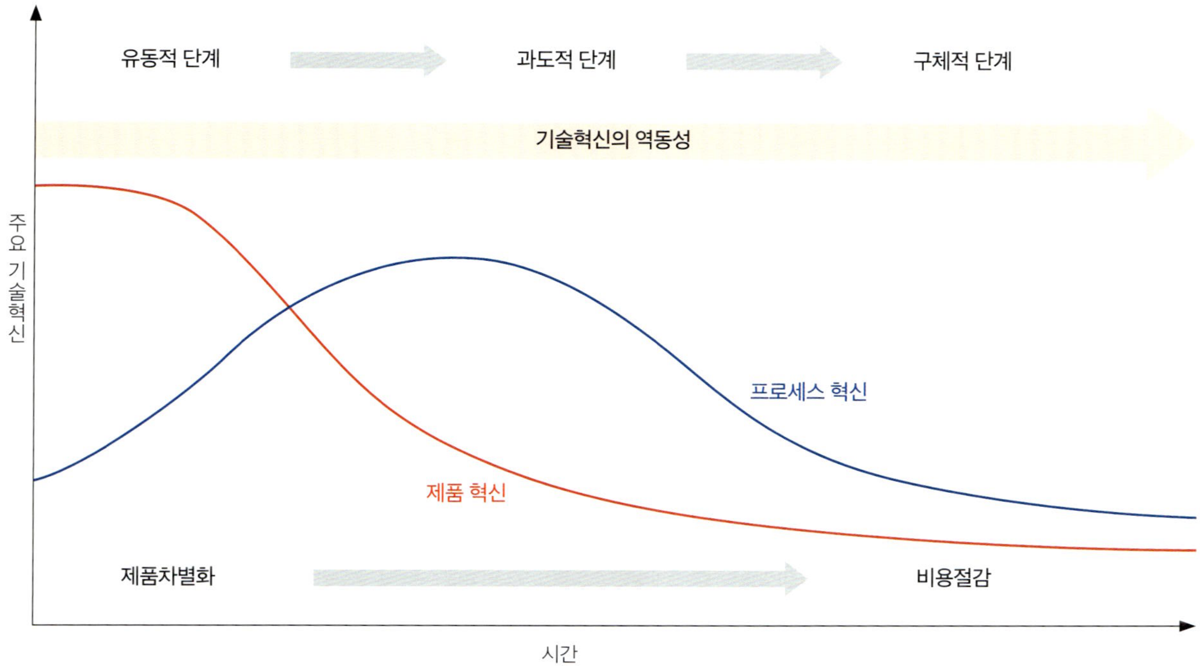

자료원 : Utterback & Abernathy(1978, p. 40) 수정 인용

제시된 기술 S 곡선(technology S curve)의 개념에서도 잘 파악된다. Foster(1986)에 따르면 기술 개발 노력과 기술개발 성과와의 관계는 <그림 2-7>과 같이 S자 형태이다. 신기술이 발명되는 초기(α_1)에서는 지수함수적 성장이 이루지고, 중기(α_2)에는 선형적 성장이 진행되지만 말기(α_3)에는 기술적 성숙기에 접근하게 되는 점근적 성장이 이루어진다(Afuah, 2003; Foster, 1986; Trott, 2012). 이는 유기체의 라이프 싸이클과 흡사하게 기술혁신 또한 시간에 흐름에 따라 변화한다는 것을 의미한다.

둘째, 시간의 흐름에 따라 변화하는 기술혁신의 역동성은 Utterback & Abernathy(1975; 1978) 및 Utterback(1994)의 연구에서도 잘 드러난다. Utterback & Abernathy(1975; 1978)과 Utterback(1994)는 <그림 2-8>에서 볼 수 있는 것처럼 시간의 흐름에 따라 기술혁신이 역동적인 3단계로 진행된다는 점을 지적하였다.

<그림 2-8>의 유동적 단계는 다양한 신제품이 쏟아져 나오는 급진적 제품 혁신의 시기로 이 단계에서는 제품의 표준 디자인이 결정되지 않아서 제품이나 기술의 불확실성이 높다(Trott, 2012; Utterback, 1994; Utterback & Abernathy, 1978). 과도적 단계는 제품 표준화가 이루어지면서 프로세스 혁신이 중요해지는 시기이며, 구체적 단계에서는 제품 품질과 프로세스 생산성의 누적적인 개선과 함께 제품과 프로세스의 점진적인 혁신으로 비용이 감소되는 특징을 나타낸다(Utterback, 1994; Utterback & Abernathy, 1978).

그림 2-9 기술 cycle과 기술혁신의 역동성

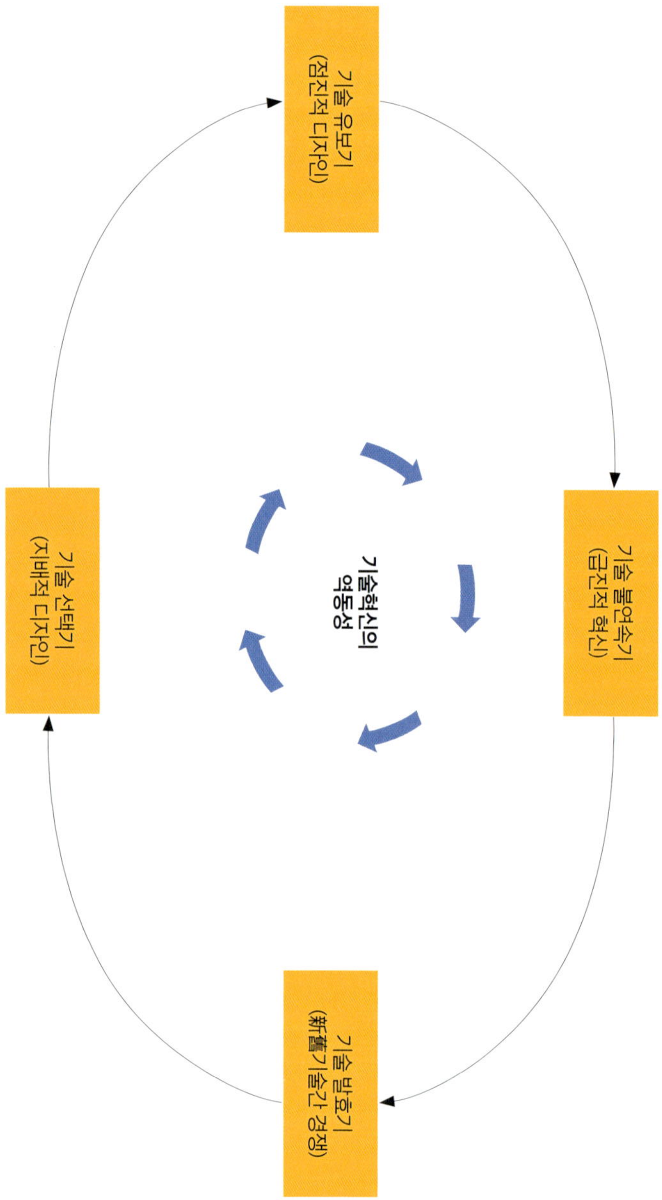

자료원 : Tushman & Rosenkopf(1992, p. 317) 수정 인용

셋째, Tushman & Rosenkopf(1992)는 기술혁신의 역동성을 <그림 2-9>와 같은 기술 cycle로 설명한다. Tushman & Rosenkopf(1992)에 의하면 기술혁신은 기술 불연속기, 발효기, 선택기, 유보기 등을 거쳐서 다시 기술 불연속기로 이어지는 동태적인 변화의 순환 과정을 겪는다. 기술 불연속기는 급진적 혁신이 발생하는 시기이며, 기술 발효기는 이전의 기술과 새로운 기술 사이에 치열한 경쟁이 발생하는 시기이다(Tushman & Rosenkopf, 1992). 기술 선택기는 新舊기술간의 경쟁의 결과 지배적 디자인이 선택되는 시기이며, 기술 유보기에는 지배적 디자인을 바탕으로 점진적인 변화와 기술 및 부품 표준화가 일어나는 시기이고, 기술 유보기는 새로운 기술 불연속기로 접어들게 된다(Tushman & Rosenkopf, 1992).

Tushman & Rosenkopf(1992)의 기술 cycle과 Utterback & Abernathy(1975; 1978)및 Utterback(1994)의 기술혁신의 3단계는 기술혁신의 역동성과 함께 진화론적 관점에서 기술혁신을 파악하는 것으로 이해할 수 있다. Darwin이 1859년 그의 저서인 『On the Origin of Species by Means of Natural Selection』에서 환경변화에 적응하는 생명체의 적자생존(適者生存)의 중요성을 강조한 것과 같은 논리적 맥락에서 Tushman & Rosenkopf(1992), Utterback & Abernathy(1975; 1978) 및 Utterback(1994) 또한 기술혁신의 역동적인 진화 과정에서 적자생존(適者生存)이 중요함을 역설하고 있다. 예를 들어, <그림 2-9>에서 볼 수 있는 바와 같이 Tushman & Rosenkopf(1992)의

그림 2-10 기술혁신의 역동성과 적자생존

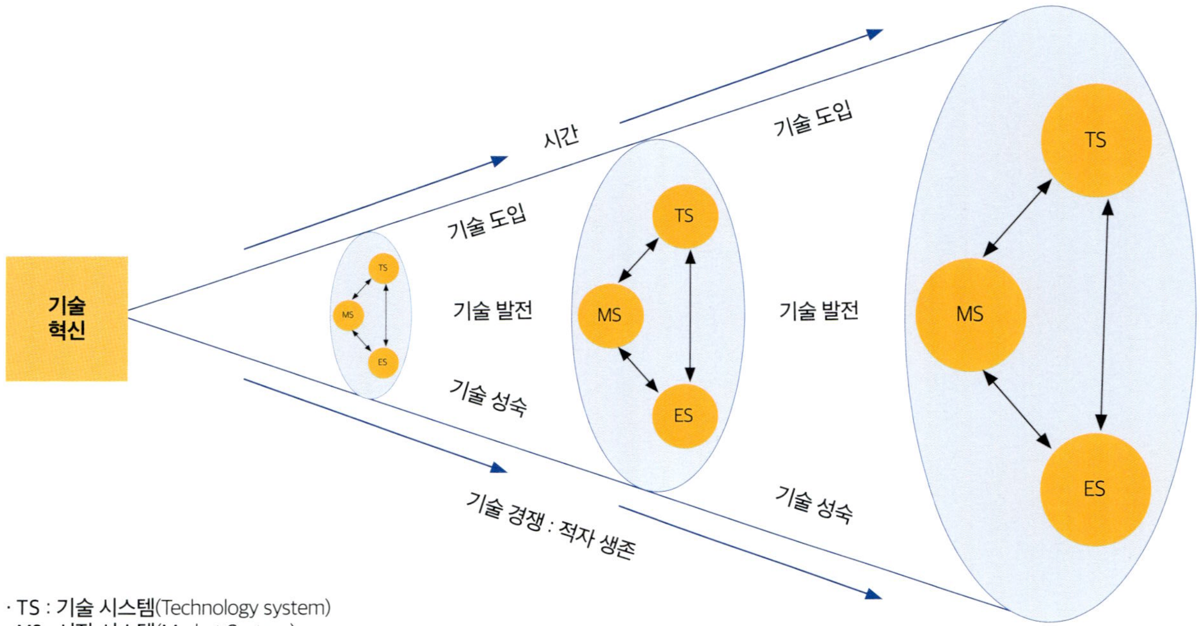

· TS : 기술 시스템(Technology system)
· MS : 시장 시스템(Market System)
· ES : 기업 시스템(Enterprise System)

자료원 : Perez(2002, p. 48), Tushman & Rosenkopf (1992, p. 317) 및 Utterback & Abernathy(1978, p. 40) 수정 인용

기술 cycle에서 기술 발효기는 新舊 기술간 치열한 경쟁이 일어나는 시기로 기업 및 시장 시스템의 환경에 적합한 기술이 기술 선택기에 지배적 디자인으로 선택되어 생존과 발전을 이어가게 된다. <그림 2-8>과 같이 Utterback & Abernathy(1975; 1978)과 Utterback(1994)의 기술혁신의 3단계에서도 기술의 적자생존(適者生存)의 중요성이 반영되어 있다. 기술혁신 3단계의 첫 번째 단계인 유동적 단계에서는 다양한 신제품들이 시장에 쏟아져 나오는 시기이지만, 제품 표준화가 이루어지는 과도적 단계로 넘어가는 과정에서 적자생존(適者生存) 경쟁을 통해 시장과 기업 시스템의 환경에 적합한 기술이 지배적인 디자인이 되어 과도적 단계에서 제품 표준화로 이어지게 된다(Trott, 2012; Utterback, 1994).

기술혁신의 역동성과 적자생존(適者生存)을 시장 경쟁의 관점에서 시각화 하면 <그림 2-10>과 같다. 이는 지속적으로 변화하는 시간 속에서 기술혁신의 역동성과 적자생존(適者生存) 경쟁을 이해하고 이에 선제적으로 적응 및 대응하는 것이 기업의 흥망성쇠(興亡盛衰)에 중요한 영향을 미친다는 것을 잘 보여준다. 아울러, 기술혁신의 특성에 대한 이해의 폭과 깊이를 높이기 위해서는 <그림 2-10>에서 볼 수 있는 바와 같이 다음과 같은 2가지 점에 대한 이해가 필요하다는 것을 알 수 있다.

첫째, 기술혁신은 시간에 따라 변화하는 역동적인 성격을 지니기 때문에 동태적인 시각으로 기술혁신을 바라보아야 한다.

둘째, 기술혁신은 기술 시스템, 기업 시스템, 시장 시스템에 변화를 초래하는 중요한 요인이다. 그러므로, 기술혁신을 이해하려면 기술 경쟁에 기반한 시장 경쟁에서의 적자생존에 대한 심도 있는 분석이 필수적이다.

2.2 기술혁신의 개념

기술혁신(technology innovation)은 '기술(technology)'과 '혁신(innovation)'이라는 두 단어의 합성어이므로, '기술혁신'의 개념을 정확하게 파악하기 위해서는 먼저 '기술'과 '혁신'이라는 두 단어의 정확한 의미에 대한 이해가 선행되어야 한다. 따라서, 본 절에서는 먼저 기술과 혁신의 개념을 각각 살펴본 후 이를 바탕으로 기술혁신의 개념을 파악하고자 한다.

2.2.1 기술의 개념

"기술(technology)이라는 단어는 '숙련된' 또는 '실용적인' 이라는 뜻을 지닌 그리스어인 'technikos'와 '~에 대한 지식' 또는 '~에 대한 체계적인 처리' 라는 의미를 가진 접미사 'ology'의 합성어로서, 숙련되고 실용적인 지식"(Betz, 2011, p. 13)을 의미한다.

영어에서는 17세기부터 사용되기 시작한 '기술(technology)'이라는 의미는 일관되게 변하지 않는 유일한 뜻을 가지고 있었던 것이 아니라 시대의 변천과 함께 다양하게 변화해 왔다(Marx, 1997). 현대적인 관점에서 기술의 사전적 의미는 "특히 산업 분야에서의 실용적인 목적을 위한 과학적인 지식의 활용"[2]으로 정의된다.

기술의 대한 정의는 연구자에 따라 매우 다양하다(Lefever, 1992). 예를 들어, Trott(2012, p. 19)는 기술을 "제품과 생산 프로세스에 활용되는 지식"으로 정의하여 기술의 활용 분야를 제품 영역 또는 생산 프로세스 영역으로 보고 있다. Betz(2011, p. 13)의 정의에 따르면 기술은 "인간의 목적을 위해 자연을 조작하는 것에 대한 지식"을 의미한다. Trott(2012)의 기술의 정의에 비해 Betz(2011)은 기술의 활용 분야를 더 광범위하게 정의하고 있다. Afuah(2003)은 기술이라는 단어 대신 전술한 어원적인 측면의 정의와 결국 동일한 의미를 가지는 기술적 지식(technological knowledge)이라는 단어를 기술의 대용어로 사용하고 있다. Afuah(2003, p.13)에 따르면 기술적 지식이란 "제품이나 서비스에 사용되는 구성 요소, 구성 요소들 간의 연계성, 방법, 프로세스 및 기법에 대한 지식"으로 정의된다. Afuah(2003)의 정의는 Trott(2012)의 정의와 같이 제품 영역에서 기술을 정의하는 공통점을 가지고 있으나 서비스 영역을 기술의 활용 분야로 사용하고 있다는 점에서 다소

2) https://en.oxforddictionaries.com/definition/technology, 2018. 02. 11. 접속

차이가 있다.

전술한 기술의 어원적인 개념 및 사전적 의미와 여러 연구자들의 기술에 대한 다양한 정의를 살펴보면 기술의 개념 정의에는 <그림 2-11>과 같이 3가지 요소가 필요함을 알 수 있다.

그 첫 번째 요소는 기술이라는 대상물을 바라보는 관점으로서 전술한 기술의 어원적 정의와 사전적 정의 및 Trott(2012), Betz(2011) 그리고 Afuah(2003)의 정의는 공통적으로 기술을 지식으로 바라보는 관점에 기반한다. 두 번째 요소는 기술의 존재 목적으로 기술의 사전적인 정의와 Betz(2011)의 정의를 통해 기술이 인간을 위한 실용적인 목적을 위해 존재한다는 것을 알 수 있다. 세 번째 요소는 기술의 응용 분야이다. Afuah(2003)의 정의와 같이 기술은 제품이나 서비스에 사용되는 지식으로 정의될 수 있으며, Trott(2012)의 정의처럼 기술은 제품이나 생산 프로세스에 응용되는 지식으로 정의될 수도 있다. 또한 기술의 사전적 의미와 같이 기술은 자동차 산업기술, 전자산업 기술과 같이 특정 산업 분야의 현장에서 응용되는 지식으로 정의할 수도 있다.

전술한 기술의 개념 정의에 필요한 세가지 요소를 종합하여 본 학술에서는 기술혁신 경영전략을 실행하려는 기업에 적합한 기술의 개념을 ***'기업이 추구하는 실용적인 목적을 달성하기 위해 기업 시스템에 응용되는 지식'***으로 정의한다.

<그림 2-11>에서 제시된 기술의 개념 정의에 필요한 3요소를 바탕으로 기술과 과학(science)의 차이점과 공통점을 구체화할 수 있다.

그림 2-11 기술의 개념 정의에 필요한 3요소

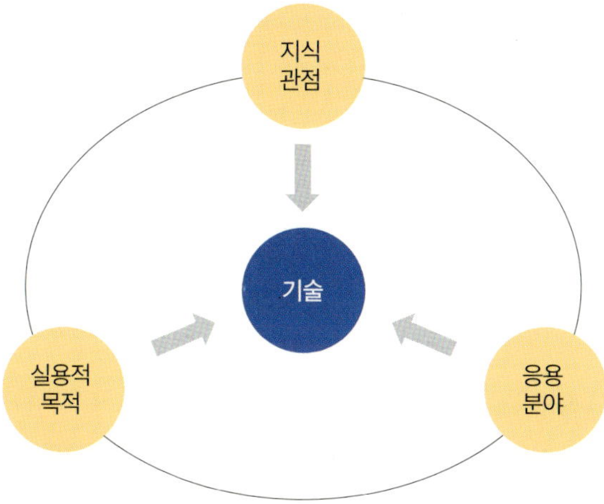

지식을 의미하는 라틴어 'scientia'에서 유래된 과학이라는 단어는 지식이라는 측면에서 기술과 공통점이 있으나 목적에서 분명한 차이가 있다(Betz, 2011; Trott, 2012). 과학은 인간의 삶의 터전인 자연을 탐구하여 자연 현상을 설명하고 자연에 대한 새로운 지식을 발견하는 것을 목표로 한다(Betz, 2011; Trott, 2012). 그러나, 기술은 과학을 통해 발견된 자연에 대한 새로운 지식을 인간이 추구하는 실용적인 목적에 맞게 개발 및 활용하는 것이다(Afuah, 2003; Betz, 2011; Trott, 2012). 따라서, 과학은 자연에 대한 새로운 지식의 창출을 목적으로 하지만 기술은 인간이 필요로 하는 실용적인 목적을 추구한다는 데 큰 차이가 있다(Afuah, 2003; Betz, 2011; Trott, 2012). 이런 측면에서 과학의 발전은 기술의 발전에 중요한 원천이 된다(Betz, 2011; Trott, 2012).

2.2.2 혁신의 개념

혁신(innovation)은 라틴어 'innovare'에서 어원을 두고 있으며(Tidd & Bessant, 2014), 기술의 개념처럼 연구자들의 여러 견해에 따라 정의가 다양하다. 예를 들어, Tidd 및 Bessant(2014, p.3)는 혁신을 "아이디어들로부터 가치를 창출하는 과정"으로 정의한다. Porter(1990, p. 780)은 "혁신이란 상품화되는 물건을 만드는 새로운 방법"이라고 정의했다. Afuah(2014, p. 36)는 혁신을 "다르게 실행 중인 것 또는 다르게 실행한 결과"로 정의했다. Trott(2012, p.15)는 혁신을 "새롭거나 개선된 제품, 제조 프로세스 또는 장비에 대한 아이디어 생성, 기술 개발, 제조 및 마케팅 프로세스와 관련된 모든 활동을 경영하는 것"으로 정의하였다. Afuah(2003, p. 13)에 의하면 혁신이란 "고객이 원하는 새로운 제품이나 서비스를 제공하기 위해 새로운 지식을 사용하는 것"을 의미한다. 나아가 혁신은 조직이 기존에 조직 내부에 존재하지 않았던 새로운 부서나 프로세스 및 시스템을 수용하는 것을 비롯하여 다양한 의미를 가지고 있다(Damanpour, 1991; Downs & Mohr, 1976; Trott, 2012).

이처럼 혁신에 대한 다양한 정의를 고찰해보면 혁신의 개념에는 <그림 2-12>와 같이 세가지 요소가 필수적임을 알 수 있다. 첫째, 혁신의 개념 정의에는 '새로움(newness)'의 창출 여부가 필수적이다(Afuah, 2003; Betz, 2011; Garcia & Calantone, 2002). 혁신은 새로운 변화와 직결된다(Tidd & Bessant, 2014). 그러므로, 새로움의 정도는 혁신의 종류를 유형화하는 데 사용될 정도로 혁신을 정의하는 데에도 중요한

그림 2-12 혁신의 개념 정의에 필요한 3요소

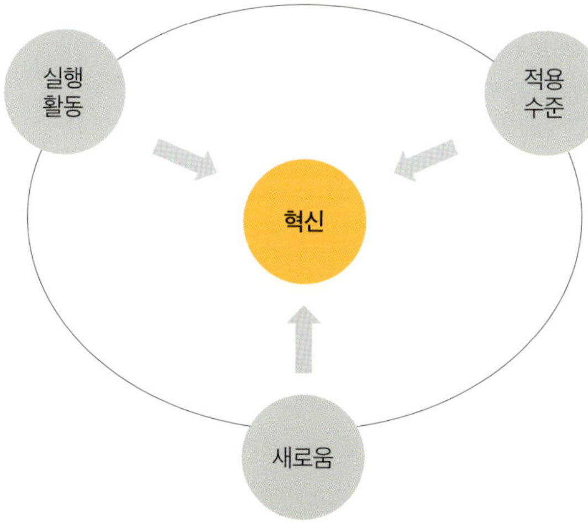

역할을 한다(Garcia & Calantone, 2002; Tidd & Bessant, 2014).

둘째, 혁신의 개념은 실행을 위한 활동의 토대이다. 아는 것과 행동하는 것에는 큰 차이가 있듯이(Pfeffer & Sutton, 2000), 머리 속에만 있는 새로운 변화와 이를 창출하기 위해 실제로 행동을 취하는 것은 다른 차원의 일이다. 즉, 새로운 변화를 위한 실행 활동이 없는 혁신은 진정한 의미의 혁신이 될 수 없다. 이러한 맥락에서 전술한 Tidd & Bessant(2014)와 Afuah(2003) 및 Trott(2012)의 혁신에 대한 정의는 실행 활동을 전제로 하고 있다.

셋째, 혁신의 정의에는 새로운 변화를 적용하는 수준이 필요하다. 혁신이라는 새로운 변화가 적용되는 수준은 국가와 사회가 될 수 있으며 산업이나 기업이 될 수 있다(Garcia & Calantone, 2002; Perez, 2002; Perez, 2010; Porter, 1990; Tidd & Bessant, 2014). 혁신이 적용되는 수준을 한정하지 않으면 새로운 변화가 어디까지 미치는 것인지를 알 수 없기 때문에 혁신의 개념이 박이부정(博而不精)하게 될 수밖에 없다.

본 학술서에서 전술한 바와 같은 혁신의 개념 정의에 필요한 3요소를 바탕으로 기술혁신 경영전략을 실행하려는 기업에 적합한 혁신의 개념은 ***'기업 시스템에 적용될 수 있는 새로운 변화의 성공적인 창출을 위해 기업이 실행하는 활동'***으로 정의될 수 있다.

2.2.3 기술혁신의 개념

기술혁신의 개념을 보다 정확하게 파악하기 위해 '기술' 과 '혁신'의 다양한 정의들을 앞에서 살펴보았다. 그리고 다양한 선행연구들을 바탕으로 기술의 개념 정의에 필요한 세가지 요소(지식관점, 실용적 목적, 응용 분야)와 혁신의 개념 정의에 필요한 세가지 요소(새로움, 실행 활동, 적용 수준)들을 각각 도출하여 이 요소들에 부합하는 기술과 혁신의 정의를 각각 살펴보았다.

'기술혁신'은 '기술'과 '혁신'의 합성어이므로 <그림 2-13>과 같이 기술과 혁신의 개념 정의에 필요한 6가지 요소들을 종합적으로 고려한 개념 정의가 필요하다.

본 학술에서는 이러한 6가지 요소를 종합하여 기술혁신

그림 2-13 기술혁신의 개념 정의에 필요한 6요소

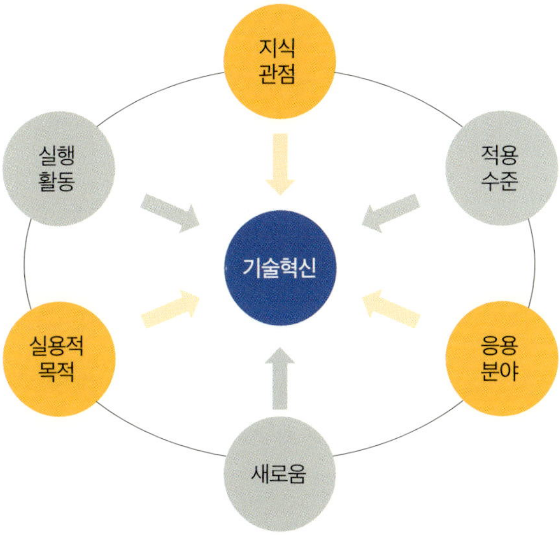

표 2-1 6가지 요소에 따른 기술혁신의 개념

적용 수준	실용적 목적	응용 분야	새로움	지식 관점	실행 활동
기업	이익 극대화	제품, 서비스, 프로세스	개선, 완전히 새롭게	기술적 지식 시장지식	지식 창출, 활용

경영전략을 실행하려는 기업의 입장에 적합한 기술혁신의 개념을 다음과 같이 정의하였다. 이 개념을 6가지 요소에 따라 자세히 살펴보면 <표 2-1>과 같다.

'기업이 이익을 극대화하기 위해 기술적 지식과 시장 지식을 바탕으로 제품 및 서비스와 프로세스를 개선하거나 완전히 새롭게

하는 지식을 창출 또는 활용하는 활동'

(1) 적용 수준 및 실용적 목적: 기업의 이익 극대화

Afuah(2003)은 기업이 추진하는 기술혁신의 궁극적인 목적은 기업의 이익 극대화에 있음을 명확히 하였다. <그림 2-1>를 통해 상술한 바와 같이 기업은 인력과 원자재 및 자본과 같은 투입물들을 사용하여 제품과 서비스를 생산하고 이를 통해 이익 창출을 목적으로 하는 개방형 시스템의 하나이다. 기술혁신이 제품이나 서비스의 품질 향상을 통해 기업의 수익 창출에 기여하지 못하거나 프로세스 개선으로 기업의 비용절감에 도움이 되지 못한다면 기업 시스템의 생존과 발전에 유명무실(有名無實)해 질 수밖에 없다(Afuah, 2003; Trott, 2012). 이런 관점에서 기술혁신의 최종 결과물의 상업적 매력도(commercial attractiveness)는 기술혁신과 관련된 여러 연구들에서 중점적으로 다루어지고 있다(Franke, von Hippel, & Schreier, 2006; Schreier & Prugl, 2008; Trott, 2012; Von Hippel & Finkelstein, 1979; Von Hippel, 2005). 따라서, 기업의 기술혁신의 적용 수준은 기업 전체이며 궁극적인 목적은 이익 극대화로 볼 수 있다.

(2) 응용분야 및 새로움: 개선되거나 완전히 새로운 제품, 서비스 및 프로세스

기업 조직의 혁신은 기술혁신과 관리혁신으로 구분된다(Afuah,

2003; Damanpour, 1991). 기술혁신은 제품이나 서비스 또는 프로세스에서 새로운 변화를 발생시키며 관리혁신은 기업의 경영 프로세스나 조직 구조의 변화를 초래한다(Afuah, 2003; Betz, 2011; Damanpour, 1991; Trott, 2012). 기술혁신은 제품이나 서비스 또는 프로세스를 통해 구체화된다(Afuah, 2003; Betz, 2011; Damanpour, 1991; Trott, 2012). 즉, 기술혁신은 소비자가 요구하는 새로운 기능과 특성을 갖춘 제품이나 서비스, 그리고 효과적이며 효율적으로 제품이나 서비스를 생산 및 제공할 수 있는 프로세스로 구현된다. 따라서, 기업의 기술혁신의 응용 분야는 제품, 서비스 또는 프로세스로 파악될 수 있다.

전통적으로 기술혁신과 관련된 여러 선행 연구들은 기술혁신이 창출하는 새로움(newness)의 정도를 새롭게 창출된 혁신성(innovativeness)의 수준으로 평가해 왔다(Garcia & Calantone, 2002). 예를 들어, 기존 연구들은 '전 세계에 새로운 혁신', '시장에 새로운 혁신', '산업에 새로운 혁신', '기업에 새로운 혁신', '소비자에 새로운 혁신' 등과 같은 다양한 차원을 이용하여 완전히 다른 모습으로 창출된 기술혁신의 새로움의 수준을 평가하였다(Ali, Krapfel, & LaBahn, 1995; Atuahene-Gima, 1995; Lee & Na, 1994; Mishra, Kim, & Dae, 1996; Olson, Walker & Ruekert, 1995; Yoon & Lilien, 1985). 그러나, 기술혁신이 반드시 완전히 새로운 제품이나 프로세스만을 창출하는 것은 아니다(Afuah, 2003; Trott, 2012). 기업은 완전히 새롭지는 않지만 기존 제품의 품질 개선을 통해 소비자의 욕구를 충족시키고 수익을 창출할 수 있다(Afuah, 2003). 이와 같은 맥락에서 Betz(1993)은 기술혁신을 점진적 혁신(incremental innovation), 급진적 혁신(radical innovation) 및 차세대 기술혁신(next-generation innovation) 등의 세가지 형태로 유형화를 하였는데, 여기서 점진적 혁신이란 유선 전화기의 통화 품질을 개선하는 것과 같이 새로운 기능을 창출하는 것이 아니라 기존의 성능을 개선하는 정도의 새로움을 말한다. 따라서, 기술혁신이 창출하는 새로움의 정도는 '개선되거나 완전히 새로운 것'을 모두 포괄하는 개념으로 보는 것이 타당하다.

(3) 지식 관점 및 실행 활동: 기술적 지식과 시장 지식의 창출 및 활용

고객이 원하는 신제품을 성공적으로 창출하는데 기여하는 지식은 기술적 지식과 시장 지식이다(Afuah, 2003; Cooper & Edgett, 2009). 기술적 지식은 고객이 원하는 새로운 속성을 지닌 제품을 추가하거나 기존 제품의 품질을 개선하는 데 필수적이다(Afuah, 2003; Betz, 2011; Trott, 2012).

성공적인 기술혁신을 창출하는데 있어서 기술적 지식과 시장 지식은 불가분의 관계이다(Afuah, 2003; Curtis, 2008; Gupta, Raj, & Wilemon, 1985; Gupta, Raj, & Wilemon, 1986). 기업은 시장 지식을 바탕으로 새롭게 출시되는 제품이나 서비스에 대해 효과적인 판매 촉진 전략을 수립하고 실행할 수 있다(Afuah, 2003; Curtis, 2008). 또한 시장 지식을 바탕으로 소비자가 원하는 제품이나 서비스가 무엇인지를 파악할 수 있다(Betz, 2011; Curtis, 2008). 따라서, 기술적 지식을 창출하고 활용하는데 핵심이 되는 기업의 연구개발 부서 및 생산운영관리 부서와 시장 지식 관리에 중요한 역할을 담당하는 마케팅 부서 사이에 긴밀한 협력은 성공적인 기술혁신에 필요한 가장 중요한 요소 중 하나이다(Gupta et al., 1985; Gupta et al., 1986; Martinez-Costa et al., 2013; Song, Neeley, & Zhao, 1996).

| 참고문헌

Afuah, A. (2003). Innovation management : Strategies, implementation, and profits, Oxford University Press.

Afuah, A. (2014). Business model innovation: Concepts, analysis, and cases, Routledge.

Aldrich, D. F. (1999). Mastering the digital marketplace: Practical strategies for competitiveness in the new economy, Wiley & Sons.

Ali, A., Krapfel, R., Jr., & LaBahn, D. (1995). Product innovativeness and entry strategy: Impact on cycle time and break-even time. Journal of Product Innovation Management, 12(1), 54-69.

Atuahene-Gima, K. (1995). An exploratory analysis of the impact of market orientation on new product performance. Journal of Product Innovation Management, 12(4), 275-293.

Betz, F. (1993). Strategic technology management, McGraw-Hill.

Betz, F. (2011). Manaing technological innvovation, Wiley.

Carlsson, B., Jacobsson, S., Holmén, M., & Rickne, A. (2002). Innovation systems: Analytical and methodological issues. Research Policy, 31(2) 233-245.

Christensen, C. M. (1997). The innovator's dilemma: When new technologies cause great firms to fail, Harvard Business School Press.

Christensen, C. M., Raynor, M., & McDonald, R. (2015). What is disruptive innovation? Harvard Business Review, 93(12), 44-53.

Cooper, R. G., & Edgett, S. C. (2009). Product innovation and technology strategy, Product Development Institute Inc.

Curtis, T. (2008). Marketing for engineers, scientists and technologiests, John Wiley & Sons.

Damanpour, F. (1991). Organizational innovation: A meta-analysis of effects of determinants and moderators. Academy of Management Journal, 34(3), 555-590.

Darwin, C. (1859). On the origin of species by means of natural selection, John Murray.

Dosi, G., Gambardella, A., Grazzi, M., & Orsenigo, L. (2008). Technological revolutions and the evolution of industrial structures: Assessing the impact of new technologies upon the size, and boundaries of firms. Capitalism and Society, 3(1), 1-47.

Downs Jr., G. W., & Mohr, L. B. (1976). Conceptual issues in the study of innovation. Administrative Science Quarterly, 21(4), 700-714.

Evans, P., & Wurster, T. S. (1997). Strategy and the new economics of information. Harvard Business Review, 75(5), 70-82.

Evans, P., & Wurster, T. S. (1999). Blown to bits: How the new economics of information transforms strategy, Harvard Business School Press.

Foster, R. (1986). Innovation: The attacker's advantage, Summit Books.

Franke, N., von Hippel, E., & Schreier, M. (2006). Finding commercially attractive user innovations: A test of lead-user theory. Journal of Product Innovation Management, 23(4), 301-315.

Garcia, R., & Calantone, R. (2002). A critical look at technological innovation typology and innovativeness terminology: A literature review. The Journal of Product Innovation Management, 19, 110-132.

Gupta, A. K., Raj, S. P., & Wilemon, D. L. (1985). R & D and marketing dialogue in high-tech firms. Industrial Marketing Management, 14(4), 289-300.

Gupta, A. K., Raj, S. P., & Wilemon, D. (1986). A model for studying R&D--marketing interface in the product innovation process. Journal of Marketing, 50(2), 7-17.

Hanson, B. G. (2014). General systems theory - beginning with wholes : Beginning with wholes, Taylor & Francis.

Henderson, R. M., & Clark, K. B. (1990). Architectural innovation: The reconfiguration of existing product technologies and the failure of established firms. Administrative Science Quarterly, 35(1), 9-30.

Jordan, J. M. (2012). Information, technology, and innovation: Resources for growth in a connected world, Wiley.

Kondratieff, N. D. (1979). The long waves in economic life. Review (Fernand Braudel Center), 2(4), 519-562

Lee, M., & Na, D. (1994). Determinants of technical success in product development when innovative radicalness is considered. Journal of Product Innovation Management, 11(1), 62-68.

Lefever, D. B. (1992). Technology transfer and the role of intermediaries (Doctoral dissertation), Cranfield Institute of Technology.

Marquis, D. G. (1969). The anatomy of successful innovations. Innovation, 1, 28-37.

Martínez-Costa, C., Mas-Machuca, M., & Lusa, A. (2013). Integration of marketing and production decisions in aggregate planning: a review and prospects. European Journal of Industrial Engineering, 7(6), 755-776.

Marx, L. (1997). Technology: The emergence of a hazardous concept. Technology and Culture, 51(3), 561-577.

Mele, C., Pels, J., & Polese, F. (2010). A brief review of systems theories and their managerial applications. Service Science, 2(1-2), 126-135.

Mishra, S., Kim, D., & Dae, H. L. (1996). Factors affecting new product success: Cross-country comparisons. Journal of Product Innovation Management, 13(6), 530-550.

Olson, E. M., Walker, J.,Orville C., & Ruekert, R. W. (1995). Organizing for effective new product development: The moderating role of product innovativeness. Journal of Marketing, 59(1), 48-62.

Perez, C. (2002). Technological revolutions and financial capital: The dynamics of bubbles and golden ages, Edward Elgar.

Perez, C. (2010). Technological revolutions and techno-economic paradigms. Cambridge Journal of Economics, 34(1), 185-202.

Pfeffer, J., & Sutton, R. I. (2000). The knowing-doing gap: How smart companies turn knowledge into action, Harvard Business School Press.

Porter, M. E. (1990). The competitive advantage of nations, Free Press.

Schilling, M. A. (2013). Strategic management of technological innovation, McGrawHill.

Schilling, M. A. (2017). Strategic management of technological innovation, McGrawHill.

Schreier, M., & Prugl, R. (2008). Extending lead-user theory: Antecedents and consequences of consumers' lead userness. Journal of Product Innovation Management, 25(4), 331-346.

Schumpeter, J. A. (1939). Business cycles : A theoretical, historical, and statistical analysis of the capitalist process, McGraw-Hill.

Schumpeter, J. A. (1942). Capitalism, socialism, and democracy, Harper.

Skyttner, L. (2001). General systems theory: Ideas And Applications, World Scientific.

Song, X. M., Neeley, S. M., & Zhao, Y. (1996). Managing R&D-marketing integration in the new product development process. Industrial Marketing Management, 25(6), 545-555.

Stalk, J., George. (1988). Time--the next source of competitive advantage. Harvard Business Review, 66(4), 41-51.

Tidd, J., & Bessant, J. (2014). Strategic innovation management, Wiely.

Trott, P. (2012). Innovation management and new product development, Prentice Hall.

Tushman, M. L., & Anderson, P. (1986). Technological discontinuities and organizational environments. Administrative Science Quarterly, 31(3), 439-465.

Tushman, M. L., & Rosenkopf, L. (1992). Organizational determinants of technological change: Toward a sociology of technological evolution. Research in Organizational Behavior, 14, 311-347.

Utterback, J. M., & Abernathy, W. J. (1975). A dynamic model of process and product innovation. Omega, 3(6), 639-656.

Utterback, J. M., & Abernathy, W. J. (1978). Patterns of industrial innovation. Technology Review, 80(7), 40-47.

Utterback, J. M. (1994). Mastering the dynamics of innovation : How companies can seize opportunities in the face of technical change, Harvard Business School Press.

Von Bertalanffy, L. (1969). General system theory: Foundations, development, applications, George Braziller.

Von Hippel, E. (2005). Democratizing innovation, MIT Press.

Von Hippel, E., & Finkelstein, S. N. (1979). Analysis of innovation automated clinical chemistry analyzers. Service and Public Policy, 6(1), 24-37.

Wilson, B. (1990). Systems: Concepts, methodologies and applications, John Wiley.

Yoon, E., & Lilien, G. L. (1985). New industrial product performance: The effects of market characteristics and strategy. Journal of Product Innovation Management, 2(3), 134-144.

3장

기술혁신 경영전략의 중요성과 개념

3.1 기술혁신 경영전략의 중요성

오늘날 기업들은 기업의 경쟁우위 창출과 유지에 필요한 제품과 프로세스 개발을 위한 연구 및 개발(R&D : Research and Development)에 많은 노력을 하고 있다. 기업들이 R&D에 많은 투자를 하는 이유는 R&D에 대한 투자를 더 늘리면 늘릴수록 보다 더 성공적인 제품이나 프로세스가 개발되어 기업의 수익성이 증대될 것으로 생각하기 때문이다(Jaruzelski, Dehoff, & Bordia, 2005). 그러나, 2005년에 발간된 Booz Allan Hamilton(社)의 『Money Isn't Everything』(Jaruzelski et al., 2005)이라는 제목의 연구결과는 R&D 투자의 유효성에 대한 이런 생각에 대해 경종을 울리고 있다. 이 연구에서 2004년 R&D 지출 기준 전세계 1000대 기업의 R&D 지출과 수익성 사이에 관계를 분석한 결과, R&D 지출과 수익성 사이에는 관계가 없는 것으로 분석되었다. 그런데, Booz Allan Hamilton(社)의 『Money Isn't Everything』(Jaruzelski et al., 2005)의 연구결과가 발간된 바로 일년 직후인 2006년에 Harvard Business Review에 소개된 『Connect and Develop』(Huston & Sakkab, 2006)이라는 연구에서 P&G(社)의 성공적인 기술혁신 경영전략 사례를 소개하여 많은 주목을 받았다. P&G(社)는 기업 내부뿐만 아니라 외부의 지식을 적극적으로 활용하는 개방형 혁신 전략(open innovation strategy)을 적극 추진하였다(Huston & Sakkab, 2006). 그 결과, R&D로 인한 수익성을 대폭 상승시키는 괄목할 만한 성과를 이루어(Huston & Sakkab, 2006), 기술혁신 경영전략의 중요성을 잘 보여주는 중요한 기업 사례가 되었다.

P&G(社)의 기술혁신 경영전략이 성공한 주요 요인은 <그림 3-1>과 같이 기업의 내부 역량과 자원 수준(Barney, 1997) 및 시장 수요와 공급에 따른 경쟁 상황(Besanko, Dranove, Shanley, & Schaefer, 2010; Nicholson, 2005; Porter, 1980) 분석을 통해 다음과 같이 파악될 수 있다.

먼저, <그림 3-1>의 I사분면과 II사분면은 시장 수요가 공급을 초과하므로 기업간 경쟁이 상대적으로 약하며 수요와 공급의 차이가 점점 더 커지면 커질수록 시장 경쟁은 약화된다. 이런 상황에서 I사분면의 기업들은 높은 수준의 내부 역량과 자원을 보유하고 있으므로 R&D를 바탕으로 제품 및 프로세스의 차별화를 통해 수익을

그림 3-1 기업의 내부 역량 및 자원 수준과 시장 수요와 공급에 따른 경쟁 상황

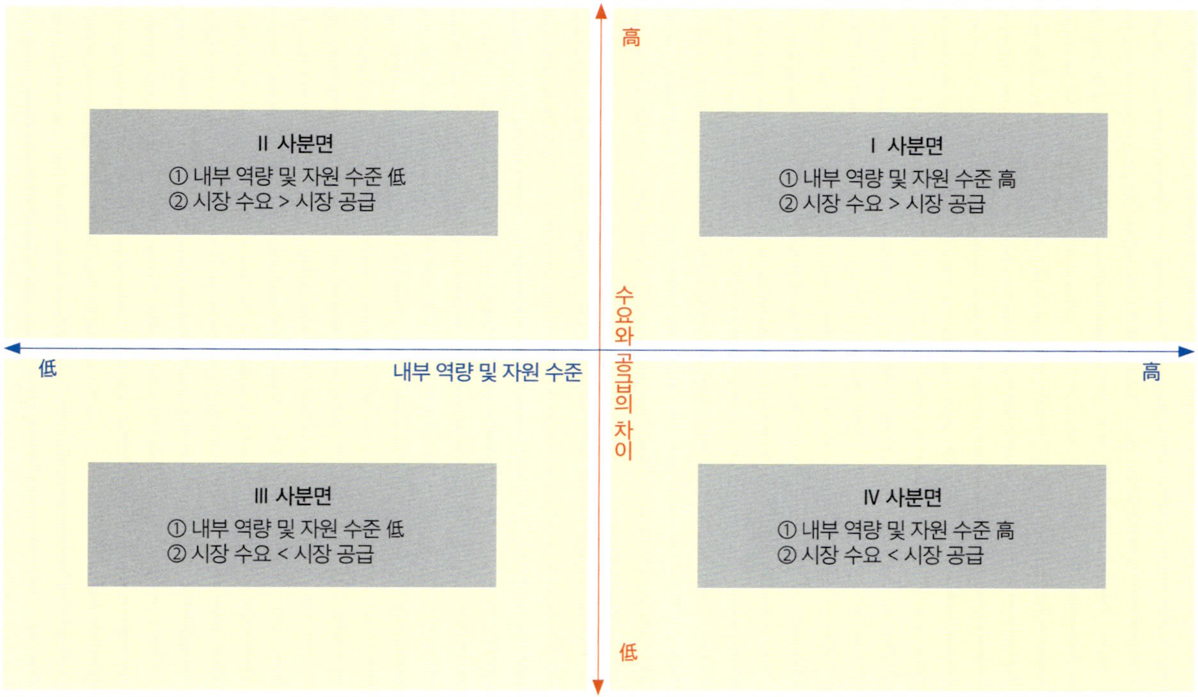

자료원 : Barney(1997, p. 145) 및 Besanko, Dranove, Shanley, & Schaefer(2010, p. 212) 수정 인용

창출할 확률이 상대적으로 매우 높다. 반면 II사분면의 기업들은 내부 역량과 자원 수준이 I사분면의 기업들에 비해 상대적으로 낮기 때문에 I사분면의 기업들과의 경쟁에서 이기기 위해서는 효과적인 기술혁신 경영전략이 필요하다.

III사분면과 IV사분면은 공급이 수요를 초과하는 상황이므로 공급과 수요의 격차가 커질수록 기업간 경쟁은 더욱 거세질 수밖에 없다. 오늘날의 많은 기업들이 처한 시장 환경이 바로 III사분면과 IV사분면에 해당된다. III사분면의 기업들은 공급이 수요를 초과하여 발생하는 치열한 시장 경쟁 환경 속에서 자사의 내부 역량과 자원의 수준이 낮기 때문에 내부 R&D에만 의존할 경우 시장 경쟁 상황에 효과적으로 대응하지 못할 확률이 높다. IV사분면의 기업들은 III사분면의 기업들보다 상대적으로 내부역량과 자원의 수준이 높다는 점에서는 유리하다. 그러나 전체 시장의 경쟁이 치열해질수록 내부 R&D를 통한 차별화의 가능성이 낮아지는 현실적인 어려움에 직면할 수 있다.

III사분면과 IV사분면의 기업들은 치열해지는 시장 경쟁으로 인해 전략적인 측면에서 두 가지의 큰 어려움을 겪을 수 있다. 첫째, 기업의 수익성과 관련된 내부 R&D 투자의 성과가 정체 또는 감소할 수 있다. 기업의 제품과 서비스를 통해 나오는 수익성은 경쟁자들과 비교하여 차별화우위나 원가우위가 있는 경우에만 효과적으로 실현될 수 있다(Porter, 1980). 즉, 기업의 수익성은 자사 기업이 개발해내는 제품이나 서비스가 경쟁사의 제품과 서비스에 비해 품질이나 가격에서 우위가 있을 때 실현된다(Besanko et al., 2010; Porter, 1980). 그러므로, III사분면과 IV사분면에 해당하는 기업들은 자사의 내부 R&D 투자 집중도를 증가시켜도 치열한 시장 경쟁으로 인해 기업의 수익성 측면에서 R&D 투자 성과가 정체 또는 감소할 수 있다.

둘째, 차별화와 원가우위의 압력이 커지면서 III사분면과 IV사분면에 속한 기업들은 기업 내부의 역량과 지식의 한계를 경험할 수 있다. 치열한 경쟁 속에서 지속적인 생존과 성장을 위해서는 품질의 고도화를 통한 차별화와 프로세스 혁신에 바탕을 둔 원가우위가 필요하다(Afuah, 2003; Besanko et al., 2010; Porter, 1980). 하지만 이를 지원할 수 있는 기업 내부의 역량과 자원은 유한하며 성공적인 제품과 서비스를 창출하기 위해 R&D에 필요한 모든 지식들을 기업 내부에 보유하는 것은 현실적으로 쉽지 않은 일이다(Chesbrough, 2006; Enkel, Gassmann, & Chesbrough, 2009).

2000년도를 기준으로 IV사분면에 위치해 있었던 P&G(社) 또한 앞에서 얘기한 두 가지 문제점을 안고 있었다. P&G(社)의 R&D 수익성은 치열한 시장 경쟁 상황에서 성장이 정체되었으며, 내부 R&D에만 의존해서는 경쟁우위가 있는 제품을 개발하기가 어려운 상황이었다(Huston & Sakkab, 2006). 이러한 상황에서 P&G(社)는 내부 R&D의 투자 집중도를 증가시키는 전통적인 방법이 아니라, 내부의 부족한 지식을 공급업체, 외부 전문가, 대학, 연구소 등을 비롯한 외부 지식 원천들로부터 수혈받아 R&D의 수익성을 제고하는 개방형 기술혁신 전략을 추진하면서 난국을 타파할 수 있었다(Huston & Sakkab, 2006). 이 당시에 P&G(社)가 개방형 기술혁신 전략을 추진하지 않고 내부 R&D에 대한 투자만을 증가시키며, 새로운 제품 창출을 위한 R&D를 자사의 내부 지식에만 의존했다면 P&G(社)가 오늘날과 같이 발전하기 힘들었을 것이다. P&G(社)는 기업이 수립하고 실행하는 기술혁신 경영전략이 기업의 성장과 발전에 얼마나 중요한지를 잘 보여주는 사례이다.

3.2 기술혁신 경영전략의 개념

기술혁신 경영전략(technology innovation management strategy)은 '기술혁신(technology innovation)'과 '경영전략(management strategy)'의 합성어이므로 기술혁신 경영전략의 개념을 정확하게 이해하기 위해서는 '기술혁신'과 '경영전략'에 대한 개념적 이해가 선행되어야 한다. 기술혁신의 개념은 본 학술서의 2.2절에서 이미 다루었기 때문에 이번 절에서는 먼저 '경영'과 '전략'의 개념을 살펴보고, 이를 바탕으로 '경영전략'의 개념을 파악하고자 한다. 그 후 '기술혁신'의 개념과 '경영전략'의 개념을 통합하여 본 학술서의 핵심적인 개념인 '기술혁신 경영전략'이란 무엇인지를 제시하였다.

3.2.1 경영의 개념

경영이라는 뜻의 영어 단어인 'management'는 '손길(hand)'이라는 의미를 담고 있는 라틴어 'manus'에서 유래되었으며, 역사적으로 산업혁명 보다 훨씬 이전인 기원 전 시대에 사람들이 여러 신전들을 건설 하는 일에 이미 경영의 개념이 사용되었다(Introna, 1997). 기원 전 시대에 신전을 짓기 위한 대규모 건설 공사가 성공하기 위해서는 건설 책임자의 세심한 손길이 필요했다는 것은 분명하다. 성공적인 신전 건설을 위해 사업 추진 프로세스에서 신전 건설 책임자가 수행해야 되는 세심한 손길의 구체적인 내용은 다음과 같은 4가지로 정리해 볼 수 있다.

첫째, 신전 건설 책임자에게는 먼저 신전 건설의 장단기 목표 달성을 위한 구체적인 계획 수립 과정이 필수적이다. 둘째, 신전 건설은 책임자 혼자의 힘으로 모든 세부 작업을 진행할 수 없으므로, 수립된 계획의 효과적인 실행을 위해서 작업자들을 작업 그룹으로 나누고 작업책임자를 임명한 후 권한과 책임을 부여하는 조직화가 필요하다. 셋째, 목표로 하는 기간 내에 건설 작업을 완료할 수 있도록 추진력 있게 공사 프로세스를 실행해야 한다. 넷째, 작업장별 작업 결과물들의 품질과 인력, 비용 및 원자재 등 투입 자원에 대한 통제가 반드시

그림 3-2 프로세스 관점에서 경영의 개념 정의에 필요한 4요소

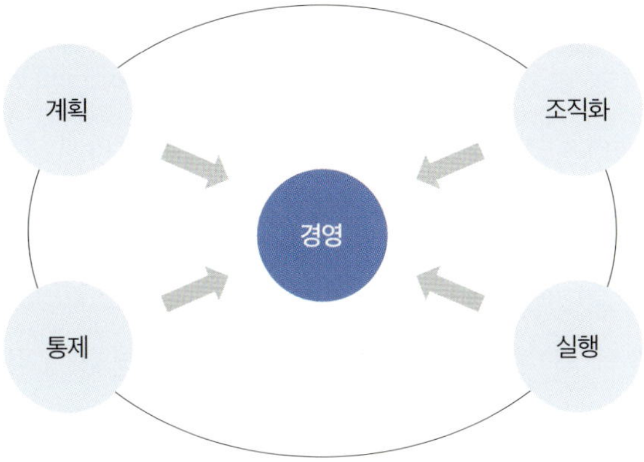

이루어져야 한다. 신전 건설 작업 책임자의 세심한 손길이 건설 현장의 곳곳에 미칠수록 목표 달성에 성공할 확률은 높아질 수밖에 없다. 신전 건설 책임자의 이러한 세심한 손길이 바로 '경영(management)'이며, 신전 건설 작업 책임자가 바로 '경영자(manager)'이다.

전술한 신전 건설 책임자의 세심한 손길은 기원전 시대에 신전을 건설하는 대규모 공사에만 필요한 것이 아니다. 경영자의 세심한 손길은 사업의 성공을 위해 오늘날의 모든 기업의 사업 추진 프로세스에서 필수적인 활동이다. 전술한 바와 같이 경영의 개념을 프로세스의 관점에서 정의하기 위해서는 <그림 3-2>와 같이 4가지 요소가 필요하다는 것을 알 수 있다.

프로세스 관점에서 경영의 의미를 파악하는 것은 사업의 수행 과정에 있어서 경영의 의미를 이해하는 데는 매우 유용하나

이것만으로 경영의 의미를 충분히 조명했다고 볼 수는 없다.

Introna(1997)에 의하면 효과적으로 경영의 개념을 정의하기 위해서는 지향 목표, 자원의 유한성, 원칙에 대한 고려가 필요하다. 경영은 궁극적으로 기업이 지향하는 목표에 기반을 둔다. 경영의 의미를 정확하게 정의하기 위해서는 '기업의 수익 극대화' 또는 '기업가치 극대화' 등과 같이 지향하는 목표가 존재해야 된다(Introna, 1997). 전술한 신전 건설 책임자의 세심한 손길을 경영으로 정의할 수 있는 것은 이 손길의 목적이 신을 찬양하기 위한 신전을 만들기 위함이라는 명확한 목표가 존재하기 때문이다. 목표 달성 지향성은 경영의 원칙 중 하나인 효과성(effectiveness) 극대화와 불가분의 관계이다. 효과성은 달성량과 목표량의 비율을 의미한다. 예를 들어, A(社)의 신제품의 연매출 목표가 100억원인데 50억원의 연매출액을 달성했다면 A(社)의 신제품 개발과 관련한 효과성은 50%(50억원/100억원)가 된다. 동일한 논리로 100억원의 연매출액을 달성했다면 효과성은 100%(100억원/100억원)이다. 효과성이 높을수록 바람직한 경영으로 평가될 수 있으므로, 지향하는 목표가 없는 활동은 경영으로 정의하기 어렵다.

경영은 기업이 보유한 자원의 유한성을 전제로 한다(Introna, 1997). 만약 기업이 무한한 시간과 인력 및 자금을 보유하고 있다면 경영이라는 개념은 생겨날 필요가 없었을 것이다. 기업의 자원 한계성은 효율성(efficiency) 극대화가 경영의 원칙이 될 수밖에 없는 근본적인 원인으로 작용한다(Besanko et al., 2010; Nicholson, 2005). 효율성은 산출량과 투입량의 비율을 말한다(Stevenson, 2018). 예를 들어, A(社)가 직접 개발하여 시장에 출시한 신제품으로 거두어들인 연매출액이 100억원인데, 이를 달성하기 위해 총비용으로 A(社)는 10억원을 투입하였다. B(社)는 신제품을 개발하고 출시하여 100억원의 연매출액을 달성하였으나, 이를 위해 지출한 총비용이 20억원이라면, A(社)와 B(社)는 신제품의 개발을 통해 100억원이라는 동일한 성과를 거두었다. 하지만, A(社)가 B(社) 보다 적은 비용 투입으로 동일한 수준의 성과를 냈으므로, 신제품의 개발에 대한 투입량과 산출량 측면에서 A(社)의 경영 효율성이 B(社) 보다 더 높다고 평가할 수 있다.

경영의 목표 달성 지향성과 기업의 자원의 유한성은 효과성 및 효율성의 극대화를 경영의 원칙으로 작용하게 한다(Introna, 1997). 이를 환언하면, 경영은 최소의 자원 투입으로 최대의 효과를 내는 것을 원칙으로 한다. 동일한 경영 목표를 달성했다 하더라도 더 적은 자원을 사용하여 효율성이 높게 경영목표를 달성하는 것이 더 바람직한 경영이다. 또한, 동일한 수준의 자원을 투입한다면 보다 높은 수준의 목표를 달성함으로써 효과성을 증진시키는 것이 더 바람직한 경영으로 볼 수밖에 없다.

경영의 개념에 대해 지금까지 전술한 내용을 바탕으로 본 학술서는 기술혁신 경영전략을 수립하고 실행하려는 기업에 적합한 경영의 개념을 다음과 같이 정의한다.

'기업이 자원 제약하에 효과성과 효율성을 극대화하면서 지향하는 목표를 달성하기 위해 수행하는 계획, 조직화, 실행 및 통제 활동'

3.2.2 전략의 개념

전략을 의미하는 영어 단어인 "strategy는 그리스어 strategos에서 유래되었으며, 군대(the army)를 의미하는 stratos와 이끌다(to lead)라는 의미를 지닌 ago의 합성어이다"(David, 2007, p. 26). 따라서, 어원적인 측면에서 전략은 '군대를 이끄는 것'을 의미한다. 이와 매우 유사한 어원적 맥락에서 'strategy'의 어원적 기원을 그리스어인 'strategia'로 보는 견해에 의하면, "전략은 군대를 지휘하는 장군의 역량을 의미한다"(Grant, 2008, p. 14).

역사상 수많은 전쟁의 결과들이 입증하듯이, 예나 지금이나 전쟁은 승전국에게 다양한 전리품과 정치적, 경제적 이익을 제공하지만, 패전국에게는 큰 고통과 비용을 안긴다. 따라서, 전쟁의 승리를 위해 군대를 이끄는 방법인 전략에 대한 연구는 역사적으로 이미 오래전부터 시작되었는데, 전략에 대한 최초의 서적으로 평가받는 책은 바로 『손자병법(孫子兵法)』이다(Grant, 2008). 손자는 『손자병법』에서 전쟁의 승리를 위한 전략의 핵심을 다음과 같이 피력하였다.

"지피지기 백전불태(知彼知己 百戰不殆),
부지피이지기 일승일부(不知彼而知己 一勝一負)
부지피부지기 매전필태(不知彼不知己 每戰必殆)"
("적을 알고 나를 알면 백번의 전쟁에서도 위태롭지 않으나,
적을 모르고 나를 알면 한번은 이기고 한번은 지게 되며,
적을 알지 못하고 나를 모르면 전쟁을 할 때마다
반드시 위태롭다.")

『손자병법』은 군대를 승리로 이끄는 데에만 활용되는 것이 아니라, 기업이 경쟁에서 이기는 방법으로도 활용될 수 있다. 『손자병법』의 관점에서 본 학술서의 2.1.4절(기술-시장-기업 시스템 전체에 미치는 기술혁신의 영향)에서 다루었던 Microsoft(社)의 CD 형태의 백과사전인 Encarta가 백과사전 시장의 강자인 Britanica 백과사전과의 시장 경쟁에서 경쟁우위를 창출했던 사례를 재음미 해보면, Microsoft(社)의 Encarta의 경쟁우위 창출은 전략적인 차원의 결과임을 알 수 있다. Microsoft(社)는 시장 후발 주자로서 Encarta가 Britanica 백과사전의 명성에 도전하기에는 인지도가 매우 부족하지만, Britanica 백과사전은 상대적으로 고가일 뿐만 아니라 종이책이기 때문에 백과사전의 내용 검색이나 휴대가 상당히 불편하다는 점을 잘 알고 있었다. Microsoft(社)는 전략적으로 최상의 성과를 낼 수 있는 '적을 알고 나를 아는(知彼知己)' 접근법으로 Britanica 백과사전과의

시장 경쟁에서 경쟁우위를 창출하였다. Encarta와 Britanica 백과사전의 사례는 전략이 군대의 승리뿐만 아니라 기업 경영에도 매우 유용한 도움이 된다는 것을 잘 보여주고 있다.

3.2.3 경영전략의 개념

앞에서 살펴본 전략의 어원적인 기원은 '전쟁(war)'이 전략의 발생과 필요성을 증대시키는 매우 중요한 요소임을 잘 보여준다. 전쟁이 전혀 없이 평화가 항상 유지될 수 있다면 군대가 필요 없게 됨으로써 전략 또한 필요 없게 된다. 반면, 국가의 안전을 위협하는 전쟁이 자주 발발하면 군대의 중요성은 어느 때 보다 커지며 군대를 이끄는 방법인 전략의 중요성 또한 비례하여 더욱 커지게 된다. 전쟁은 승리를 목표로 싸우는 일종의 경쟁이다. 오늘날 많은 기업들은 시시각각 변화하는 시장 환경 속에서 치열한 경쟁에 직면하고 있으며, 경쟁의 강도는 더욱 강화되고 있다. 점점 더 고도의 경쟁에 직면하고 있는 현대의 많은 기업들의 지속적인 생존과 발전에 있어서 경영전략의 중요성은 더욱 커지고 있다(Barney, 1997; David, 2007; Grant, 2008).

기업의 경영전략의 중요성은 <그림 3-1>과 <그림 3-3>을 통해 2가지 차원에서 조명할 수 있다. 먼저 경영전략의 중요성을 <그림 3-1>을 통해 자세히 짚어보면, <그림 3-1>에서 수요가 공급을 초과하는 I사분면과 II사분면에 위치한 기업은 공급이 수요를

그림 3-3 동태적인 경쟁 관점에서의 경영전략의 중요성

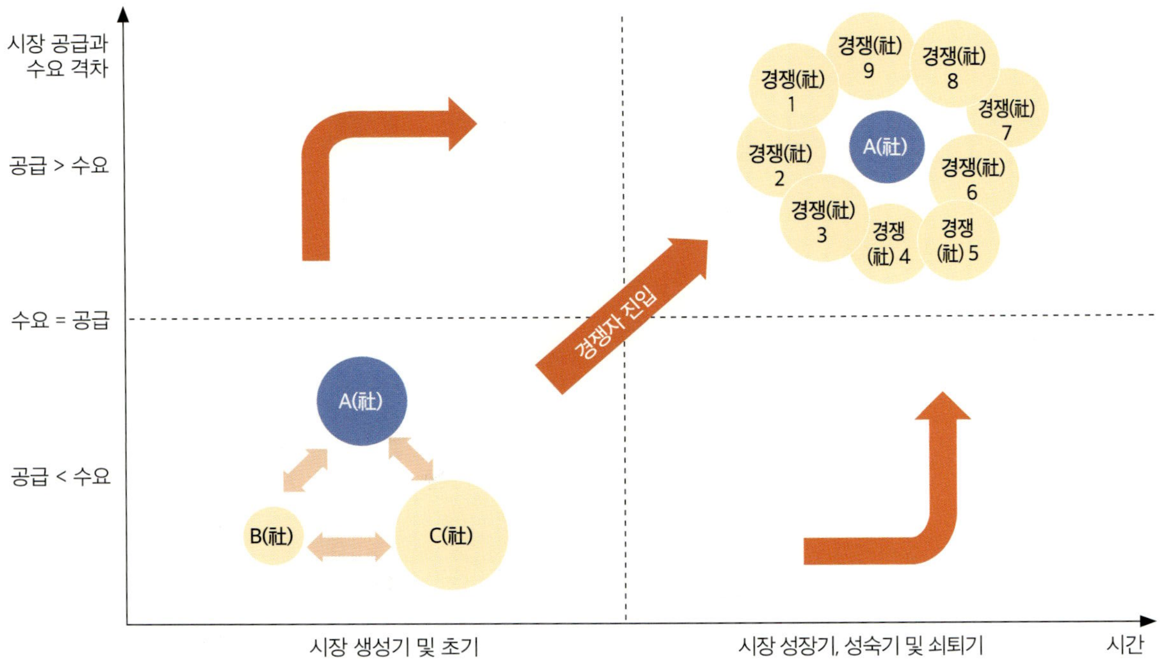

자료원 : Barney(1997, p. 145), Besanko, Dranove, Shanley, & Schaefer(2010, p. 212) 및 Walker & Mullins(2014, p. 192) 수정 인용

초과하는 III사분면과 IV사분면의 상황에 있는 기업보다 경쟁의 강도가 상대적으로 낮은 시장 환경에 놓여 있다. 그러나, I사분면과 II사분면에 위치한 기업이라고 해서 기업간 경쟁이 없는 것은 아니다. II 사분면의 기업에게는 내부 역량 및 자원의 수준이 낮은 자사의 약점을 보완하여 I사분면의 기업과 효과적으로 경쟁할 수 있는 공격 전략이 필요하며(Barney, 1997; Porter, 1985), I사분면의 기업은 II사분면의 기업들의 추격에 대한 효과적인 방어 전략이 필요하게 된다(Barney, 1997; Porter, 1985). 이와 동일한 맥락에서 공급이 수요를 초과하는 III사분면과 IV사분면에 위치한 기업들 사이에서도 효과적인 공격 전략과 방어 전략의 수립과 실행은 기업의 지속적인 생존과 발전에 매우 중요한 요인으로 작용하게 한다(Barney, 1997; Porter, 1985).

<그림 3-3>은 시장의 발전 단계를 고려한 관점에서의 경영 전략의 중요성을 잘 보여준다. <그림 3-3>의 수직축은 시장의 공급과 수요의 격차를 나타내는 것으로 <그림 3-1>의 수직축과 동일하다. 수평축은 동태적인 시간의 흐름을 나타내는 것으로 시간에 따른 시장의 발전 단계의 관점에서 '시장 생성기 및 초기'와 '시장 성장기, 성숙기 및 쇠퇴기'로 구분된다. 원은 기업을 의미하며, 원의 크기는 기업의 내부 역량과 자원의 수준을 나타내는 것으로 <그림 3-1>의 수평축과 동일하다. 즉, <그림 3-3>은 동태적인 경쟁 측면에서 경영 전략의 중요성을 분석하기 위해 <그림 3-1>에 시간의 흐름을 나타내는 변수용 축을 추가한 것이다.

<그림 3-3>의 왼쪽 하단은 시장이 처음 생성되는 시장 초기로 시장의 수요가 공급을 초과하며 시장에 진입한 기업의 수가 상대적으로 적은 시장 환경이다. 따라서, 기업간의 경쟁의 강도가 상대적으로 낮고 기업의 가격 교섭력이 커지므로 기업들의 평균 수익률이 높아진다(Nicholson, 2005). <그림 3-3>의 A(社)가 이러한 경우에 해당하는 기업으로 시장 생성기 및 초기에 위치해 있으며 경쟁 대상은 시장에 선도적으로 같이 진입해 있는 B(社) 및 C(社) 둘 뿐이다. 이 경우 A(社)는 자사의 내부 역량과 자원의 수준을 높여서 C(社)사에 대한 공격 전략과 함께 자사보다 내부 역량과 자원의 수준이 낮은 B(社)사의 추격에 대한 방어 전략을 효과적으로 수립 및 실행해야 된다(Barney, 1997; Porter, 1985).

시장의 수요가 공급을 초과하는 상황은 A(社), B(社), C(社)의 가격 교섭력을 높게 하여 이들 기업에게 상대적으로 높은 수익률을 선사할 수 있게 되며, 이는 다른 경쟁자들의 시장 진입을 유인하는 요인으로 작용할 수 있다(Besanko et al., 2010; Nicholson, 2005). 시간이 흘러 시장이 성장기, 성숙기 및 쇠퇴기로 갈수록 <그림 3-3>의 우측 상단에 있는 A(社)와 같이 경쟁 기업의 수가 증가하여 기업간 경쟁의 상대적인 강도는 더욱 강화될 수밖에 없다. 이 경우 A(社)는 시장 생성기 및 초기에 비해 상대적으로 더 많은 기업들과의 경쟁과 시장의 공급이 수요를 초과하는 상황을 직면하게 된다. 따라서, 자사의 생존과 성장에 필수적인 수익성 제고를 위해 경쟁기업들을 대상으로

효과적인 방어 전략 및 공격 전략을 수행해야 한다(Barney, 1997; Porter, 1985). 이와 비례하여 효과적인 경영전략의 중요성은 더욱 커질 수밖에 없다. 따라서, 경영전략은 기업의 생존과 발전에 중요한 요인으로 작용한다(Teece, 2009; Barney, 1997; Porter, 1985).

우리는 <그림 3-1>과 <그림 3-3>을 통해 경영전략의 중요성을 살펴보았다. 그렇다면 기업의 생존과 발전에 효과적인 '경영전략'이란 과연 무엇인가? 이 질문에 대해 그 동안 경영전략을 연구해온 학자들의 견해에 따라 다양한 답변이 가능하나, 그 중 Porter (1980; 1996; 2008)의 경영전략론은 이 질문에 대한 매우 유용한 답변을 제공한다.

Porter(1980; 1996; 2008)에 따르면 성공적인 경영전략이란 효과적인 포지셔닝(positioning)과 본원적 전략(generic strategy)을 통해 자사에게 매력적인 산업에서 차별화(differentiation) 또는 저원가(low cost)를 바탕으로 경쟁사가 따라오기 힘든 지속적인 경쟁우위(sustainable competitive advantage)를 창출하는 것을 말한다. Porter(1980; 1996; 2008)은 본원적 전략의 실행에 앞서 포지셔닝의 중요성을 강조했다. 포지셔닝이란 경쟁 상황에서 산업의 매력도를 고려하여 자사의 공격과 방어에 유리한 산업에 자사의 전략적인 위치를 자리매김하는 것을 말한다(Porter, 2008). 이러한 Porter의 포지셔닝의 개념은 『손자병법』의 오사(五事) 중 천(天)과 지(地)의 개념과 일맥상통하는 것이다. 『손자병법』에서 손자는 전쟁을 승리로 이끌기 위한 필수적인 계획 차원에서 사전에 세심히 점검해야 하는 5가지 일들(五事)을 피력하고 있는데, 그 중 천(天)과 지(地)는 전쟁에 대비하여 하늘(기후 환경)과 땅(지리적 환경)의 이로움과 불리함을 면밀히 살펴보아야 한다는 것을 의미한다. 전쟁터를 구성하는 환경에 대한 세심한 분석이 필수적이라는 의미이다. 이와 유사한 맥락에서 Porter(1980; 2008)은 기업간의 치열한 경쟁이 벌어지는 비즈니스의 환경을 이루는 산업의 구조를 분석하여 자사에게 유리한 산업에 자리를 잡는 포지셔닝을 경영전략의 초석으로 보고 있다. 다시 말해, Porter(1980; 2008)은 산업의 매력도에 영향을 미치는 수 많은 요인들 중 <그림 3-4>와 같은 5가지 요인들을 산업의 매력도를 결정하는 요인들로 보고 있으며, 이 5가지 요인들에 대한 분석을 바탕으로 경쟁의 관점에서 각 산업의 매력도를 평가하여 자사에 매력적인 산업에 성공적인 포지셔닝을 하는 것이 효과적인 경영 전략임을 강조하였다.

Porter(2008)의 5 forces model에 의하면 ①현재 경쟁사와의 경쟁 ②새로운 경쟁사의 진입 위협 ③대체재의 위협 ④공급자의 교섭력 ⑤소비자의 교섭력 등 5가지 요인이 경쟁 구조를 결정하며 산업의 매력도에 영향을 미치게 된다. <그림 3-4>와 같이 새로운 경쟁사의 진입 위협과 대체재의 위협이 낮고, 현재 경쟁사와의 경쟁이 낮으며, 공급자와 소비자의 교섭력이 낮을수록 산업의 매력도는 높아진다(Porter, 1980; Porter, 2008). 여기서, 대체재란 자사의 제품 대신 사용될 수 있는 제품을 말하는 것으로(Nicholson, 2005), 유선 전화와 무선 전화의 관계가 바로 대체재의 관계이다. 공급자의 교섭력과 소비자의 교섭력은 공급자 및 소비자가 각각 전체 산업 생태계에서

그림 3-4 5 forces model에서의 포지셔닝의 지향점

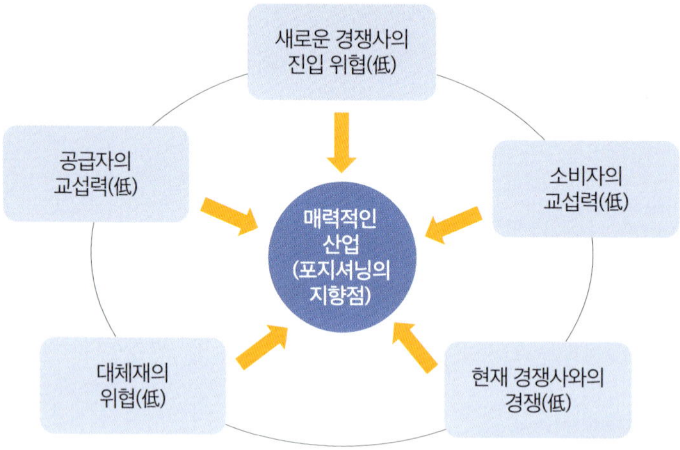

자료원 : Porter(2008, p.80) 수정 인용

가지는 영향력을 의미한다(Porter, 1980; Porter, 2008). 공급자가 소수이며 원자재에 대한 대체재가 존재하지 않으면 공급자의 영향력이 커지므로 교섭력은 높아질 수밖에 없다(Porter, 1980; Porter, 2008). 이와 같은 논리로 자사 제품의 가격 탄력도가 커서 제품의 가격이 오르면 수요가 급감하고, 구매자가 다른 제품으로 소비를 전환하는 데 소요되는 유무형의 비용이 적을수록 소비자의 영향력이 커지고 소비자의 교섭력이 높아지게 된다(Porter, 1980; Porter, 2008). 그러므로, Porter(2008)의 5 forces model에 따르면, 현재 경쟁사와의 경쟁과 새로운 경쟁사의 진입 위협이 적고 대체재의 위협과 공급자와

소비자의 교섭력이 낮은 산업에 포지셔닝을 하는 것이 경영전략의 성공에 매우 중요한 역할을 한다.

포지셔닝과 더불어 Porter의 경영 전략론의 근간을 이루는 토대 중 하나는 본원적 전략(generic strategy)이다(Porter, 1980; Porter, 1991; Porter, 1996).

Porter(1980; 1996)은 본원적 전략으로 차별화(differentiation), 원가우위(cost leadership), 집중화(focus) 등의 세 가지 전략적 대안을 제시하였다. 그러나, 집중화 전략이 집중화된 차별화(focused differentiation)와 집중화된 원가우위(focused cost leadership)의 개념으로 차별화와 원가우위에 접목되면서 실질적인 본원적 전략은 <그림 3-5>와 같이 차별화와 원가우위 등의 두 가지 전략 대안으로 구체화되었다.

차별화전략은 자사만의 독창적인 품질을 바탕으로 경쟁사가 따라잡기 힘든 고객 만족을 창출하여 경쟁사와의 싸움을 승리로 이끄는 전략이다(Porter, 1980; Porter, 1985). <그림 3-5>와 같이 차별화 전략의 대표적인 예로 맞춤형 수제 양복을 들 수 있다. 맞춤형 수제 양복은 고객의 몸 치수에 맞고 고객이 선택한 재질과 디자인으로 제작되는 고객 자신만을 위한 차별화된 양복이다. 따라서, 차별화의 정도가 높고 기성복들에 비해 상대적으로 가격이 비싸다. 반면, 원가우위 전략은 품질보다는 낮은 가격을 통해 경쟁사들과의 싸움에서 승리하려는 전략이다(Porter, 1980; Porter, 1985). <그림 3-5>와 같이 대량 생산되는 기성복이 좋은 예이다. 기성복은 사전에 정해진 치수와 디자인 및 재질로 대량 생산되기 때문에 맞춤형 수제 양복에 비해 상대적으로 가격이 저렴하지만 개별 고객의 독특한 취향을 만족시키는 차별화가 어렵다.

일반적으로 차별화 전략과 원가우위 전략 사이에는 상충 관계(trade off relationship)가 형성된다(Porter, 1980; Porter, 1996). 성공적인 차별화 전략을 위해서는 고품질의 제품 개발이 필요하기 때문에 R&D에 대한 투자비용이 많이 소요된다. 이는 제품 원가의 상승 요인으로 작용하여 저렴한 가격에 근간을 둔 원가우위 전략에 큰 걸림돌로 작용할 수밖에 없다(Porter, 1980; Porter, 1996). <그림

그림 3-5 본원적 전략의 예

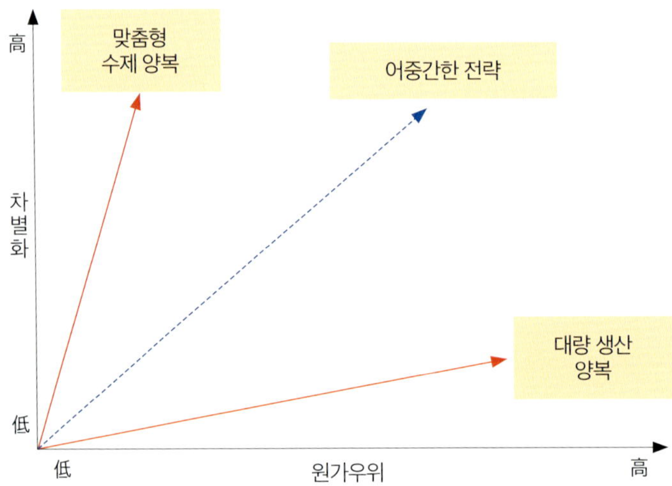

자료원 : Porter (1996, p. 62) 수정 인용

3-5>에서 볼 수 있는 바와 같이 Porter(1980; 1996)의 본원적 전략의 관점에 의하면 경쟁사들에 비해 차별화된 제품을 제공하지 못하면서 가격측면에서도 경쟁사보다 더 저렴한 가격으로 제품을 제공하지 못하는 어중간한 전략(stuck in the middle)이 가장 지양해야 할 최악의 전략이다. Porter(1980; 1996; 2008)의 경영전략론의 핵심은 치열한 경쟁 환경 속에서 기업이 지속적으로 생존하고 성장하려면 5 forces model을 통해 자사에 매력적인 산업에 포지셔닝을 해야 하며, 본원적인 경쟁전략 측면에서 차별화와 원가우위 전략을 효과적으로 수행하여 경쟁사와는 대비되는 경쟁우위를 창출해야 한다는 것이다.

경영전략의 개념에 대해 지금까지 전술한 내용을 바탕으로 본 학술서는 기술혁신 경영전략을 수립 및 실행하려는 기업의 입장에 적합한 경영전략의 개념을 다음과 같이 정의한다.

'경쟁의 승리에 필요한 효과적이며 효율적인 포지셔닝의 수행과 지속적인 차별화와 원가우위 창출을 위해 경영자가 기업을 이끄는 방법'

3.2.4 기술혁신 경영전략의 개념

본 학술서의 핵심어인 '기술혁신 경영전략'에 대한 깊이 있는 이해를 위해 '기술', '혁신', '경영', '전략', '기술혁신' 및 '경영전략'의 개념을 앞에서 살펴 보았다. 이를 바탕으로 본 절에서는 본 학술서에서 의미하는 '기술혁신 경영전략'의 개념을 다음과 같은 2가지 접근법으로 정의한다.

먼저, 본 학술서에서 정의하는 '기술혁신 경영전략'의 의미를 조명하는 첫번째 접근법은 '기술혁신'과 '경영전략'의 합성어인 '기술혁신 경영전략'을 <그림 3-6>과 같이 '기술혁신'의 개념과 '경영전략'의 개념의 교집합으로 이해하는 것이다. 이러한 교집합을 아래와 같이 세 가지 의미로 해석할 수 있다.

첫째, 기술혁신 경영전략은 경쟁 환경에 속한 기업의 경영자들에게 필수적이다. 3.2.2절에서 전술한 바와 같이, "전략은 군대를 지휘하는 장군의 역량을 의미한다"(Grant, 2008, p. 14). 이를 경영전략 차원으로 환언하면 기업의 기술혁신 경영전략은 경영자들에게 필수적이다. 여기서 경영자의 범위는 기업의 최고 경영자(CEO: Chief Executive Officer)와 최고 기술 경영자(CTO: Chief Technology Officer)에만 국한되는 것이 아니다. 3.2.1절(경영의 개념)에서 정의한 바와 같이 경영이란 '기업이 자원 제약하에 효과성과 효율성을 극대화하면서 지향하는 목표를 달성하기 위해 수행하는 계획, 조직화, 실행 및 통제 활동'이며, 이러한 활동을 하는 사람들을 모두 경영자로 볼 수 있다. 따라서, 기업에는 수행하는 업무의 성격과 직급에 따라 여러 유형의 경영자들이 존재한다. 오늘날 경쟁 환경 속에서 기업을 승리로 이끌기 위해서는 기술혁신의 중요성이 더욱 더 증대됨에 따라(Afuah, 2003; Trott, 2012), 기술혁신 경영전략은 특정 업무나 직급의 경영자들에게만 중요한 것이 아니라 기업 내 모든 경영자들에게 필수적이다.

둘째, 기술혁신 경영전략은 기업의 기술적 지식과 시장 지식의 효율적이며 효과적인 창출과 활용을 통해 이익을 극대화하고 시장 경쟁을 승리로 이끄는 것을 지향한다. "구슬이 서말이라도 꿰어야 보배다." 라는 속담과 같이 기술혁신의 결과물이 아무리 독창적이고 뛰어나다 할지라도 성공적인 경영전략을 통해 기업의 이익 극대화와

그림 3-6 기술혁신 경영전략의 개념 I

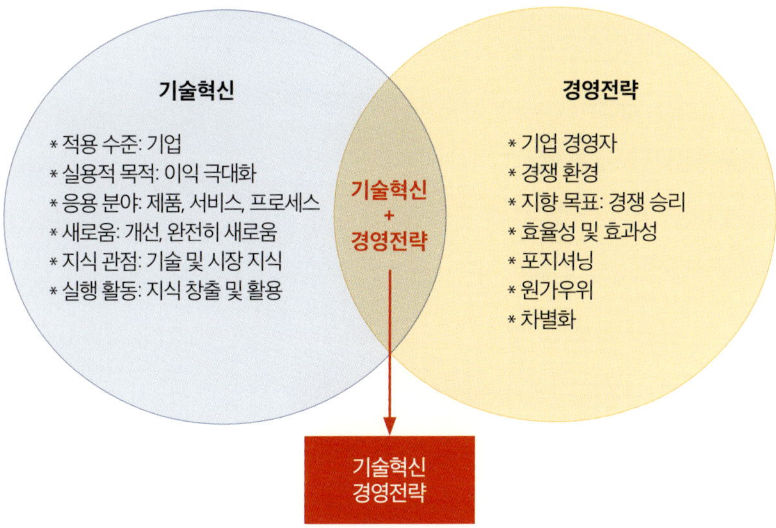

경쟁의 승리로 연결되지 못한다면, 이는 기업의 기술혁신 경영전략의 본질적인 지향점에 도달한 것으로 보기 어렵다. 이런 기술혁신 경영전략의 특성은 대학의 학술용 R&D와 산업계의 R&D의 차이를 통해서 보다 구체적으로 이해될 수 있다. 대학의 학술용 R&D는 기초 연구의 비중이 높으며 제품 개발의 비중은 상대적으로 낮다(Trott, 2012). 대학의 학술용 R&D의 궁극적인 지향점이 기업의 이익을 극대화하는 데에 있는 것이 아니라 과학적 지식을 탐구하고 발전시키는 데에 있기 때문이다. 반대로 기업들로 이루어진 산업계의 R&D는 이익극대화를 지향하기 때문에 제품 개발이 R&D의 큰 부분을 차지하며 기초 연구가 차지하는 R&D의 비중이 상대적으로 낮다(Trott, 2012).

셋째, 기술혁신 경영전략은 성공적인 포지셔닝과 함께 제품과 서비스 및 프로세스를 개선하거나 완전히 새롭게함으로써 차별화 또는 원가우위를 창출하고 유지하는 데 초점이 있다. 따라서, 효과적인 기술혁신 경영전략의 수립과 실행은 기술적 지식뿐만이 아니라 시장 지식에도 기반한다(Afuah, 2003). 정확한 시장 지식이 부족하면 새로운 경쟁자의 진입 위협과 대체재의 위협을 과소평가할 수 있고 공급자와 소비자의 교섭력을 제대로 파악하지 못해 포지셔닝의 성공이 매우 낮아질 수밖에 없다(Porter, 1980; Porter, 1985). 아울러, 소비자가 진정으로 원하는 신제품의 특성을 잘못 파악하여 차별화의 성공 확률이 저조해진다(Afuah, 2003; Porter, 1980; Porter, 1985). 따라서, 기술혁신 경영전략은 기술적 지식뿐만 아니라 시장 지식을 창출 또는 활용하여

그림 3-7 기술혁신 경영전략의 개념 II

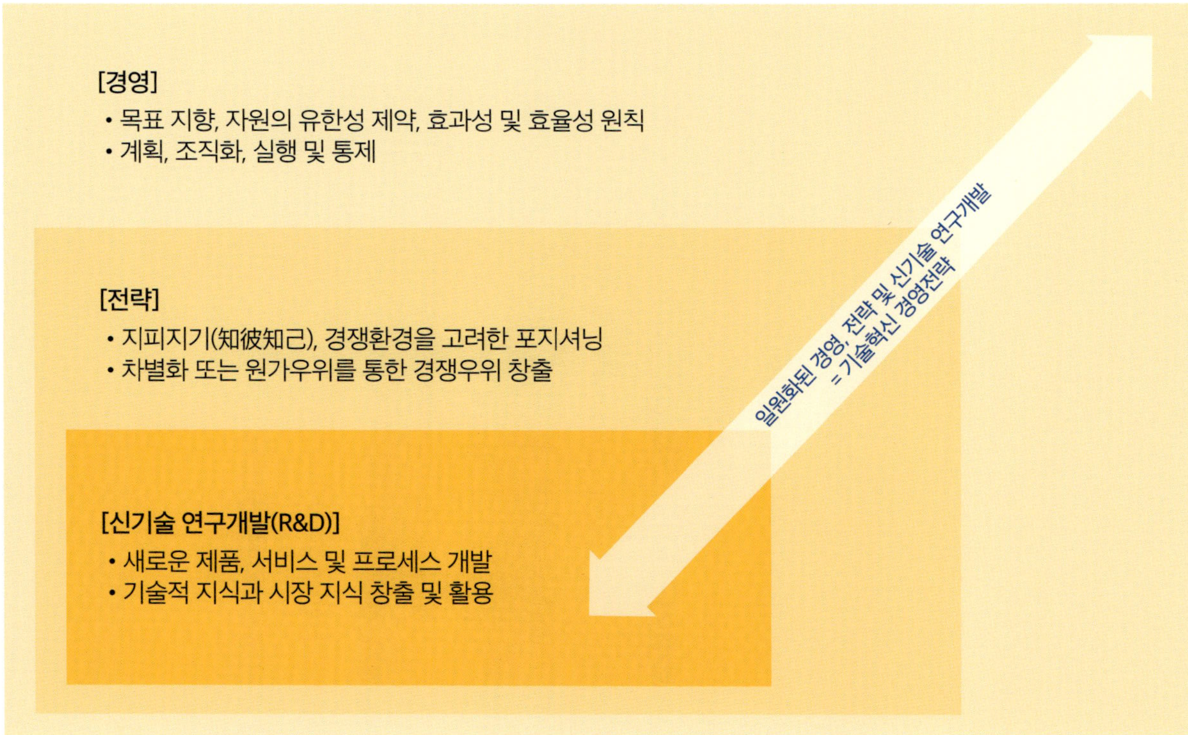

지속적인 경쟁우위를 창출하는 데에 초점이 맞춰져 있어야 한다.

본 학술서에서 정의하는 기술혁신 경영전략의 의미를 조명하는 두 번째 접근법으로서 본 학술서의 2장 및 3장에서 설명한 핵심어인 '기술', '혁신', '경영', '전략'의 개념을 토대로 기업의 기술혁신 경영전략의 개념을 도식화하면 <그림 3-7>과 같다.

본 학술서에서 정의하는 기술혁신 경영전략이란 <그림 3-7>에서 볼 수 있는 것처럼 ***'기업의 일원화된 경영, 전략 및 신기술 연구개발 (R&D)'***을 의미한다. 여기서 '일원화'라는 의미는 기업 경영의 궁극적인 목표 달성을 위해 경영, 전략 및 신기술 연구개발이 균형적으로 조정되고 통합되는 것을 뜻한다. 아무리 뛰어난 신기술 연구개발이 가능하더라도 기업의 경영과 전략에 배치되는 신기술 연구개발은 의미가 없다. 그러므로, 일원화된 경영, 전략 및 신기술 연구개발은 기술혁신 경영전략의 개념 정의에 필수적이며, 기술혁신 경영전략 이론을 이해하는 데도 효과적이다. 따라서, 본 학술서는 <그림 3-7>의 기술혁신 경영전략의 개념을 기반으로 Part II과 Part III에서 기술혁신 경영전략의 주요 대표 이론과 기술혁신 경영전략 주요 대표 이론 활용의 중요 요인을 조명하고자 한다.

| 참고문헌

Afuah, A. (2003). Innovation management : Strategies, implementation, and profits, Oxford University Press.

Barney, J. B. (1997). Gaining and sustaining competitive advantage, Addison-Wesley Publishing Company.

Besanko, D., Dranove, D., Shanley, M., & Schaefer, S. (2010). Economics of strategy, Wiley.

Chesbrough, H. (2006). Open innovation: A new paradigm for understanding industrial innovation. In H. Chesbrough, W. Vanhaverbeke & J. West (Eds.), Open innovation researching a new paradigm (pp. 1-12), Oxford University Press.

David, F. R. (2007). Strategic management: Concepts and cases (11th ed.), Pearson.

Enkel, E., Gassmann, O., & Chesbrough, H. (2009). Open R&D and open innovation: Exploring the phenomenon. R&D Management, 39(4), 311-316.

Grant, R. M. (2008). Contemporary strategy analysis, Blackwell Publishing.

Huston, L., & Sakkab, N. (2006). Connect and develop. Harvard Business Review, 84(3), 58-66.

Introna, L. D. (1997). Management, information and power: A narrative of the involved manager, Palgrave.

Jaruzelski, B., Dehoff, K., & Bordia, R. (2005). Money isn't everything. Strategy + Business, 41, 54~67, (originally published by Booz & Company).

Nicholson, W. (2005). Microeconomic theory: Basic principle and extensions, Thomson.

Walker, O. C. Jr. & Mullins, J. W. (2014). Marketing Strategy, McGrawHill Education.

Porter, M. E. (1980). Competitive strategy: Techniques for analyzing industries and competitors, Free Press.

Porter, M. E. (1985). Competitive advantage: Creating and sustaining superior performance, Free Press.

Porter, M. E. (1991). Towards a dynamic theory of strategy. Strategic Management Journal, 12(s2), 95-117.

Porter, M. E. (1996). What is strategy? Harvard Business Review, 74(6), 61-78.

Porter, M. E. (2008). The five competitive forces that shape strategy. Harvard Business Review, 86(1), 25-40.

Stevenson, W. J. (2018). Operations management, McGraw-Hill Education.

Teece, D. J. (2009). Dynamic capabilities and strategic management: Organizing for innovation and growth, Oxford University Press.

Trott, P. (2012). Innovation management and new product development, Prentice Hall.

PART II

기술혁신 경영전략의 이론

그림 4-1 Part II의 구성 체계

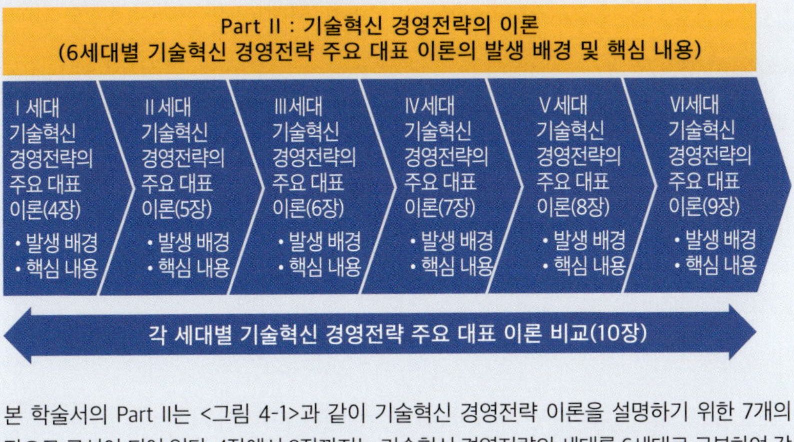

본 학술서의 Part II는 <그림 4-1>과 같이 기술혁신 경영전략 이론을 설명하기 위한 7개의 장으로 구성이 되어 있다. 4장에서 9장까지는 기술혁신 경영전략의 세대를 6세대로 구분하여 각 세대별 기술혁신 경영전략 주요 대표 이론의 발생 배경과 핵심 내용에 대해 분석하였다. 여기서 발생 배경이란 각 세대별 기술혁신 경영전략 주요 대표 이론들의 형성과 해당 세대의 주요 대표 이론으로서 부상 및 확립되는 데에 영향을 미친 중요 요인들을 의미한다. Part II의 마지막 부분인 10장에서는 각 세대별 기술혁신 경영전략의 주요 대표 이론을 비교 분석하고 있다.

4장 1세대 기술혁신 경영전략의 주요 대표 이론

4.1 1세대 기술적 지식 주도 모형의 발생 배경

1세대(1950년대~1960년대 전반기) 기술혁신 경영전략 이론을 대표하는 주요 이론으로서 본 학술서의 분석 대상이 되는 이론은 <그림 4-2>와 같은 'Technology Push Model'(Rothwell, 1994; Trott, 2012)이다. 본 학술서에서는 'Technology Push Model'에 대한 효과적인 이해를 위해 'Technology Push Model'을 '기술적 지식 주도 모형'으로 의역(意譯)하여 사용하였다.

<그림 2-1>를 통해 설명한 것처럼 개방형 시스템으로서의 기업은 정치, 경제, 사회, 문화 환경과 서로 상호작용을 하며 영향을 주고받는다. 따라서, 기술적 지식 주도 모형을 심도 있게 이해하기 위해서는 1950년대부터 1960년대 전반기까지의 기업을 둘러싼

그림 4-2 기술적 지식 주도 모형

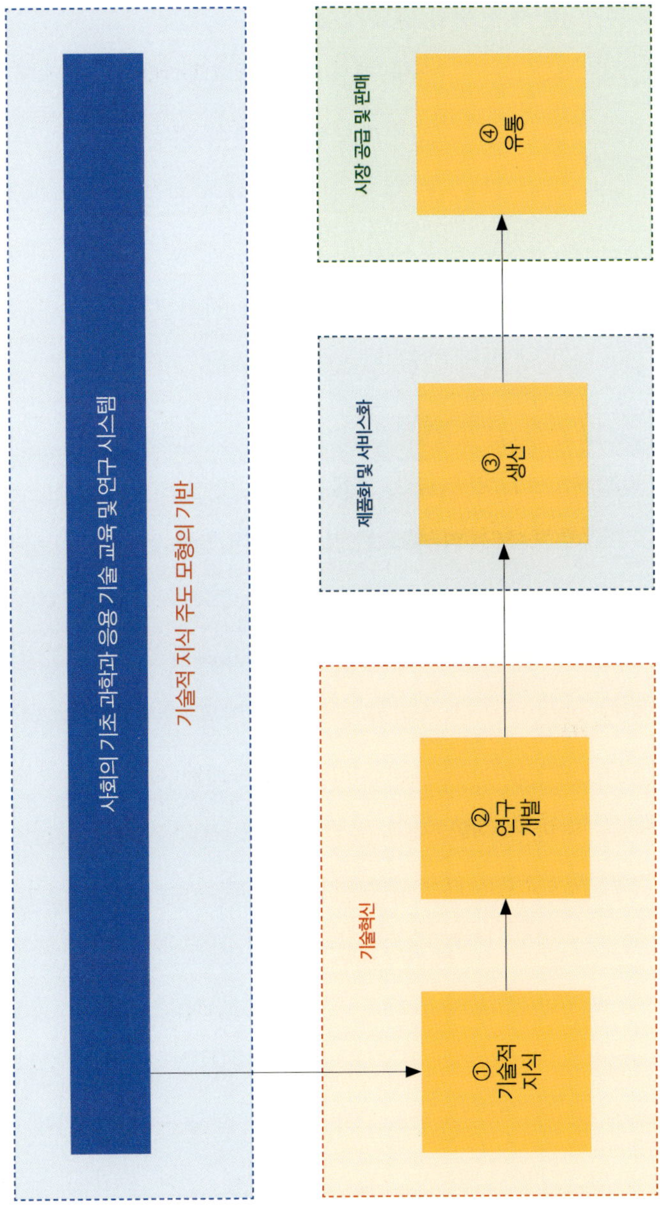

자료원 : Trott(2012, p. 22) 수정 인용

환경에 대한 이해가 선행될 필요가 있다.

기술적 지식 주도 모형의 주요 발생 배경을 개방형 시스템으로서 기업이라는 관점을 통해 조명해보면, 경제적 환경 측면의 2차 세계 대전 후 도시 복구 및 경제 재건 정책, 정치적 환경 측면에서의 한국 전쟁 및 베트남 전쟁과 냉전시대의 군사기술 경쟁, 그리고 사회적 환경 측면에서의 베이비 붐(baby boom)이 기술적 지식 주도 모형의 발생에 다음과 같은 중요한 역할을 한 것으로 분석된다.

첫째, 경제적 환경 측면에서 2차 세계 대전 후 세계 각국에서 일어난 도시 복구와 경제 재건 정책으로 인한 기술개발 수요의 증대는 기술적 지식 주도 모형의 중요한 발생 배경으로 작용하였다(Rothwell, 1994). 1939년 시작되어 1945년 종전된 2차 세계 대전은 전세계 55개국 이상의 나라가 참전하였고 유럽, 아프리카 및 아시아 지역에서 엄청난 인명 피해와 도시 파괴를 발생시킨 인류 역사상 가장 파멸적인 전쟁 중 하나였다. 2차 세계 대전 후 지속된 세계 각국의 도시 재건 및 경제 성장을 위한 복구와 지원 정책은 각종 기술 개발에 대한 수요를 지속적으로 증대시키는 견인차 역할을 하였다.

둘째, 정치적 환경 측면에서 한국 전쟁, 베트남 전쟁과 냉전시대의 군사 기술 경쟁은 기술적 지식을 출발점으로 하는 기술적 지식 주도 모형의 탄생에 촉매제로 작용하였다. 1950년 시작되어 1953년 정전협정이 체결된 한국전쟁과 1955년에 시작해서 1975년에 종전된 베트남 전쟁은 각종 물자와 새로운 기술에 대한 수요를 급속하게 촉진시켰다. 특히 1964년부터 미국을 비롯한 여러 국가들이 참전하여 베트남전이 국제전으로 확장되면서 전쟁에 필요한 제품과 기술에 대한 수요는 더욱 증폭되었다.

2차 세계대전 후 냉전시대에는 군사기술 경쟁이 치열하게 전개되었으며, 특히 인공위성 개발 경쟁이 가속화되었다. 그 결과, 소련은 1957년 역사상 최초로 인공위성 발사에 성공하였으며, 미국은 1958년 인공위성 발사에 성공하였다. 미국과 소련의 인공위성 개발 전쟁은 통신과 반도체를 포함한 전기 및 전자 기술 분야의 기술 수요를 증폭시키는 결과를 초래하였다.

셋째, 사회적 환경 측면에서 1세대에 발생한 베이비 붐(baby boom) 현상으로 인한 인구 증가는 시장 수요의 증가를 촉진시켜 1세대의 기업들이 풍부한 수요를 향유할 수 있게 하는 매우 중요한 요인으로 작용하였다.

<그림 4-3>에서 보는 바와 같이 1960년대 전반기에 전세계 인구 증가율은 급격하게 증가하였다. 1961년에 1.30%였던 전세계 인구 증가율은 1962년 1.72%로 상승했으며, 1963년에는 2.08%로 큰 증가세를 보였다. 이와 함께 1964년의 전세계 인구 증가율은 2%를 상회했다. 이러한 인구증가율은 가계 수요 증가로 이어져 의식주와 관련된 필수품에 대한 수요를 포함한 다양한 제품과 기술에 대한 시장의 수요를 창출함으로써 1세대 기술적 지식 주도 모형 발생에 중요한 요인으로 작용하였다.

그림 4-3 전세계 인구증가율(%) 추세

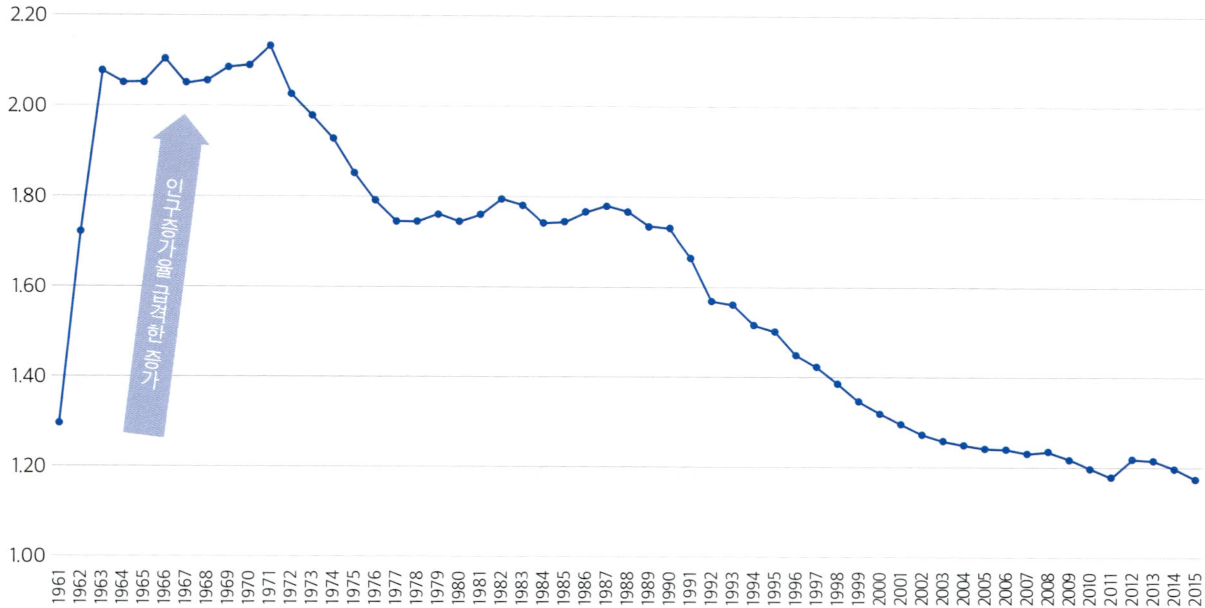

자료원 : (1) 2차 저작물에 대한 license 표기: Creative Commons(CC) license를 적용 안함, (2) 원저작물의 제목: Population growth (annual %), (3) 원저작자: The World Bank, (4) 원저작물의 출처 링크: https://data.worldbank.org/indicator/SP.POP.GROW, 2022.07.03 접속, (5) 원저작물에 적용된 CC license: CC BY-4.0, (6) 변경된 사항 표시: 원저작물(data)의 제목을 분석 대상 변수에 맞게 한국어로 의역(意譯) 하였으며, 원저작물(data)의 일부를 그래프로 시각화하고 그래프에 화살표를 추가하여 2차 저작물을 생성함.

한국 전쟁, 베트남 전쟁의 확전, 냉전 시대의 군사 기술 경쟁 및 베이비 붐(baby boom) 현상은 1950년대부터 1960년대 전반기까지의 세계 경제가 급속한 경제 성장기를 맞이하게 하는 중요한 요인으로 작용하였다. 이와 함께 전후 경제와 사회 복구를 위한 대규모 투자는 식품, 의약품, 강철, 직물, 자동차, 통신 등과 관련한 다양한 신기술 기반 산업에서 공급보다 수요가 초과하는 현상이 발생하게 하였다. 이런 경제 부흥기를 맞이하게 된 1세대에서는 많은 산업에서 왕성한 수요가 발생하였다. 그 결과, 기업이 노동, 토지, 자본의 조합을 기반으로 신기술 R&D를 통해 출시하는 새로운 제품과 서비스가 원활한 판매로 이어지게 되면서 기업은 왕성한 수요를 향유할 수 있는 상황이었다(Rothwell, 1994; Trott, 2012). 이런 왕성한 수요는 시장의 수동성을 증가시켜 기술적 지식 주도 모형이 발생하게 된 중요한 배경으로 작용하였다(Rogers, 1996). 여기서 시장의 수동성이란 공급을 초과하는 풍부한 수요와 일맥상통하는 의미로서 시장이 기업의 신기술 개발의 결과물들을 수동적으로 받아들인다는 것을 의미한다(Trott, 2012).

4.2 1세대 기술적 지식 주도 모형의 핵심 내용

1세대 기술혁신 경영전략 이론의 주요 대표 이론인 기술적 지식 주도 모형의 시발점은 기초 과학과 응용 기술에 기반한 기술적 지식이다(Rogers, 1996; Rothwell, 1994). <그림 4-2>와 같이 기술적 지식 주도 모형에서는 기술적 지식(①)을 시발점으로 연구개발부서(②)가 개발하여 발전시킨 기술이 생산부서(③)에 의해 제품과 서비스로 구체화되어 유통부서(④)를 통해 시장 공급과 판매가 순차적으로 이루어진다(Nobelius, 2004; Rothwell, 1994; Trott, 2012). 기술적 지식 주도 모형은 기술적 지식에서 판매에 이르는 일련의 흐름이 상호 쌍방형성이 아닌 일방향성을 지향하는 특성을 보여준다(Trott, 2012). 이러한 일방향 지향성은 기술적 지식 주도 모형의 기술혁신에 핵심적인 역할을 하는 것은 기술적 지식과 연구개발 부서임을 의미한다. 따라서 기술적 지식 주도 모형에서 생산부서와 유통부서는 기술적 지식을 발전시키는 연구개발부서에 비해 기술혁신에 있어서 상대적으로 중요성이 낮다.

기술적 지식 주도 모형을 본 학술서에서 정의한 기술혁신 경영전략의 개념의 3가지 차원[경영 차원, 전략 차원, 신기술 연구개발(R&D) 차원]을 기준으로 분석한 결과로 도출된 기술적 지식 주도 모형의 핵심 내용은 다음과 같다.

4.2.1 기술적 지식 주도 모형의 경영 차원의 핵심 내용

(1) 기술적 지식에 기반한 이익 극대화 지향

기술적 지식 주도 모형은 기술적 지식에 기반한 이익 극대화를 지향한다(Afuah, 2003; Rothwell, 1994). 본 학술서의 4-1절에서 전술한 것처럼 1세대의 왕성한 시장 수요는 시장의 수동성을 초래하였다(Rogers, 1996; Rothwell, 1994, Trott, 2012). 기술적 지식 주도 모형은 이러한 시장의 수동성을 바탕으로 기술적 지식에 기반한 이익 극대화를 지향한다(Afuah, 2003; Rothwell, 1994, Trott, 2012).

기술적 지식 주도 모형의 이익 극대화에 핵심적인 역할을 하는 것은 <그림 4-2>과 같이 기술적 지식(①)과 연구개발부서(②)이다. 이러한 측면에서 기술적 지식 주도 모형에서는 기업의 기술적 지식 및 연구개발부서의 수준과 역량이 기업의 이익 창출에 핵심적인 역할을 담당한다.

2.1절에서 설명한 개방형 시스템으로서의 기업의 관점에서 1세대 기업들의 기술적 지식의 창출과 발전에 활용되는 수학, 물리 및 화학을 포함한 기초 과학의 지식 수준과 기계공학 및 전자공학을 포함한 공학 부문의 지식 수준은 1세대 기업들이 속해 있는 사회의 기초 과학과 응용 기술 교육 및 연구 시스템의 수준에 의해 많은 영향을 받게 된다(Betz, 2011; Rothwell, 1994; Trott, 2012). 따라서, 기술적 지식 주도 모형의 이익 극대화의 주요 토대 중 하나는 해당 사회의 기초 과학과 응용

기술의 교육 및 연구 시스템으로 볼 수 있다. 이러한 논리적 맥락에서 1세대의 기술적 지식 주도 모형에 기반한 많은 기업들 중 국내외 시장에서 성공적인 기업의 대부분은 기초 과학과 응용 기술의 교육 및 연구 시스템이 잘 정비되어 있는 선진국들의 기업들이었다는 것을 알 수 있다.

(2) 상대적으로 높은 효율성의 중요도

기술적 지식 주도 모형에서는 경영의 원칙 중 효율성 극대화가 상대적으로 중요시된다. 1세대에는 시장의 수동성으로 인해 매출액과 같은 기업의 목표 달성이 어렵지 않은 상황이었다. 그러므로, 이익 극대화를 위해서는 투입 자원의 효율적인 관리를 통한 효율성 극대화의 중요성이 상대적으로 중요하였다. 여기서 효율성이 강조된다는 것은 효과성이 중요시되지 않는다는 것을 의미하는 것은 아니다. 1세대에는 연구개발과 제품혁신의 성공 사이에 선형 관계를 가정한다(Rothwell, 1994). 이는 기술혁신을 많이 해서 신제품이 더 개발되면 왕성한 수요를 통해 시장에서 제품이 충분히 팔릴 수 있다는 의미이다(Rothwell, 1994). 따라서, 기술혁신의 효과성은 충분히 달성될 수 있기 때문에 이익 극대화에 있어서 상대적으로 기술혁신의 효율성에 무게중심이 실리게 되었다. 기술적 지식 주도 모형에서는 기술 R&D 및 제품 생산에 필요한 지식, 자본, 노동력이 포함된 다양한 자원에 대한 효율성을 관리하는 것이 중요했다.

(3) 상대적으로 낮은 경영계획의 변동성, 수직적 조직화, 일방향성 실행 및 비용 중심 통제

기술적 지식 주도 모형은 2세대~ 6세대에 비해 상대적으로 산업의 경쟁 강도가 낮은 1세대의 환경을 배경으로 탄생되었다(Rogers, 1996). 따라서, 1세대의 기술적 지식 주도 모형은 다른 세대에 비해 상대적으로 낮은 경영 계획의 변동성에 기반하고 있다.

기술적 지식 주도 모형은 수직적 조직화에 기반을 두고 있다(Akhilesh, 2014; Rogers, 1996). 이 모형에서는 생산부서와 유통부서의 의견이 연구개발 부서와 쌍방형으로 조율되어 기술개발이 진행되는 것이 아니라, <그림 4-2>와 같이 기술적 지식과 연구개발부서를 필두로 효율성 중심의 수직적 조직화를 지향한다(Akhilesh, 2014; Rogers, 1996).

기술적 지식 주도 모형에서는 효율성이 상대적으로 중요해지면서 비용 중심의 통제가 이루어진다(Akhilesh, 2014; Rogers, 1996). 이 모형에서는 기술개발에 소요되는 기업의 유무형의 비용을 최소화하는 것이 중요하다. 이 모형은 기술적 지식을 중심으로 비용 중심의 통제를 통해 수동적인 시장 수요 환경에서 이익을 극대화하는 데 초점이 맞춰져 있다(Rogers, 1996, Trott, 2012).

4.2.2 기술적 지식 주도 모형의 전략 차원의 핵심 내용

(1) 지피지기(知彼知己)의 상대적으로 낮은 필요성

기술적 지식 주도 모형은 다음 장에서부터 살펴보게 될 2세대~6세대의 기술혁신 경영전략의 주요 대표 이론들과는 달리, 풍부한 시장 수요와 상대적으로 낮은 경쟁 상황을 배경으로 발생했다(Rothwell, 1944; Trott, 2012). 따라서, 1세대의 기술적 지식 주도 모형에서는 경쟁사들의 강약점을 파악하고 이에 대비하여 자사의 강약점을 파악하는 지피지기(知彼知己)의 필요성이 상대적으로 낮다. 이러한 특성을 이해하는 데 있어서 유의해야 될 점은 1세대의 기술적 지식 주도 모형에서는 지기(知己)의 필요성 또한 상대적으로 낮은 것으로 이해되어서는 안된다는 사실이다. 기술적 지식 주도 모형에서 지기(知己)는 전략적으로 매우 중요하다. 기술적 지식 주도 모형에서는 기술적 지식이 기술혁신에서 핵심적인 역할을 한다(Niosi, 1999; Nobelius, 2004; Trott, 2012). 이를 위해 자사가 보유하고 있는 기술적 지식의 수준을 정확히 파악하는 지기(知己)는 전략적으로 매우 중요하다.

(2) 경쟁환경을 고려한 포지셔닝의 상대적으로 낮은 필요성

기술적 지식 주도 모형의 시대적 배경인 1세대는 풍부한 잉여 수요 때문에 안정적인 비즈니스 환경이 전개 되어(Niosi, 1999; Nobelius, 2004; Trott, 2012), 경쟁환경을 고려한 포지셔닝의 필요성이 상대적으로 낮다고 볼 수 있다. 이러한 특성은 Porter(1980; 2008)의 5 forces model을 통해 잘 이해할 수 있다. 5 forces model에서는 시장의 경쟁 강도에 기반을 둔 전략적 포지셔닝의 중요성을 강조했다. 환언하면, 자사에게 유리하고 경쟁이 낮은 환경을 선별하여 진출하는 전략적 포지셔닝이 필요함을 주장한 것이다. 따라서, 5 forces model은 경쟁환경의 경쟁 강도에 유의한 영향을 주는 5가지 주요 요인들(①현재 경쟁사와의 경쟁 ②새로운 경쟁사의 진입 위협 ③대체재의 위협 ④ 공급자의 교섭력 ⑤ 소비자의 교섭력)로 구성이 되어 있다. 상대적으로 풍부한 시장 수요를 향유하던 1세대 기술적 지식 주도 모형의 배경을 5 forces model의 전략적 포지셔닝의 관점에서 재조명해 보면 1세대 기술적 지식 주도 모형에서는 2세대~6세대의 기술혁신 경영전략의 주요 대표 이론들과는 달리, 경쟁환경을 고려한 포지셔닝의 필요성이 상대적으로 낮다는 것을 파악할 수 있다.

(3) 기술적 지식에 기반한 차별화 또는 원가우위를 통한 경쟁우위 창출

기술적 지식 주도 모형의 경쟁우위 창출 기반은 기술적 지식이다(Trott, 2012; Rothwell, 1994). 기술적 지식을 바탕으로 새로운 제품 또는 서비스를 창출하여 차별화를 이루거나 프로세스의 개선을 통한 원가절감으로 원가우위를 창출하는 것이 기술적 지식 주도 모형의 경쟁우위 창출과 유지 방법이다(Afuah, 2003; Trott, 2012).

4.2.3 기술적 지식 주도 모형의 신기술 연구개발(R&D) 차원의 핵심 내용

(1) 폐쇄형 연구개발 지향

1세대 기술적 지식 주도 모형은 폐쇄형 연구개발을 지향한다(Akhilesh, 2014; Niosi, 1999; Rogers, 1996). 즉, 다른 기업들과의 협력에 기반한 기술 개발이 아닌 기업 내부의 독자적인 기술 개발을 통한 폐쇄형 연구개발에 초점이 맞춰져 있다. <그림 4-2>에서 볼 수 있는 바와 같이 기술적 지식이 연구개발을 통해 생산으로 이어지는 과정은 기업 내의 폐쇄형 연구개발을 통해 실행되는 것이다.

(2) 기술적 지식의 상대적으로 높은 중요도

기술적 지식 주도 모형에서는 기술을 개발하는데 기술적 지식이 핵심적인 역할을 한다(Rothwell, 1994; Trott, 2012). 1세대의 기술적 지식 주도 모형에서는 경쟁사와 고객의 변화에 많은 초점을 두고 있는 시장 지식 보다 기술적 지식이 상대적으로 더 중요하다. 따라서, <그림 4-2>와 같이 기술혁신의 출발점은 기술적 지식이다. 기술적 지식 주도 모형에서는 기술적 지식이 가장 중요하며 시장 지식은 상대적으로 중요도가 낮다.

본 학술서의 4.2절에서 살펴본 기술적 지식 주도 모형의 핵심 내용을 요약하면 <그림 4-4>와 같다.

그림 4-4 기술적 지식 주도 모형의 핵심 내용

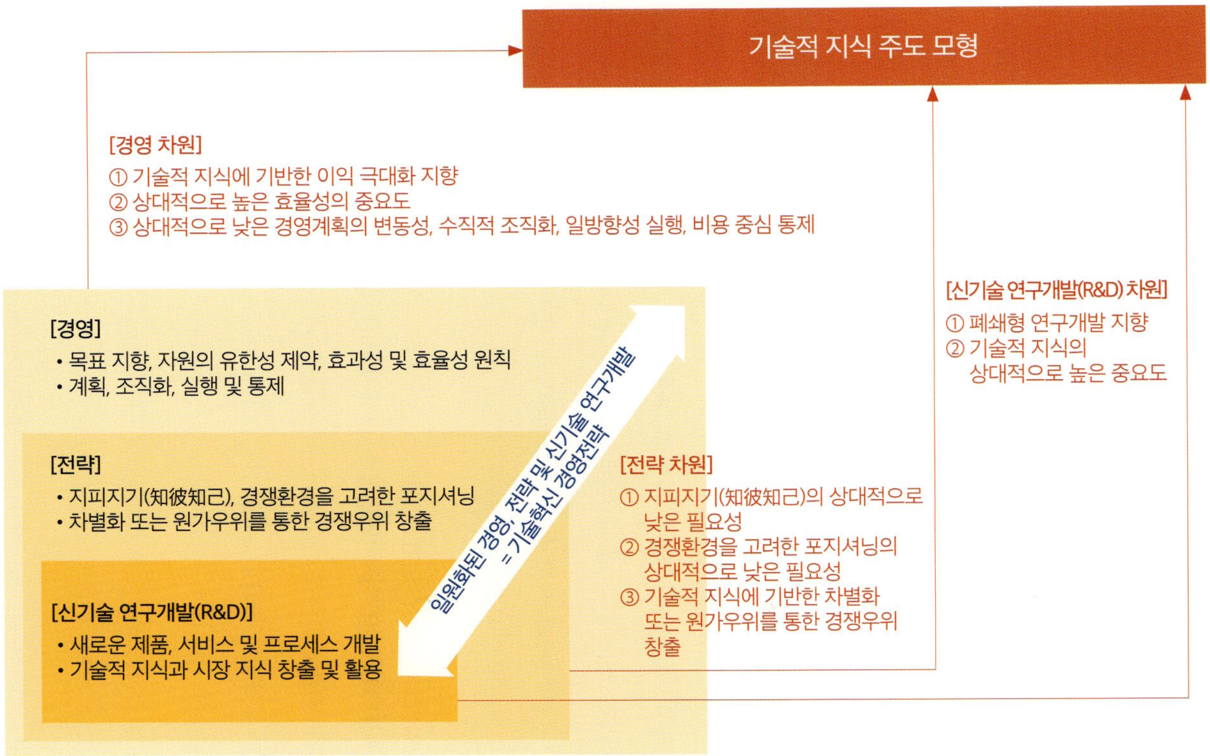

| 참고문헌

Afuah, A. (2003). Innovation management : Strategies, implementation, and profits, Oxford University Press.

Akhilesh, K. B. (2014), R&D management Springer.

Betz, F. (2011). Manaing technological innvovation, Wiley.

Niosi, J. (1999). Fourth-Generation R&D: From Linear Models to Flexible Innovation. Journal of Business Research, 45(2), 111-117.

Nobelius, D. (2004). Towards the sixth generation of R&D management. International Journal of Project Management, 22(5), 369-375.

Porter, M. E. (1980). Competitive strategy: Techniques for analyzing industries and competitors, Free Press.

Porter, M. E. (2008). The five competitive forces that shape strategy. Harvard Business Review, 86(1), 25-40.

Rogers, D. M. A. (1996). The Challenge of Fifth Generation R&D. Research Technology Management, 39(4), 33-41.

Rothwell, R. (1994). Towards the Fifth-generation Innovation Process. International Marketing Review, 11(1), 7-31.

Trott, P. (2012). Innovation management and new product development, Prentice Hall.

5장

2세대 기술혁신 경영전략의 주요 대표 이론

5.1 2세대 시장 지식 주도 모형의 발생 배경

2세대(1960년대 후반기~1970년대 전반기) 기술혁신 경영전략을 대표하는 주요 이론으로 본 학술서의 분석 대상이 되는 이론은 <그림 5-1>과 같은 'Market Pull Model'(Rothwell, 1994; Trott, 2012)이다. 본 학술서에서는 'Market Pull Model'에 대한 효과적인 이해를 위해 'Market Pull Model'을 '시장 지식 주도 모형'으로 의역(意譯)하여 사용하였다.

시장 지식 주도 모형의 발생 배경을 깊이 있게 이해하기 위해서는 2세대의 배경인 1960년대 후반기~1970년대 전반기의 에너지 환경과 산업 경쟁 환경에 특히 주목할 필요가 있다. 시장 지식 주도 모형의 주요 발생 배경을 개방형 시스템으로서의 기업이라는 측면에서

그림 5-1 시장 지식 주도 모형

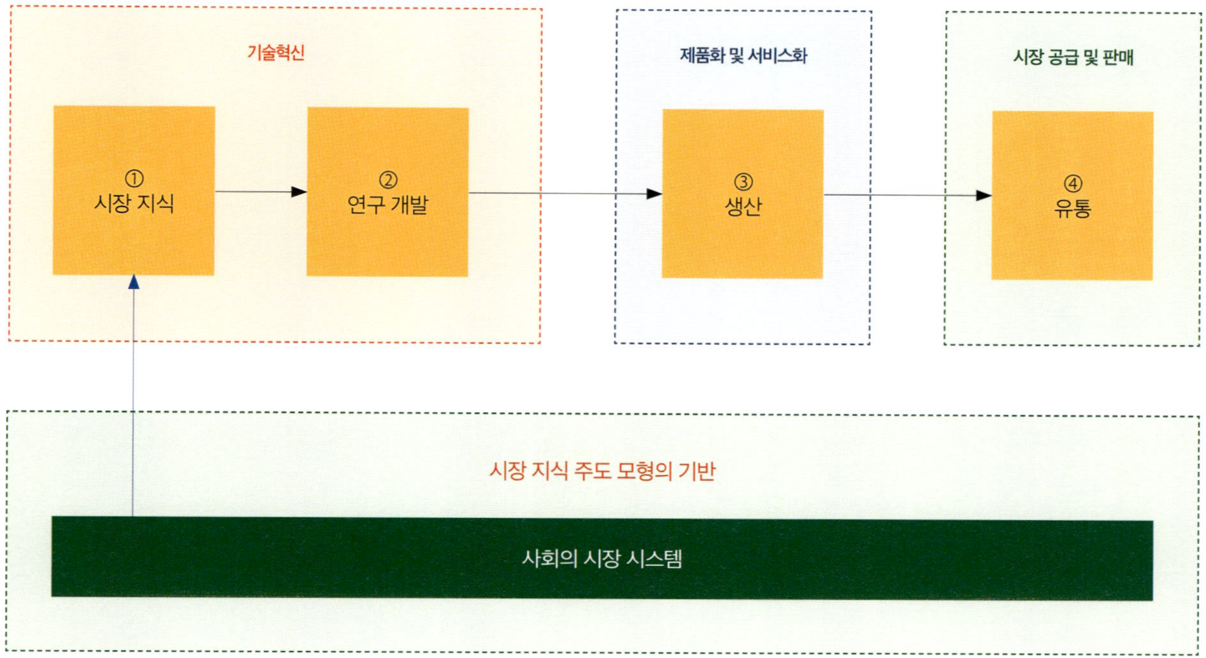

자료원 : Trott (2012, p. 22) 수정 인용

분석해보면, 에너지 환경 측면에서는 1차 오일 쇼크 발생, 산업 환경 측면에서는 산업의 경쟁 강도 증가가 주요인으로 작용했으며, 그 자세한 내용은 다음과 같다

첫째, 에너지 환경 측면에서 1973년에 발생한 1차 오일 쇼크는 전세계의 경제성장과 소비지출에 큰 악영향을 미쳤다. 1세대의 풍부했던 수요에 기반한 시장의 수동성이 2세대에서는 반대로 부족한 수요로 인해 시장의 능동성으로 전환되었으며, 이는 시장 지식 주도 모형의 발생에 중요한 요인으로 작용하였다(Trott, 2012). <그림 5-2>와 같이 1세대(1950년대~1960년대 전반기)에 속하는 시기인 1961년에는 전세계 경제성장률(GDP growth)이 3.79%이였으며 1964년에는 6.56%로 크게 증가하였다. 그러나, 2세대(1960년대 후반기~1970년대 전반기)로 접어들면서 1965년 이후 3.9%를 꾸준히 상회하던 전세계 경제성장률은 1973년 발생한 1차 오일 쇼크 직후인 1974년에 1.79%로 급격히 감소하였다. 이와 함께 소비 지출이 냉각되면서 2세대의 시장 수요에 큰 악영향을 미치게 되었다. 예를 들어 <그림 5-3>과 같이 전세계 1인당 가계 및 NPISHs[3] 최종 소비 지출 증가율은 1972년 3.81%이었으나 1차 오일 쇼크 발생 직후인 1974년 (-)0.66%로 급격히 감소하였다.

둘째, 2세대에 시장 지식 주도 모형의 탄생 배경으로 눈여겨봐야

3) Non-Profit Institutions Serving Households

그림 5-2 전세계 경제성장률(GDP growth, %) 추세

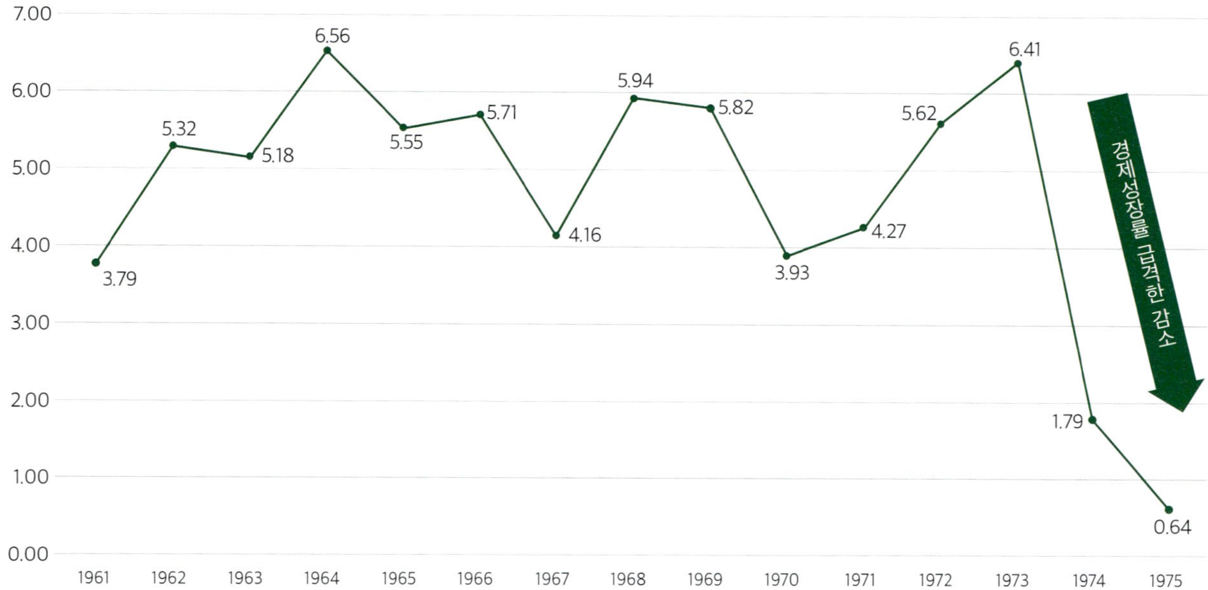

자료원 : (1) 2차 저작물에 대한 license 표기: Creative Commons(CC) license를 적용 안함, (2) 원저작물의 제목: GDP growth (annual %), (3) 원저작자: The World Bank, (4) 원저작물의 출처 링크: https://data.worldbank.org/indicator/NY.GDP.MKTP.KD.ZG, 2022.07.06 접속, (5) 원저작물에 적용된 CC license: CC BY-4.0, (6) 변경된 사항 표시: 원저작물(data)의 제목을 분석 대상 변수에 맞게 한국어로 의역(意譯)하였으며, 원저작물(data)의 일부를 그래프로 시각화하고 그래프에 화살표를 추가하여 2차 저작물을 생성함.

그림 5-3 전세계 1인당 가계 및 NPISHs* 최종 소비 지출 증가율(%) 추세

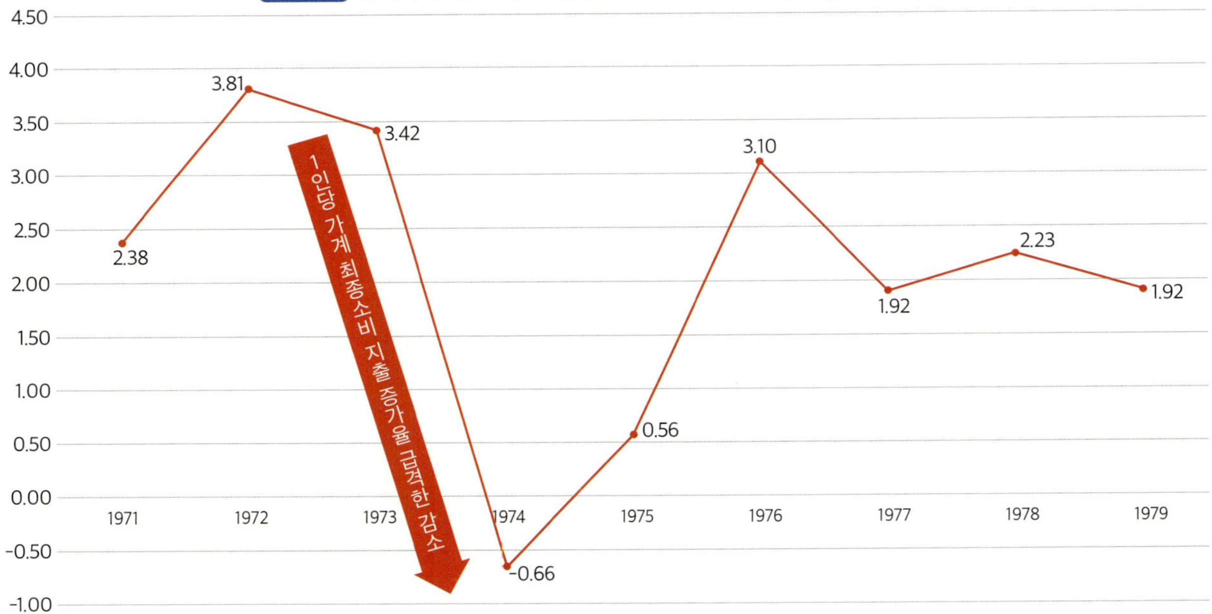

* Non-Profit Institutions Serving Households

자료원 : (1) 2차 저작물에 대한 license 표기: Creative Commons(CC) license를 적용 안함, (2) 원저작물의 제목: Households and NPISHs Final consumption expenditure per capita growth (annual %), (3) 원저작자: The World Bank, (4) 원저작물의 출처 링크: https://data.worldbank.org/indicator/NE.CON.PRVT.PC.KD.ZG, 2022.07.06 접속, (5) 원저작물에 적용된 CC license: CC BY-4.0, (6) 변경된 사항 표시: 원저작물(data)의 제목을 분석 대상 변수에 맞게 한국어로 의역(意譯) 하였으며, 원저작물(data)의 일부를 그래프로 시각화하고 그래프에 화살표를 추가하여 2차 저작물을 생성함.

되는 요인 중 하나는 산업의 경쟁 강도의 증가이다. 1960년대 중반 이후 많은 기업이 성장을 위한 다각화 전략을 적극적으로 실행하면서 산업의 경쟁 강도가 증가하였다(Rothwell, 1994). 기업의 다각화 전략은 시장과 제품을 통한 비즈니스의 확장과 성장을 위해 실행된다(Grant, 2008). 다각화 전략의 일환으로 신시장을 개척하거나 신제품을 출시하는 경우를 비롯하여 기존의 제품을 고도화하는 경우에도 기술혁신이 다각화 전략의 성공적인 실행에 밑바탕이 될 수 있다(Porter, 1985; Grant, 2008). 많은 기업들이 다각화 전략을 적극적으로 실행하는 것은 다양한 산업에서 기업간 기술혁신 경쟁을 심화시킬 수 있다(Porter, 1985; Grant, 2008). 따라서, 2세대에 실시된 기업들의 적극적인 다각화 전략은 2세대의 시장 경쟁 강도가 증가하게 되는 주요 요인으로 작용하였다(Nobelius, 2004; Rothwell, 1994).

2세대의 경우 시장 수요는 1세대에 비해 상대적으로 감소하였으나 시장의 경쟁 강도는 오히려 증가하여, 고객의 욕구를 경쟁사에 비해 더 정확하고 신속하게 파악하고 대응하는 데 유용한 시장 지식의 역할이 매우 중요해졌다. 이는 <그림 5-1>과 같이 시장 지식을 기반으로 하는 시장 지식 주도 모형이 발생하는 중요한 계기로 작용하였다(Rothwell, 1994).

5.2 2세대 시장 지식 주도 모형의 핵심 내용

2세대 기술혁신 경영전략 이론의 주요 대표 이론인 시장 지식 주도 모형은 1세대 기술적 지식 주도 모형과 시작점에서 큰 차이가 있다. 기술적 지식을 출발점으로 하는 기술적 지식 주도 모형과는 달리 시장 지식 주도 모형의 시작점은 고객의 욕구와 시장의 필요성에 기반한 시장 지식이다(Rothwell, 1994). <그림 5-1>과 같이 시장 지식(①)을 통해 소비자들의 욕구를 먼저 파악하고, 이러한 욕구를 충족시킬 수 있는 제품과 서비스를 연구개발부서에 개발하여(②), 생산부서에서 제품 및 서비스화(③)를 한 후, 유통부서에서 시장으로 공급 및 판매(④)하는 것이 시장 지식 주도 모형의 흐름이다. 시장 지식 주도 모형의 경우 기술혁신은 시장 지식을 기반으로 연구개발부서(②)가 담당한다. 이 구조는 <그림 5-1>과 같이 기술혁신 프로세스가 순차적인 선형성을 지향한다는 측면에서 1세대의 기술적 지식 주도 모형과 공통점을 갖고 있다(Trott, 2012). 그러나 모형의 시작점이 시장 지식을 출발점으로 한다는 점에서 기술적 지식을 출발점으로 하는 기술적 지식 주도 모형과 큰 차이가 있다(Trott, 2012).

시장 지식 주도 모형을 본 학술서에서 정의한 기술혁신 경영전략의 개념의 3가지 차원[경영 차원, 전략 차원, 신기술 연구개발(R&D) 차원]을 기준으로 분석한 주요 결과는 다음과 같다.

5.2.1 시장 지식 주도 모형의 경영 차원의 핵심 내용

(1) 시장 지식에 기반한 이익 극대화 지향

시장 지식 주도 모형은 시장 지식에 기반한 이익 극대화를 지향한다(Afuah, 2003; Rothwell, 1994). 2세대에는 1세대에 비해 상대적으로 수요가 감소한 반면 시장의 경쟁 강도는 오히려 증가하여 시장은 기업의 기술혁신 결과물로 생산 및 유통되는 제품과 서비스를 1세대와 같이 수동적으로 받아들이는 상황이 아니었다(Rothwell, 1994). 즉, 2세대의 시장 상황은 새로운 제품과 서비스에 대한 소비자의 요구 사항을 기술혁신에 적극 반영해야만 기술혁신이 성공적인 이익 창출로 이어질 수 있는 상황이었다. 이러한 시장 상황은 Porter(2008)의 5 forces model의 5가지 영향 요인 중 하나인 '소비자의 교섭력'의 개념을 통해서 효과적으로 이해될 수 있다. 시장의 능동성은 소비자의 교섭력과 결과적으로 일맥상통(一脈相通)하는 개념이다. 공급이 수요를 초과하는 시장에서는 2세대의 상황과 같이 시장의 능동성이 증가한다(Trott, 2012). 이런 상황에서는 소비자의 교섭력이 감소하게 된다(Porter, 2008). 따라서 2세대의 시장 지식 주도 모형은 소비자의 교섭력이 높은 시장 상황에 맞추어 소비자를 만족시킬 수 있는 시장 지식을 토대로 이익 극대화를 지향한다(Rothwell, 1994).

(2) 상대적으로 높은 효과성의 중요도

2세대의 시장 지식 주도 모형에서는 경영의 원칙 중 효과성 극대화의 원칙이 상대적으로 중요시된다. 시장의 특성이 능동적으로 변화된 2세대에서는 매출 목표와 같은 경영 목표 달성이 1세대에 비해 어려워지면서 효과성의 중요도가 상대적으로 높아졌다. 수요가 감소하고 시장의 경쟁 강도가 증가한 2세대에는 1세대처럼 풍부한 수요를 누리기가 어려운 상황이 전개되면서 효과성의 중요도가 상대적으로 높아진 것이다.

2세대의 시장 지식 주도 모형의 기술혁신이 성공하기 위해서는 소비자의 욕구와 구매행동에 대한 시장 지식이 필수적이었다(Rothwell, 1994; Trott, 2012). 소비자의 욕구와 구매행동은 개인적인 특성뿐만 아니라 다양한 심리적인 요인과 환경적인 요인에 의해 많은 영향을 받을 수 있기 때문에(Hawkins & Mothersbaugh, 2014), 2세대에는 1세대에 비해 기술혁신의 목표를 효과적으로 달성하는 것이 용이한 상황이 아니었다(Rothwell, 1994). 이런 상황 또한 2세대 시장 지식 주도 모형에서 효과성의 중요도가 상대적으로 높아지는 요인으로 작용하였다.

(3) 상대적으로 높은 경영계획의 변동성, 수평적 조직화, 프로젝트 방식 실행 및 프로젝트 관리 중심 통제

2세대로 진입하면서 기업들의 적극적인 다각화 전략의 추진과 시장 경쟁 강도의 증가 및 1차 오일 쇼크로 인한 급속한 환경 변화가 경영의 불확실성을 가중시켰다. 이에 대한 효과적인 대응을 위해 시장 지식 주도 모형은 1세대의 기술적 지식 주도 모형에 비해 상대적으로 높은 경영 계획의 변동성에 기반을 하게 되었다.

2세대의 시장 지식 주도 모형은 수평적 조직화와 프로젝트 방식 실행 및 프로젝트 관리 중심의 통제를 지향한다(Akhilesh, 2014; Rogers, 1996). 2세대의 시장 지식 주도 모형의 수평적 조직화, 프로젝트 방식 실행, 프로젝트 관리 중심의 통제는 소비자 만족을 효과적으로 증진시키는 데 필요한 기술혁신을 지원하려는 경영방법의 일환으로 실행되었다. 소비자의 욕구는 개인별로 매우 다양하고 차이가 있다(Hawkins & Mothersbaugh, 2014). 이러한 욕구를 충족시킬 수 있는 기술들은 유연성 있고 다양한 프로젝트 방식을 통해 효과적으로 개발될 수 있다(Akhilesh, 2014; Trott, 2012). 그렇기 때문에 2세대의 시장 지식 주도 모형에서는 기업의 자원 및 비용 제약하에서도 소비자가 요구하는 다양성을 효과적으로 충족시키기 위한 프로젝트 중심의 실행과 통제가 중요하였다.

5.2.2 시장 지식 주도 모형의 전략 차원의 핵심 내용

(1) 지피지기(知彼知己)의 상대적으로 높은 필요성

전략적인 측면에서 지피지기(知彼知己)의 필요성은 시장의 경쟁 상황에 따라 많은 영향을 받을 수 있다(Grant, 2008; Porter, 1985). 지피지기(知彼知己) 분석은 경쟁사 분석인 지피(知彼)와 자사 분석인 지기(知己)를 별도로 분석하는 것이 아니라 동시에 병행함으로써 효과적인 경쟁전략 수립에 필요한 시너지 효과를 창출하기 위해 많이 활용된다. 기술혁신을 통해 소비자의 만족도를 증진시키기 위해서는 자사의 제품과 서비스가 고객에게 제공하는 가치의 수준뿐만이 아니라 경쟁사의 제품과 서비스가 고객에게 제공하는 가치의 수준을 면밀히 비교분석 하는 것이 필요하다(Ohmae, 1982). 따라서, 2세대의 경쟁강도 증가와 수요 감소로 인해 시장 지식 주도 모형에서는 지피지기(知彼知己)의 필요성이 상대적으로 높아졌다.

(2) 경쟁환경을 고려한 포지셔닝의 상대적으로 높은 필요성

2세대에 발생한 1차 오일 쇼크와 같은 급격한 환경 변화는 석유 에너지 사용을 기반으로 하는 많은 산업의 수익성 악화로 이어졌다. 그 결과, 시장 지식 주도 모형에서는 경쟁환경을 고려한 포지셔닝의 필요성이 1세대의 기술적 지식 주도 모형에 비해 상대적으로 매우 높아졌다. 특히, 1차 오일 쇼크로 인해 전세계적으로 원자재의 가치가 폭등하여 제품과 서비스의 가격은 상승하고 화폐의 가치는 하락하게 되는 인플레이션이 발생하였다. 이러한 인플레이션은 <그림 5-3>과 같이 가계 소비 지출에 큰 악영향을 미치면서 수요를 위축시키고, 시장경쟁이 심화되는 현상을 초래하였다. 따라서, 2세대의 시장 지식 주도 모형에서는 1세대의 기술적 지식 주도 모형에 비해 경쟁환경을 고려한 포지셔닝의 필요성이 상대적으로 높아지게 되었다.

(3) 시장 지식에 기반한 차별화 또는 원가우위를 통한 경쟁우위 창출

2세대 시장 지식 주도 모형에서의 경쟁우위는 시장 지식에 기반한 차별화와 원가우위에서 기반한다(Afuah, 2003; Trott, 2012). 소비자들이 만족할 수 있는 제품이나 서비스를 창출할 수 있는 시장 지식이 시장 지식 주도 모형의 경쟁우위 창출의 핵심으로 볼 수 있다.

5.2.3 시장 지식 주도 모형의 신기술 연구개발(R&D) 차원의 핵심 내용

(1) 폐쇄형 연구개발 지향

2세대의 시장 지식 주도 모형은 자사 중심의 폐쇄형 연구개발을 지향한다는 점에서 1세대의 기술적 지식 주도 모형과 공통점이 있다. <그림 5-1>과 같이 시장 지식 주도 모형에서의 기술혁신, 제품 및 서비스화, 시장 공급과 판매는 기업 내부를 중심으로 진행된다. 이 중 기술혁신은 자사의 내부에서 폐쇄적인 연구개발을 통해 이루어지는 특성을 지닌다(Akhilesh, 2014; Trott, 2012). 2세대의 시장 지식 주도 모형은 시장 지식을 바탕으로한 기술혁신이 기업 내부의 폐쇄형 연구개발을

그림 5-4 시장 지식 주도 모형의 핵심 내용

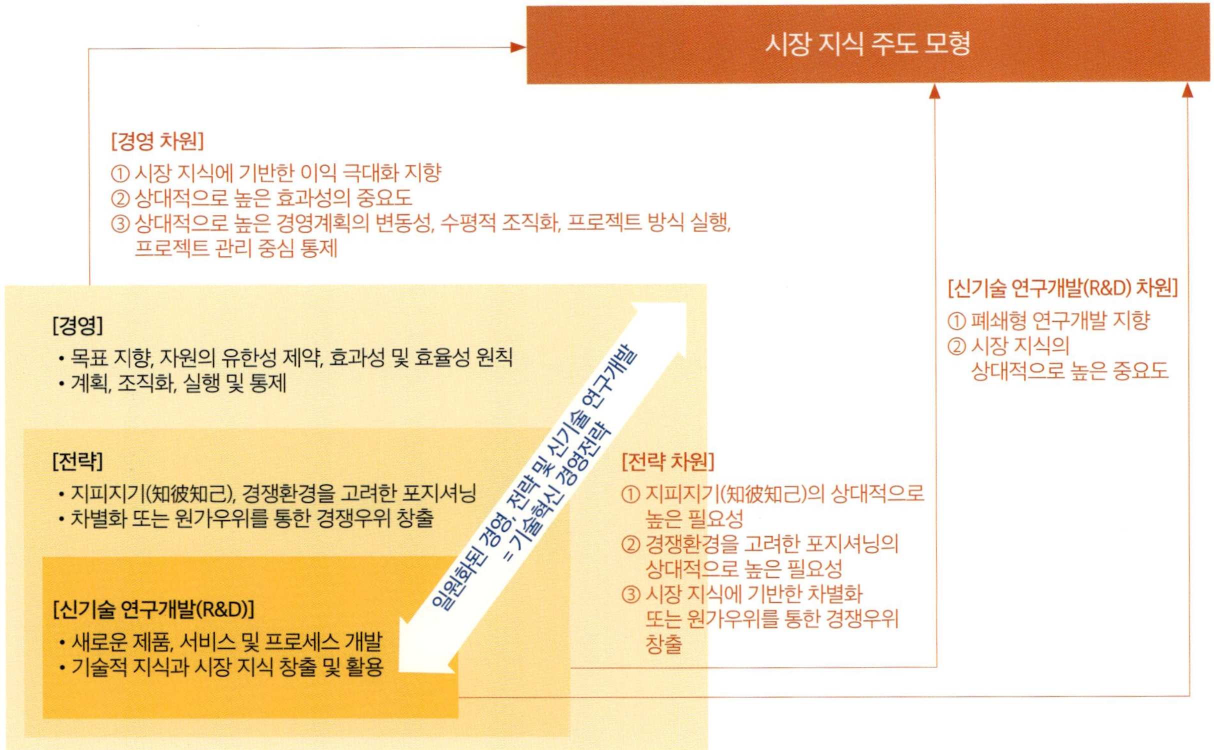

통해 제품 및 서비스가 되는 모형으로 이해될 수 있다.

(2) 시장 지식의 상대적으로 높은 중요도

2세대의 시장 지식 주도 모형은 시장의 능동성에 기반하기 때문에 시장 지식의 상대적인 중요도가 높다(Rothwell, 1994; Trott, 2012). 따라서, <그림 5-1>과 같이 기술혁신의 시작점은 바로 시장 지식이다. 이런 측면에서 시장 지식 주도 모형은 시장에 대한 지식을 필두로 하는 시장 지향형 기술혁신 모형으로 해석될 수 있다.

본 학술서의 5.2절에서 살펴본 시장 지식 주도 모형의 핵심 내용을 요약하면 <그림 5-4>와 같다.

| 참고문헌

Afuah, A. (2003). Innovation management : Strategies, implementation, and profits, Oxford University Press.

Akhilesh, K. B. (2014). R&D management, Springer.

Grant, R. M. (2008). Contemporary strategy analysis, Blackwell Publishing.

Hawkins, D., I., & Mothersbaugh, D. L. (2014). Consumer Behavior: Building Marketing Strategy, McGraw-Hill Education.

Nobelius, D. (2004). Towards the sixth generation of R&D management. International Journal of Project Management, 22(5), 369-375.

Ohmae, K. (1982). The mind of the strategist : The art of Japanese business, McGraw-Hill.

Rogers, D. M. A. (1996). The Challenge of Fifth Generation R&D. Research Technology Management, 39(4), 33-41.

Porter, M. E. (1985). Competitive advantage: Creating and sustaining superior performance, Free Press.

Porter, M. E. (2008). The five competitive forces that shape strategy. Harvard Business Review, 86(1), 25-40.

Rothwell, R. (1994). Towards the Fifth-generation Innovation Process. International Marketing Review, 11(1), 7-31.

Trott, P. (2012). Innovation management and new product development, Prentice Hall.

6장

3세대 기술혁신 경영전략의 주요 대표 이론

6.1 3세대 기술 및 시장 지식 융합 모형의 발생 배경

3세대(1970년대 후반기~1980년대 전반기) 기술혁신 경영전략 이론을 대표하는 주요 이론으로서 본 학술서의 분석 대상이 되는 이론은 <그림 6-1>과 같은 'Coupling Model'(Rothwell, 1992)이다. 본 학술서에서는 'Coupling Model'에 대한 효과적인 이해를 위해 'Coupling Model'을 '기술 및 시장 지식 융합 모형'으로 의역(意譯)하여 사용하였다.

기술 및 시장 지식 융합 모형이 발생한 배경을 이해하기 위해서는 3세대의 배경인 1970년 후반기~1980년대 전반기의 환경에 대한 이해가 필요하다. 3세대에 접어들면서 2차 오일 쇼크 발생, 물가상승 및 출산율 감소로 인해 사업경영 환경의 불확실성이 증대되고 소비가

그림 6-1 기술 및 시장 지식 융합 모형

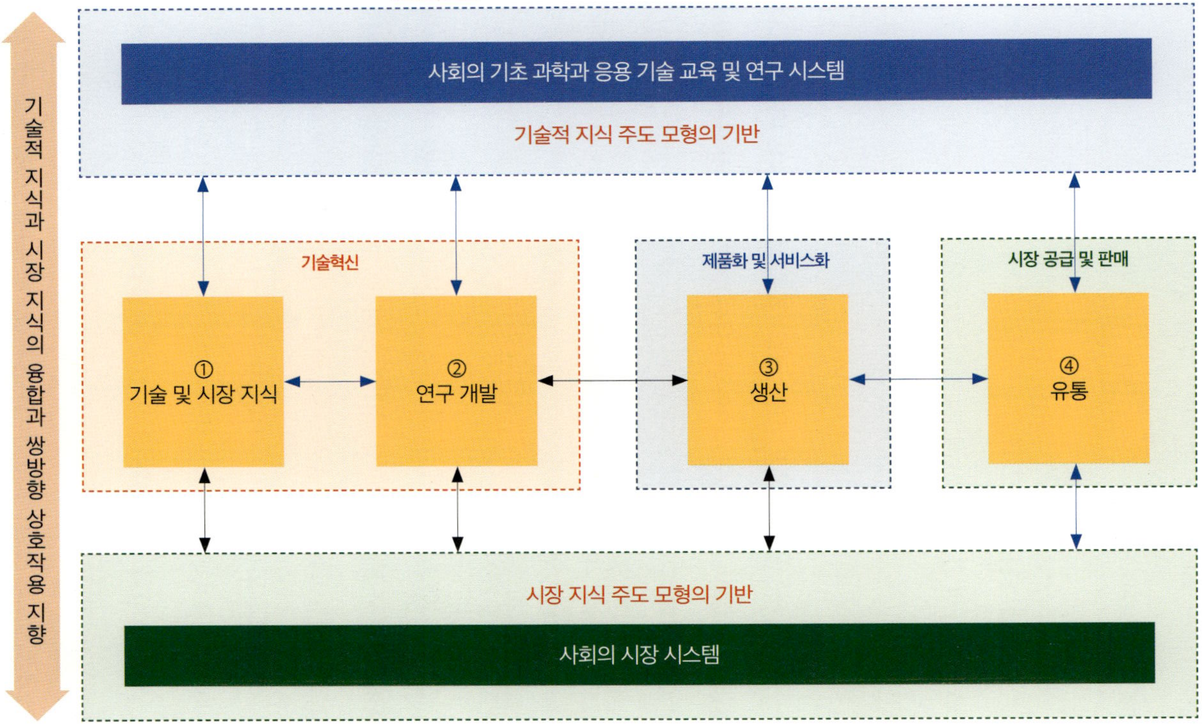

자료원 : Rothwell(1992, p. 222) 수정 인용

악화되었는데, 이는 기술 및 시장 지식 융합 모형이 탄생하게 된 주요 요인으로 작용하였으며, 이에 대한 자세한 내용을 살펴보면 다음과 같다.

첫째, 에너지 환경 측면에서 3세대에는 1979년 발생한 2차 오일 쇼크와 물가상승으로 인해 사업환경에서 불확실성이 증대되었다 (Rothwell, 1994). 3세대 기업들에게 2차 오일 쇼크는 제품 생산에 소요되는 비용을 크게 증가시키는 큰 위기로 작용하였다. 석유는 많은 산업에서 생산을 위한 필수 에너지로 사용된다. 따라서, 3세대 기업들에게 2차 오일 쇼크로 인한 석유 가격의 인상은 제품 원가에 직접적인 영향을 미쳤다. 이렇게 상승된 제품 원가는 <그림 6-2>의 여러 국가별 소비자 물가 지수 추세를 통해 엿볼 수 있듯이 3세대의 물가 상승으로 연결되어 수요에 악영향을 미쳤으며 사업환경의 불확실성을 증가시켰다.

둘째, <그림 6-3>과 같이 1964년부터 감소세를 보이기 시작한 전세계 조출산율(crude birth rate)은 세계 인구 증가의 견인차 역할을 하던 중국이 1970년대부터 산아제한정책을 실시하면서 10년 넘게 감소세가 지속되었다. 지속적인 출산율 감소 추세의 누적된 여파는 3세대 경제 전체의 소비량에 악영향을 줄 수밖에 없었다.

전술한 바와 같이 2차 오일 쇼크와 물가 상승은 3세대 사업환경에 불확실성을 증폭시켰고 소비 악화로 이어졌으며(Rothwell, 1994), 출산율 감소 추세의 누적적 영향 또한 3세대 경제의 전체 소비량 감소에

그림 6-2 여러 국가별 소비자 물가 지수(2010년=100) 추세

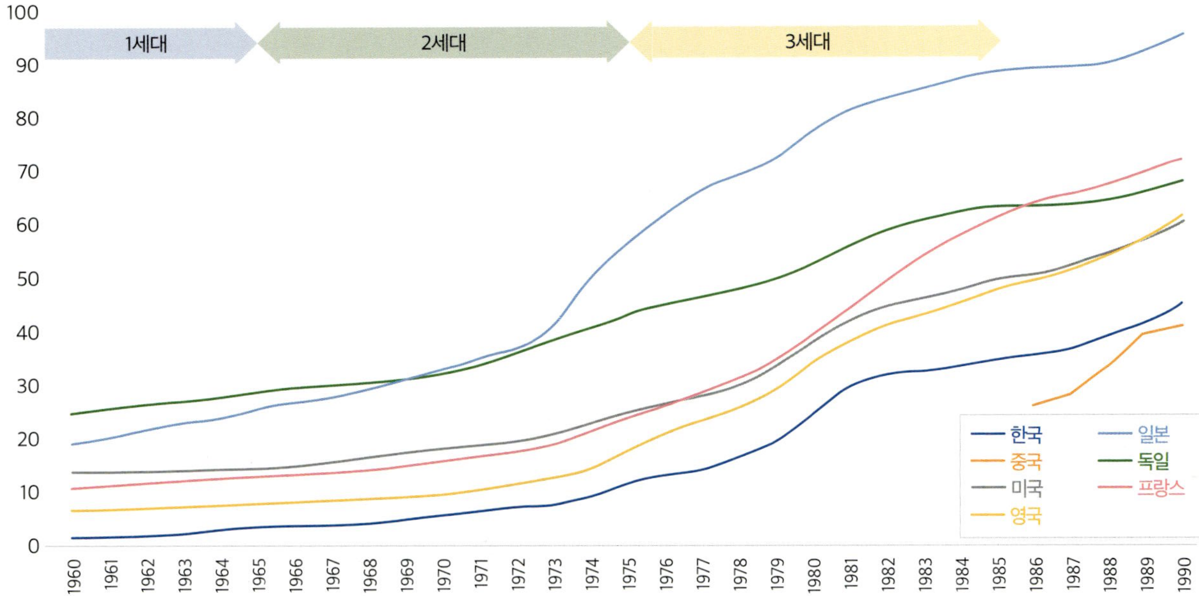

자료원 : (1) 2차 저작물에 대한 license 표기: Creative Commons(CC) license를 적용 안함, (2) 원저작물의 제목: Consumer price index (2010=100), (3) 원저작자: The World Bank, (4) 원저작물의 출처 링크: https://data.worldbank.org/indicator/FP.CPI.TOTL?locations=KR-CN-US-GB-JP-DE-FR, 2022.07.07 접속, (5) 원저작물에 적용된 CC license: CC BY-4.0, (6) 변경된 사항 표시: 원저작물(data)의 제목을 분석 대상 변수에 맞게 한국어로 의역(意譯) 하였으며, 원저작물(data)의 일부를 그래프로 시각화하고 그래프에 화살표를 추가하여 2차 저작물을 생성함.

그림 6-3 전세계 및 중국 조출산율(1000명 기준) 추세

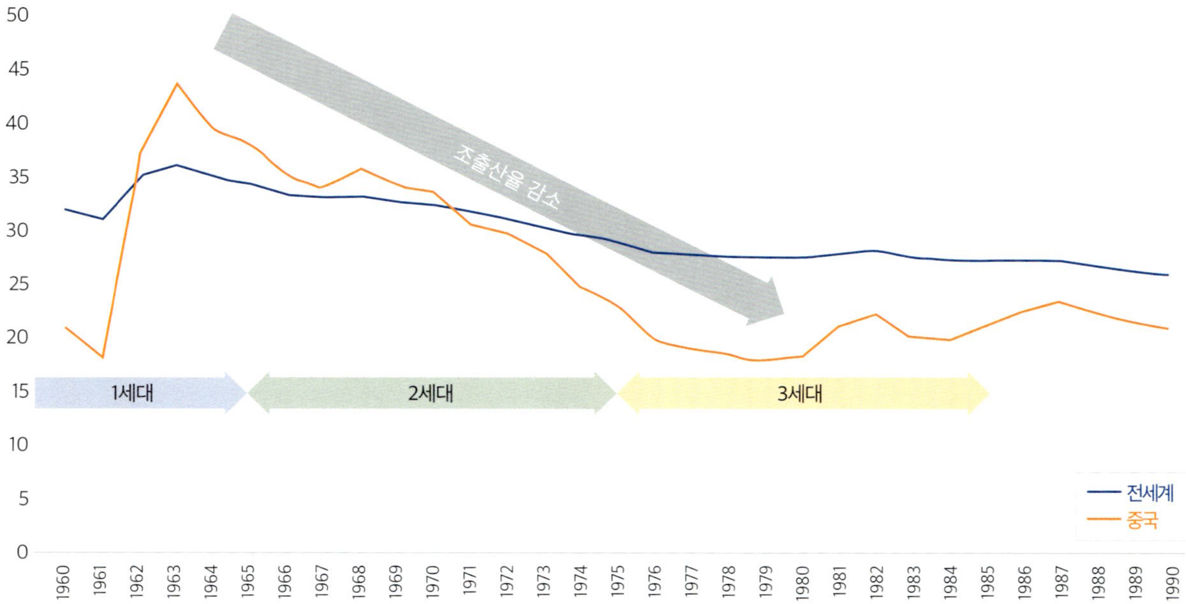

자료원 : (1) 2차 저작물에 대한 license 표기: Creative Commons(CC) license를 적용 안함, (2) 원저작물의 제목: Birth rate, crude (per 1,000 people), (3) 원저작자: The World Bank, (4) 원저작물의 출처 링크: https://data.worldbank.org/indicator/SP.DYN.CBRT.IN?locations=CN-1W, 2022.07.07 접속, (5) 원저작물에 적용된 CC license: CC BY-4.0, (6) 변경된 사항 표시: 원저작물(data)의 제목을 분석 대상 변수에 맞게 한국어로 의역(意譯) 하였으며, 원저작물(data)의 일부를 그래프로 시각화하고 그래프에 화살표를 추가하여 2차 저작물을 생성함.

주요한 요인으로 작용하였다. 그 결과, 1세대의 기술적 지식 주도 모형과 2세대의 시장 지식 주도 모형에 비해 효과성과 효율성을 보다 더 증진시킬 수 있는 기술혁신 경영전략에 대한 수요가 증가하게 되었다. 이는 기술 및 시장 지식 융합 모형이 발생하는 데 주요 배경으로 작용하게 되었다.

6.2 3세대 기술 및 시장 지식 융합 모형의 핵심 내용

기술 및 시장 지식 융합 모형은 기술적 지식과 시장 지식의 융합과 쌍방향 상호작용이라는 측면에서 1세대 기술적 지식 주도 모형과 2세대 시장 지식 주도 모형에 비해 진일보한 모형으로 볼 수 있다. <그림 6-1>과 같이 기술 및 시장 지식 융합 모형은 기업의 기술혁신에 중요한 배경이 되는 사회의 기초 과학과 응용 기술 교육 및 연구 시스템, 시장 시스템, 그리고 기업 시스템 사이의 지식적 쌍방향 상호작용에 기반한다(Rothwell, 1992; Rothwell, 1994; Trott, 2012). 이러한 점은 사회의 기초 과학과 응용기술 교육 및 연구 시스템으로부터 발전되는 기술적 지식에 기반한 1세대의 기술적 지식 주도 모형과 사회의 시장 시스템으로부터 발전되는 시장 지식에 기반한 2세대의 시장 지식 주도 모형에 비해 기술 및 시장 지식 융합 모형이 갖는 중요한 특성이다. 기술적 지식 주도 모형과 시장 지식 주도 모형에서는 기술혁신, 제품화 및 서비스화, 시장 공급과 판매로 이어지는 흐름이 <그림 4-2>와 <그림 5-1>과 같이 일방향적인 특성을 나타낸다(Trott, 2012). 그러나, 기술 및 시장 지식 융합 모형에서는 <그림 6-1>과 같이 쌍방향 상호작용적인 특성을 보여준다(Rothwell, 1994).

기술 및 시장 지식 융합 모형은 다음과 같이 크게 3가지 축을 기반으로 구축되어 있다(Rothwell, 1992; Rothwell, 1994). 첫 번째 축은 사회의 기초 과학 및 응용 기술 교육과 연구 시스템이며, 이 축은 1세대 기술혁신 경영전략의 주요 대표 이론인 기술적 지식 주도 모형의 기반이 되는 축이다. 두 번째 축은 사회의 시장 시스템으로서 2세대 기술혁신 경영전략 이론의 주요 대표 이론인 시장 지식 주도 모형의 기반이 된다. 세 번째 축은 기술혁신, 제품화 및 서비스화, 시장 공급과 유통 기능을 수행하는 기업 시스템을 의미한다.

기술 및 시장 지식 융합 모형을 본 학술서의 기술혁신 경영전략 개념의 3가지 차원[경영 차원, 전략 차원, 신기술 연구개발(R&D) 차원]을 기준으로 분석한 결과로 도출된 핵심 내용은 다음과 같다.

6.2.1 기술 및 시장 지식 융합 모형의 경영 차원의 핵심 내용

(1) 기술적 지식과 시장 지식의 융합에 기반한 이익 극대화 지향

전술한 바와 같이 1세대의 기술적 지식 주도 모형은 기술적 지식에 기반한 이익 극대화를 지향하고, 2세대의 시장 지식 주도 모형은 시장 지식에 기반한 이익 극대화를 지향했다. 3세대의 기술 및 시장 지식 융합 모형은 기술적 지식과 시장 지식의 융합에 기반한 이익 극대화를 지향한다(Afuah, 2003; Rothwell, 1992). 기술적 지식은 기술적 우수성을 추구하며 시장 지식은 소비자의 욕구와 시장의 수요 및 추세에 대한 정확성을 추구하므로, 기술적 지식과 시장 지식은 상당히 다른 특성을 지닐 수밖에 없다(Afuah, 2003). 이렇게 매우 상이한 특성을 나타내는 기술적 지식과 시장 지식의 융합은 기술혁신 경영전략의 궁극적인 목표인 이익 극대화에 매우 중요한 의미를 갖는다. 즉, 기술적 지식과 시장 지식의 융합은 각 지식의 한계점을 상호 보완하여 기술혁신을 통한 이익 극대화에 중요한 역할을 할 수 있다. 아무리 훌륭한 기술적 지식을 보유하고 있더라도 소비자들의 욕구 충족과 무관한 제품이나 서비스로 구현된다면 기술혁신은 실패할 수밖에 없다. 반면, 아무리 정확하게 소비자의 욕구와 시장 수요를 분석한 시장 지식이 있더라도, 성공적으로 제품이나 서비스로 구현할 수 있게 해주는 기술적 지식이 없다면 시장 지식은 '그림의 떡'이 된다. 따라서, 3세대 기술 및 시장 지식 융합 모형이 추구하는 기술적 지식과 시장 지식의 융합은 기술혁신을 통한 이익 극대화에 매우 중요한 의미를 갖는다.

(2) 효율성 및 효과성의 균형과 조화 중요

3세대에서는 대부분의 산업에서 공급과 수요의 격차가 심해져 풍부한 잉여 공급이 발생하는 상황이었으며, 제품 판매를 둘러싼 경쟁이 격화되고 2차 오일 쇼크로 인해 원자재 가격이 급상승하게 되면서 비용 절감의 중요도 또한 높아졌다(Rothwell, 1994). 3세대의 많은 기업들은 수요과 공급의 관계에서 1세대나 2세대의 기업들과는 상당히 다른 경제 환경에 직면하게 되면서, 더 새롭고 우수한 제품과 서비스 출시를 통해 치열한 시장 경쟁에 대비하는 동시에 더 효율적으로 기술혁신에 소요되는 비용을 줄여서 위험을 감소해야 하는 상황에 직면하게 되었다(Rothwell, 1994). 효과성만을 위주로 하는 기술혁신은 기술혁신의 성공을 위해 투입되는 비용에 대한 통제가 부족해지면 도산 위험이 커질 수 있다. 반면, 효율성만을 위주로 하는 기술혁신은 비용이라는 테두리 안에서 기술혁신의 정도와 범위가 과도하게 한정될 경우, 기술혁신의 결과물로 출시되는 제품과 서비스에서 새로움의 정도가 제약을 받을 수 있다. 그러므로, 3세대의 기술 및 시장 지식 융합 모형에서는 효율성과 효과성의 균형과 조화에 대한 중요성이 1세대와 2세대에 비해 상대적으로 더욱 높았다.

(3) 민첩한 경영계획의 높은 중요도, 지식의 상호연계형 조직화, 포트폴리오 방식 실행 및 포트폴리오 관리 중심의 통제

3세대에 접어들어 2차 오일 쇼크와 같은 급격한 환경 변화가 발생하면서 이런 환경적 불확실성에 민첩하게 대응 가능한 경영계획의 필요성이 증가되었다(Rothwell, 1994). 민첩한 경영계획이란 급격한 환경 변화에 대한 사전적 또는 사후적인 경영계획의 신속한 적응성 및 대응성과 일맥상통(一脈相通)하는 것으로 볼 수 있다.

3세대의 기술 및 시장 지식 융합 모형은 1세대와 2세대의 기술적 지식 주도 모형 및 시장 지식 주도 모형과는 달리 지식의 상호 연계형 조직화를 지향한다(Akhilesh, 2014; Rogers, 1996). <그림 4-2>와 같이 기술적 지식 주도 모형에서는 사회의 기초 과학과 응용 기술 교육 및 연구 시스템에서 창출 및 발전되는 기술적 지식이 기업의 연구개발부서, 생산부서와 유통부서에 일방향적으로 연계된다. 또한, 시장 지식 주도 모형에서는 <그림 5-1>과 같이 사회의 시장 시스템에서 창출 및 발전되는 시장 지식이 일방향적으로 연구개발부서, 생산부서와 유통부서로 연계된다. 그러나, 기술 및 시장 지식 융합 모형에서는 <그림 6-1>과 같이 기술적 지식과 시장 지식이 연구개발부서, 생산부서 및 유통부서와 상호 연계되어 발전하는 것을 볼 수 있다.

기술 및 시장 지식 융합 모형은 신기술개발에 수반하는 위험과 비용을 전체 조직 관점에서 균형 있게 관리하기 위해 포트폴리오 방식의 실행 및 통제를 지향한다(Akhilesh, 2014; Nobelius, 2004; Trott, 2012). 즉, 기술 및 시장 지식 융합 모형은 하나의 제품이나 서비스 개발에 역량과 자원을 모두 집중투자 하는 것보다는 다양한 기회를 고려하고 위험을 분산시킬 수 있는 포트폴리오 방식의 실행과 포트폴리오 관리 중심의 통제를 지향한다.

6.2.2 기술 및 시장 지식 융합 모형의 전략 차원의 핵심 내용

(1) 지피지기(知彼知己)의 상대적으로 높은 필요성

기술 및 시장 지식 융합 모형에서 지피지기(知彼知己)의 필요성은 2세대 시장 지식 주도 모형에 비해 더욱 증가하였다. <그림 6-1>에서 쌍방향 화살표로 표현된 것 처럼, 기술 및 시장 지식 융합 모형은 연구개발부서, 생산부서, 유통부서와 같은 기능부서들이 사회의 기초 과학과 응용 기술 교육 및 연구 시스템뿐만 아니라 시장 시스템과 쌍방향 상호작용을 통해 발생하는 기술적 지식과 시장 지식의 융합에 기반하고 있다(Rothwell, 1992; Rothwell, 1994; Trott, 2012). 따라서, 기술 및 시장 지식 융합 모형에서는 기술적 지식과 시장 지식의 융합과 관련하여 연구개발 부서, 생산부서, 유통부서의 경쟁사 대비 자사의 수준을 정확하게 파악하는 지피지기(知彼知己)의 필요성이 2세대 시장 지식 주도 모형에 비해 상대적으로 높다.

(2) 경쟁환경을 고려한 포지셔닝의 상대적으로 높은 필요성

3세대에서 사업환경의 불확실성 증대와 소비 악화는 전략적 포지셔닝의 필요성을 더욱 증대시켰다. 특히, 2차 오일 쇼크의 발생은 3세대의 많은 기업들의 기술혁신의 성공 확률을 저해하는 큰 악재로 작용하였다(Rothwell, 1994). 2차 오일 쇼크로 인한 원자재 가격의 상승은 기술혁신에 필요한 원자재 상승으로 연결되어, 기업의 비용 부담을 증가시켰다(Rothwell, 1994). 또한 출산율 감소의 누적 효과는 시장경제 전체의 소비에 악영향을 미치는 요인으로 작용하였다. 이러한 이유로 3세대의 기술 및 시장 지식 융합 모형의 성공을 위해서는 경쟁환경을 고려한 포지셔닝의 필요성이 2세대에 비해 상대적으로 높았다.

(3) 기술 및 시장 지식의 융합에 기반한 차별화 또는 원가우위를 통한 경쟁우위 창출

3세대의 기술 및 시장 지식 융합 모형의 경쟁우위 창출은 기술적 지식과 시장 지식의 융합에서 시작된다(Rothwell, 1992; 1994). 따라서, <그림 6-1>과 같이 기술 및 시장 지식 융합 모형에서는 1세대 기술적 지식 주도 모형과 2세대 시장 지식 주도 모형과는 달리 기술 및 시장 지식이 기술혁신의 출발점이 된다. 기술적 지식과 시장 지식은 기업의 기술혁신 역량 증진에 중요한 초석이다(Afuah, 2003). 기술 및 시장 지식 융합 모형은 궁극적으로 기술적 지식과 시장 지식의 융합을 통해 발생하는 정(+)의 시너지 효과가 차별화나 원가우위의 창출로 이어지는 것을 지향한다(Afuah, 2003; Rothwell, 1992; Rothwell, 1994).

6.2.3 기술 및 시장 지식 융합 모형의 신기술 연구개발(R&D) 차원의 핵심 내용

(1) 쌍방향 지식 연계형 연구개발 지향

3세대의 기술 및 시장 지식 융합 모형은 쌍방향 지식 연계형 연구개발을 지향한다(Akhilesh, 2014; Rothwell, 1992). 기술 및 시장 지식 융합 모형의 쌍방향 지식 연계형 연구개발은 2가지 차원에서 볼 수 있다. 첫 번째 쌍방향 지식의 연계는 기업의 내부적인 측면에서 <그림 6-1>과 같이 기업 시스템 내부의 연구개발부서, 생산부서, 유통부서 사이의 쌍방향 지식의 연계이다. 즉, 기술 및 시장 지식 융합 모형에서는 연구개발부서의 지식이 일방향적으로 생산부서와 유통부서로 전달되는 것이 아니라, 쌍뱡향 지식의 연계를 지향한다. 두 번째 쌍방항 지식의 연계는 기업의 외부적인 측면에서 사회의 기초과학과 응용 기술 교육 및 연구 시스템, 시장 시스템, 기업 시스템 사이에서 쌍방향으로 지식이 연계되는 것을 말한다.

(2) 기술적 지식 및 시장 지식 융합의 높은 중요도

시장 지식과 기술적 지식이 성공적으로 융합될 때 기술 및 시장

그림 6-4 기술적 지식 및 시장 지식 융합 모형의 핵심 내용

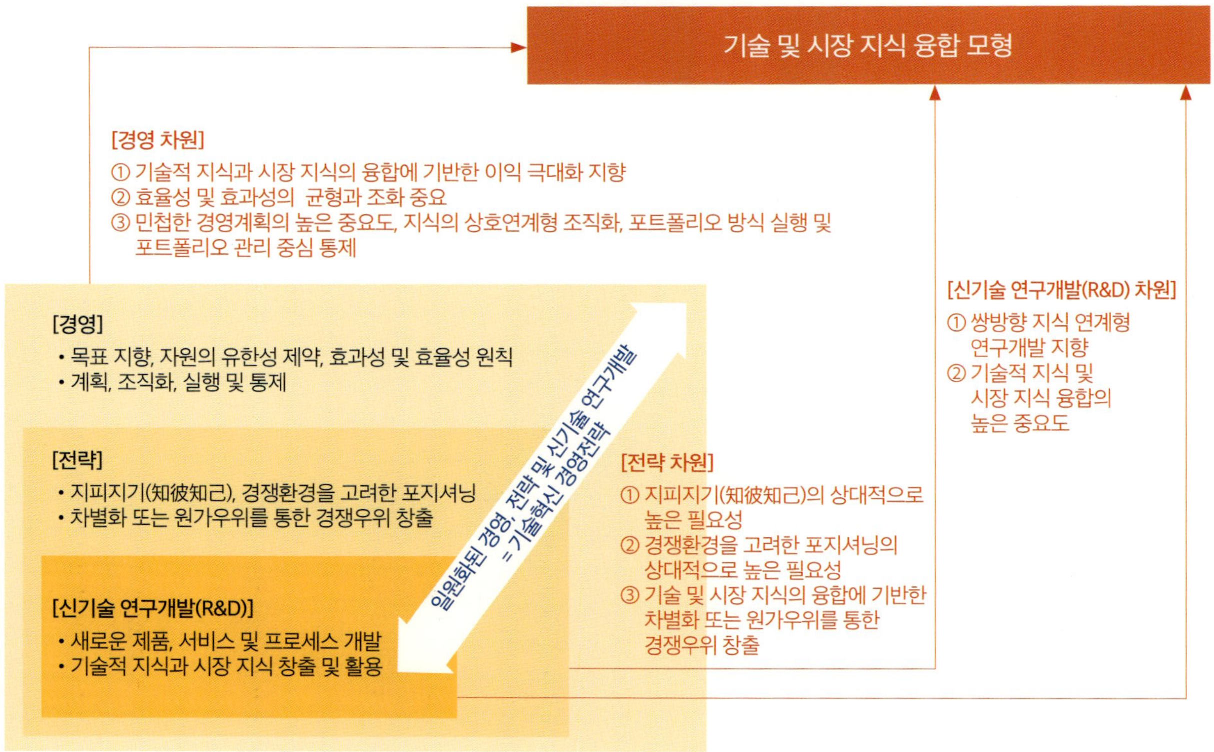

지식 융합 모형의 기술혁신의 성공이 가능하다(Rothwell, 1992; Rothwell, 1994). 기술적 지식과 시장 지식은 기술 및 시장 지식 융합 모형의 기술혁신의 핵심적 요소이다(Rothwell, 1992; 1994). <그림 6-1>에서 볼 수 있는 바와 같이 기술 및 시장 지식 융합 모형은 기술적 지식과 시장 지식의 융합에 기반한 모형이다.

본 학술서의 6.2절에서 살펴본 기술적 지식 및 시장 지식 융합 모형의 핵심 내용을 요약하면 <그림 6-4>와 같다.

ㅣ참고문헌

Afuah, A. (2003). Innovation management : Strategies, implementation, and profits, Oxford University Press.

Akhilesh, K. B. (2014). R&D management, Springer.

Nobelius, D. (2004). Towards the sixth generation of R&D management. International Journal of Project Management, 22(5), 369-375.

Rogers, D. M. A. (1996). The Challenge of Fifth Generation R&D. Research Technology Management, 39(4), 33-41.

Rothwell, R. (1992). Successful industrial innovation: critical factors for the 1990s. R & D Management, 22(3), 221-240.

Rothwell, R. (1994). Towards the Fifth-generation Innovation Process. International Marketing Review, 11(1), 7-31.

Trott, P. (2012). Innovation management and new product development, Prentice Hall.

7장

4세대 기술혁신 경영전략의 주요 대표 이론

7.1 4세대 병렬형 지식 융합 모형의 발생 배경

4세대(1980년대 후반기~1990년대 전반기) 기술혁신 경영전략 이론을 대표하는 주요 이론으로서 본 학술서의 분석 대상으로 삼은 이론은 <그림 7-1>과 같은 'Integrated Model'(Rothwell, 1992; Rothwell, 1994)이다. 본 학술서에서는 'Integrated Model'에 대한 효과적인 이해를 위해 'Integrated Model'을 '병렬형 지식 융합 모형'으로 의역(意譯)하여 사용했다.

병렬형 지식 융합 모형의 발생 배경을 이해하기 위해서는 기술혁신 경영전략 이론의 4세대에 해당하는 1980년대 후반기부터 1990년대 전반기까지의 정치, 경제, 사회적 환경에 대한 이해가

그림 7-1 병렬형 지식 융합 모형

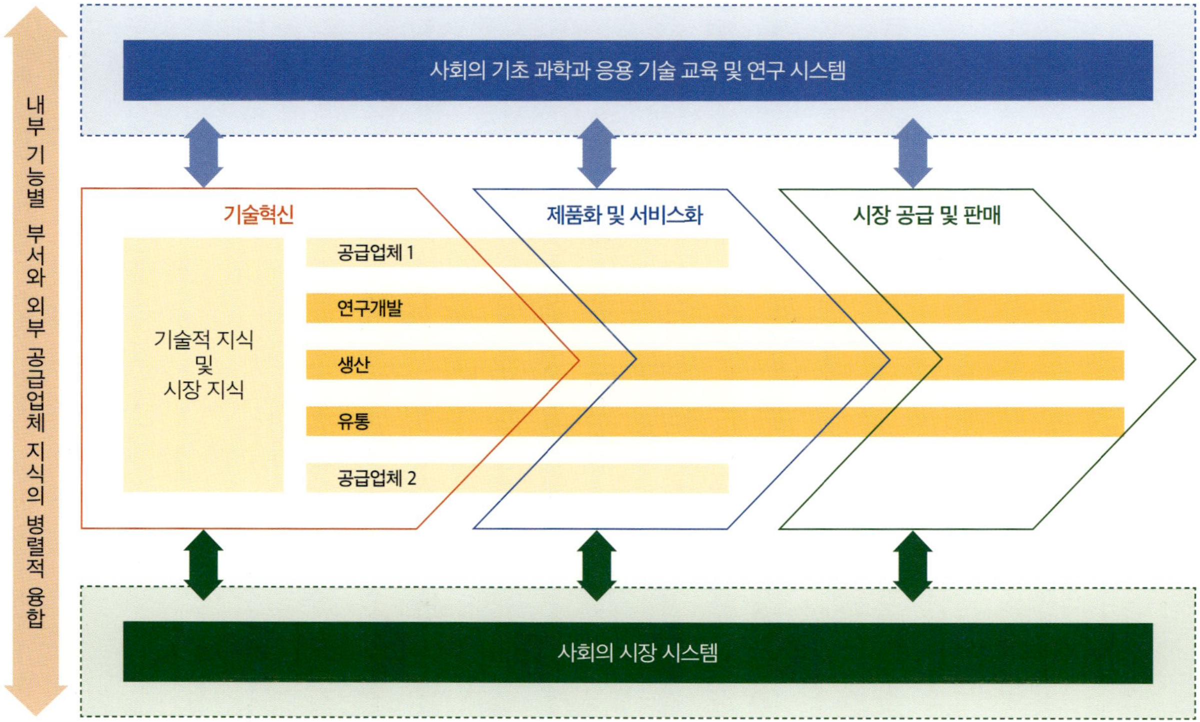

자료원 : Graves(1987, p.12) 수정 인용

필요하다. 4세대의 다음과 같은 환경적 요인은 4세대 병렬형 지식 융합 모형의 발생에 중요한 역할을 한 것으로 분석된다.

첫째, 4세대는 이전 세대와 달리 냉전종식이라는 측면에서 큰 차이가 있다. 미국을 중심으로 한 자유민주주의체제 국가들과 소련을 중심으로 한 공산주의체제 국가들 사이의 냉전이 종식된 후 국제화와 개방화는 세계적인 시장경쟁을 심화시켰고 4세대 병렬형 지식 융합 모형이 발생하는데 중요한 배경이 되었다. 1990년 동독과 서독이 통일되고 1991년 소련이 해체되면서 40년 넘게 지속됐던 냉전은 종식되었다. 냉전 종식 후 1990년대 전반기로 접어들면서 국제화와 개방화의 열기가 점점 더 가열되어 국내 시장과 세계 시장의 경계가 좁혀지는 계기가 되었다. 세계 각국에서 시장의 개방화와 글로벌화가 가속화됨에 따라 기술혁신을 통해 내수 시장뿐만 아니라 세계 시장에서도 경쟁력을 확보할 수 있는 제품 및 서비스 경쟁력의 중요성이 더욱 증가하게 되었다. 냉전시대 종식 후 시장의 글로벌화 및 개방화는 시장 경쟁의 심화로 연결되어 병렬형 지식 융합 모형의 발생의 주요 요인으로 작용하였다.

둘째, 4세대에는 정보 기술(IT)이 기업에 도입되면서 신제품을 신속하게 개발하여 시장에 빨리 출시하는 것이 기업의 경쟁력을 좌우하는 중요한 요인으로 자리를 잡았다(Rothwell, 1994). 1990년대에 접어들면서 비즈니스에 활발하게 활용되기 시작한 인터넷은 디지털 기술과 접목되어 온라인(online)에 기반한 새로운 시장을 창출하면서

IT가 기업의 경쟁우위 창출에 중요한 전략적인 무기로 부상하는 데에 결정적인 역할을 하였다(Aldrich, 1999; Rothwell, 1994). 아울러, 디지털 기술과 인터넷은 전세계에서 정보 공유의 시간과 장소의 제약을 허물어 시장의 글로벌화를 촉진시키고, 제품과 서비스에 대한 정보를 손쉽게 확인하고 공유하는 것이 가능해졌으며, 이에 따라 제품과 서비스에 대한 소비자의 욕구의 다양성이 심화되었다(Aldrich, 1999; Evans & Wurster, 1997; Evans & Wurster, 1999). 이러한 4세대의 IT 기반 온라인 경쟁과 온라인 시장의 태동은 기술혁신 경영전략의 측면에서 다음과 같은 3가지의 중요한 의미를 4세대의 기업에게 주는 것으로 분석된다.

첫째는 수익 원천의 다변화이다. 온라인 시장의 출현은 오프라인 방식의 기존 시장에 한정되어 있던 기업의 수익원이 새로운 형태인 온라인 시장의 출현으로 확대됨을 의미하였다(Aldrich, 1999). 1세대에서부터 2세대 및 3세대와 4세대로 접어들면서 오프라인 시장의 경쟁은 지속적으로 더욱 격화되는 양상을 보였다. 이러한 상황에서 온라인 시장의 출현은 깊어가는 가뭄에 단비와도 같은 것이었다.

둘째는 경쟁 무기의 변화이다. 인류의 전쟁 역사에서 총과 칼로만 전쟁을 하던 시기에 화살의 등장은 전쟁의 승패를 가르는 중요한 요인으로 작용하였다. 이 후 총과 대포는 화살의 기능을 능가하며 전쟁을 승리로 이끄는 중요한 전략적인 무기가 되었다. 이와 흡사하게 전화나 대면 방식으로 거래가 이루어지던 시장에서 인터넷을 통한 온라인 거래를 가능하게 하고 회사내에서의 커뮤니케이션도 온라인으로 가능하게 하는 IT는 기업의 경쟁우위 창출에 중요한 역할을 하는 전략적 무기로 작용하게 되었다(Aldrich, 1999; Evans & Wurster, 1997; Evans & Wurster, 1999; Rothwell, 1994). 그러므로 4세대 기업들은 앞을 다투어 IT 역량을 갖추기 위해 전략적인 투자와 노력의 경주가 필요하게 되었다.

셋째는 온라인에서 소비자들의 구매 관련 심리와 행동에 대한 정보와 지식 분석의 필요성이 급증했다는 사실이다. 온라인 시장에서 구매를 하는 소비자들의 행동은 오프라인 시장에서의 행동과 공통점도 있지만 상당한 차이점도 있을 수 있다(Díaz, Gómez & Molina, 2017). 따라서, 4세대에 온라인 시장에 진출하는 많은 기업들에게 IT에 대한 전략적 투자와 더불어 온라인 소비자들의 구매 관련 심리와 행동에 대한 정보 수집과 지식 학습의 중요성이 증대하였다.

7.2 4세대 병렬형 지식 융합 모형의 핵심 내용

병렬형 지식 융합 모형은 1~3세대의 기술적 지식 주도 모형, 시장 지식 주도 모형과 기술 및 시장 지식 융합 모형과는 세 가지 점에서 아래와 같이 다른 특성이 있다.

첫째, 4세대의 병렬형 지식 융합 모형은 3세대의 기술 및 시장 지식 융합 모형과 같이 시장 지식과 기술적 지식에 기반하고 있으나(Rothwell, 1994), 기업 내부의 기술개발을 위한 부서별 작업의 흐름이 기술 및 시장 지식 융합 모형과 큰 차이가 있다. <그림 7-1>과 같이 병렬형 지식 융합 모형에서는 성공적인 제품 및 서비스의 개발을 위해 연구개발부서, 생산부서, 유통부서가 기술혁신, 제품화 및 서비스화, 시장 공급과 판매에서 병렬적으로 함께 작업을 진행한다(Rothwell, 1992; Rothwell, 1994). 이러한 특징은 전술한 1세대 기술적 지식 주도 모형, 2세대 시장 지식 주도 모형, 3세대 기술 및 시장 지식 융합 모형과 현저히 다른 특성으로 볼 수 있다.

둘째, 병렬형 지식 융합 모형에서는 공급업체의 역할이 매우 중요하다. 병렬형 지식 융합 모형에서 공급업체의 위상은 단순한 외부 업체가 아니라, 기술혁신을 위한 핵심 협력 파트너이다(Rothwell, 1994). 공급 업체는 단순히 제조용 부품과 원자재만을 공급하는 것이 아니라 기술혁신과 제품화 및 서비스화에 참여하여 정보와 아이디어를 공유하는 중요한 역할을 한다. 반면, 1~3세대의 기술적 지식 주도 모형, 시장 지식 주도 모형과 기술 및 시장 지식 융합 모형에서는 공급업체가 기업의 기술혁신, 제품화 및 서비스화, 시장 공급과 판매에 참여하지 않는다(Rothwell, 1994).

셋째, 병렬형 지식 융합 모형은 긴밀한 커뮤니케이션과 협업에 기반한다. 예를 들어, 병렬형 지식 융합 모형에서는 기술개발

프로세스의 성공적인 진행을 위해 엔지니어들과 경영자들 간의 공동 그룹 회의가 진행된다(Rothwell, 1994).

병렬형 지식 융합 모형의 주요 내용을 본 학술서에서 정의한 기술혁신 경영전략 개념의 3가지 차원[경영 차원, 전략 차원, 신기술 연구개발(R&D) 차원]을 토대로 분석한 결과는 다음과 같다.

7.2.1 병렬형 지식 융합 모형의 경영차원의 핵심 내용

(1) 병렬형으로 융합된 지식에 기반한 이익 극대화 지향

병렬형 지식 융합 모형에서는 다음과 같은 2가지 차원의 지식이 병렬로 융합되어 이익 극대화에 기반이 된다(Afuah, 2003; Rothwell, 1994).

첫째, 기업의 각 부서 간의 병렬적 지식의 융합이다. 병렬형 지식 융합 모형에서는 연구개발부서, 생산부서, 유통부서가 모두 수평적인 위치에서 각 부서의 지식을 협업을 통해 공유하고 융합한다.

둘째, 공급업체와 기업간의 병렬적 지식의 융합이다. 병렬형 지식 융합 모형에서 공급업체는 기술혁신을 위한 기업의 핵심 파트너로서 기술혁신과 제품화 및 서비스화에 참여한다.

전술한 2가지 차원의 병렬적 지식의 융합에서 '병렬'이라는 단어는 '수평적인 위치에서 상호협력'이라는 의미로 해석 될 수 있다.

(2) 협력에 기반한 효율성과 효과성 중요

병렬형 지식 융합 모형에서는 협력에 기반하지 않을 경우 효율성과 효과성의 창출과 유지가 어렵다(Rothwell, 1994). 연구개발부서, 생산부서 및 유통부서가 서로 협력하지 않고 반목한다면 부서 간의 병렬적인 지식의 융합 자체가 불가능하여 기술혁신의 성공 확률은 낮아질 수밖에 없으며, 부서간 의견조정을 위해 많은 비용이 지출된다. 이와 동일한 맥락에서 공급업체의 협력이 없으면 병렬형 지식 융합 모형은 비효율적이며 비효과적일 수밖에 없다.

(3) 유연한 경영계획의 높은 중요도, 병렬형 조직화, 통합형 실행 및 통합형 관리 중심 통제

4세대 시장 환경의 국제화와 온라인 시장의 태동으로 인한 새로운 경쟁 구도의 전개에 순발력 있게 대응할 수 있는 유연한 경영계획이 병렬형 지식 융합 모형에서는 매우 중요하였다. 따라서, 병렬형 지식 융합 모형에서는 병렬형 조직화가 실행되었으며, 각 기능부서 및 공급업체와의 협력에 기반한 통합형 실행과 통합형 관리 중심 통제가 이루어졌다(Akhilesh, 2014; Nobelius, 2004; Rothwell, 1994).

7.2.2 병렬형 지식 융합 모형의 전략 차원의 핵심 내용

(1) 지피지기(知彼知己)의 상대적으로 높은 필요성

온라인 시장이라는 새로운 비즈니스 환경에서의 성공적인 경쟁을 위해서는 경쟁사들에 대한 정확한 분석이 있어야 한다(Aldrich, 1999; Evans, 1997). 이와 함께 자사의 온라인 시장에서의 새로운 경쟁우위 창출을 위한 분석의 필요성이 높아지면서 병렬형 지식 융합 모형에서의 지피지기(知彼知己)의 필요성이 1세대~3세대에 비해 상대적으로 높았다.

(2) 경쟁환경을 고려한 포지셔닝의 상대적으로 높은 필요성

4세대에 글로벌화와 개방화가 진행되면서 신기술개발을 통한 해외시장 진출 및 현지화 전략이 중요해지면서 병렬형 지식 융합 모형에서 경쟁환경을 고려한 포지셔닝의 필요성이 이전 세대들에 비해 높아졌다.

(3) 병렬형 지식의 융합에 기반한 차별화 또는 원가우위를 통한 경쟁우위 창출

4세대 병렬형 지식 융합 모형은 내부 기능 부서들 사이에 병렬적 지식 융합 협력뿐만 아니라 자사와 공급업체 사이에 병렬형 지식 융합을 통해 차별화와 원가우위를 창출하는 것을 지향한다(Afuah, 2003; Rothwell, 1994).

7.2.3 병렬형 지식 융합 모형의 신기술 연구개발(R&D) 차원의 핵심 내용

(1) 신속한 연구개발 지향

병렬형 지식 융합 모형은 신속한 연구개발을 지향한다(Rothwell, 1994). 여기서 '병렬'은 '동시에 함께 진행하는 협업'을 의미한다(Rothwell, 1994). 1~2세대의 기술적 지식 주도 모형과 시장 지식 주도 모형에서는 <그림 4-2>와 <그림 5-1>에서 볼 수 있는 바와 같이 연구개발부서, 생산부서, 유통부서에서 신기술 개발과 출시 관련 업무가 순차적으로 진행된다. 따라서, 앞의 부서에 업무 진행에 문제가 생길 경우 해당 부서의 문제가 해결될 때까지 신기술 개발과 출시 과정이 지연 될 수밖에 없다. 그러나 병렬형 지식 융합 모형에서는 여러 부서들이 동시에 함께 신기술 개발과 출시를 진행하며 협업을 통해 문제를 해결하기 때문에서 보다 더 신속한 연구개발을 지향할 수 있게 된다.

(2) 내부지식과 외부지식(공급업체 지식) 융합의 높은 필요성

병렬형 지식 융합 모형에서는 내부지식과 외부지식(공급업체 지식)의 융합을 통한 시너지 효과 창출이 필수적이다(Rothwell, 1994). 병렬형 지식 융합 모형에서 공급업체는 지식의 창출과 공유 측면에서 Porter(2008)이 5 forces model을 통해 제시한 공급업체와는 매우 다른 성격을 띈다. 병렬형 지식 융합 모형에서의 공급업체는 지식을 함께

그림 7-2 병렬형 지식 융합 모형의 핵심 내용

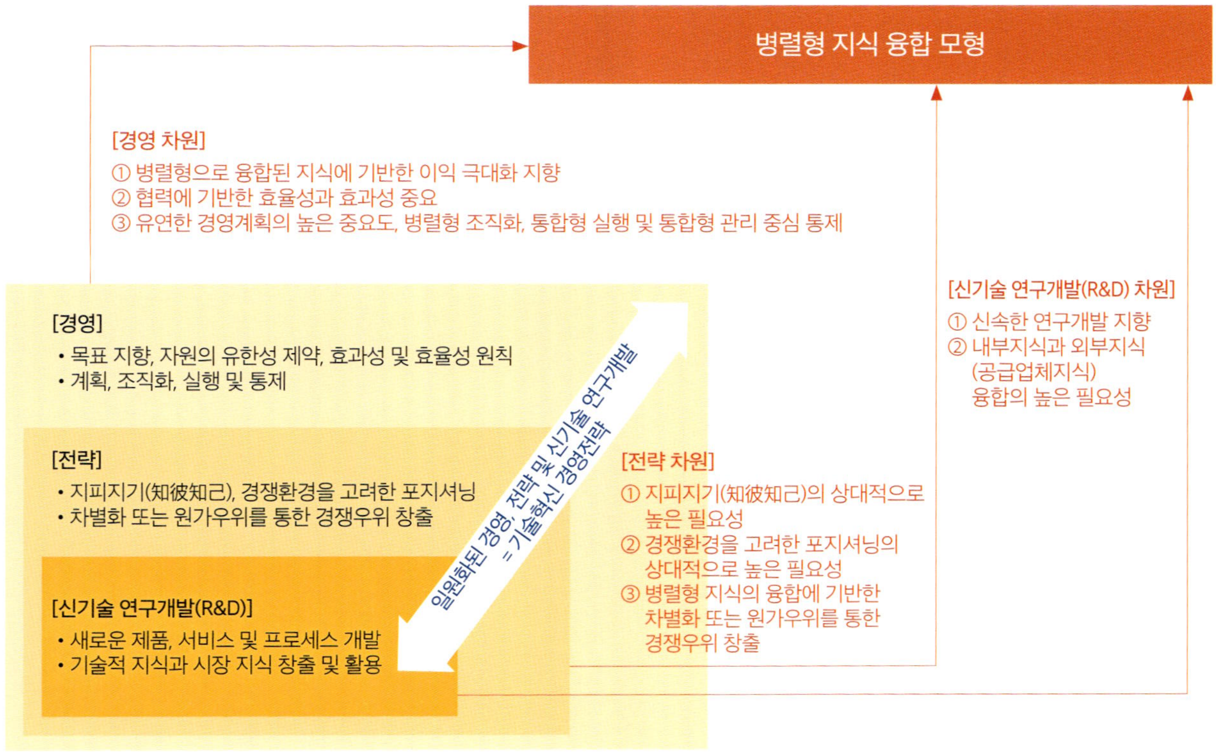

창출하고 공유하는 협력 파트너이다(Rothwell, 1994). 따라서, 병렬형 지식 융합 모형에서는 공급업체의 지식을 자사의 내부 지식과 융합하여 소화하는 것이 매우 중요하다.

본 학술서의 7.2절에서 살펴본 병렬형 융합 지식 모형의 핵심 내용을 요약하면 <그림 7-2>와 같다.

참고문헌

Afuah, A. (2003). Innovation management : Strategies, implementation, and profits, Oxford University Press.

Aldrich, D. F. (1999). Mastering the digital marketplace: Practical strategies for competitiveness in the new economy, Wiley & Sons.

Akhilesh, K. B. (2014). R&D management, Springer.

Díaz, A., Gómez, M., & Molina, A. (2017). A comparison of online and offline consumer behaviour: An empirical study on a cinema shopping context. Journal of Retailing and Consumer services,38, 44-50.

Evans, P., & Wurster, T. S. (1997). Strategy and the new economics of information. Harvard Business Review, 75(5), 70-82.

Evans, P., & Wurster, T. S. (1999). Blown to bits: How the new economics of information transforms strategy, Harvard Business School Press.

Graves, A. (1987), Comparative Trends in Automotive Research and Development, DRC Discussion Paper No. 54, 1-42, Science Policy Research Unit, Sussex University.

Nobelius, D. (2004). Towards the sixth generation of R&D management. International Journal of Project Management, 22(5), 369-375.

Porter, M. E. (2008). The five competitive forces that shape strategy. Harvard Business Review, 86(1), 25-40.

Rothwell, R. (1992). Successful industrial innovation: critical factors for the 1990s. R & D Management, 22(3), 221-240.

Rothwell, R. (1994). Towards the Fifth-generation Innovation Process. International Marketing Review, 11(1), 7-31.

8장 5세대 기술혁신 경영전략의 주요 대표 이론

8.1 5세대 연계형 지식 학습 모형의 발생 배경

5세대(1990년대 후반기~2000년대 전반기) 기술혁신 경영전략을 대표하는 주요 이론으로서 본 학술서의 분석 대상이 된 이론은 <그림 8-1>과 같은 'Systems Integration and Networking Model'(Rothwell, 1992; Rothwell, 1994)이다. 본 학술서에서는 'Systems Integration and Networking Model'에 대한 효과적인 이해를 위해 'Systems Integration and Networking Model'을 '연계형 지식 학습 모형'으로 의역(意譯)하였다.

연계형 지식 학습 모형의 발생 배경을 이해하기 위해서는 5세대에 해당하는 1990년대 후반기부터 2000년대 전반기까지의 환경에

그림 8-1 연계형 지식 학습 모형

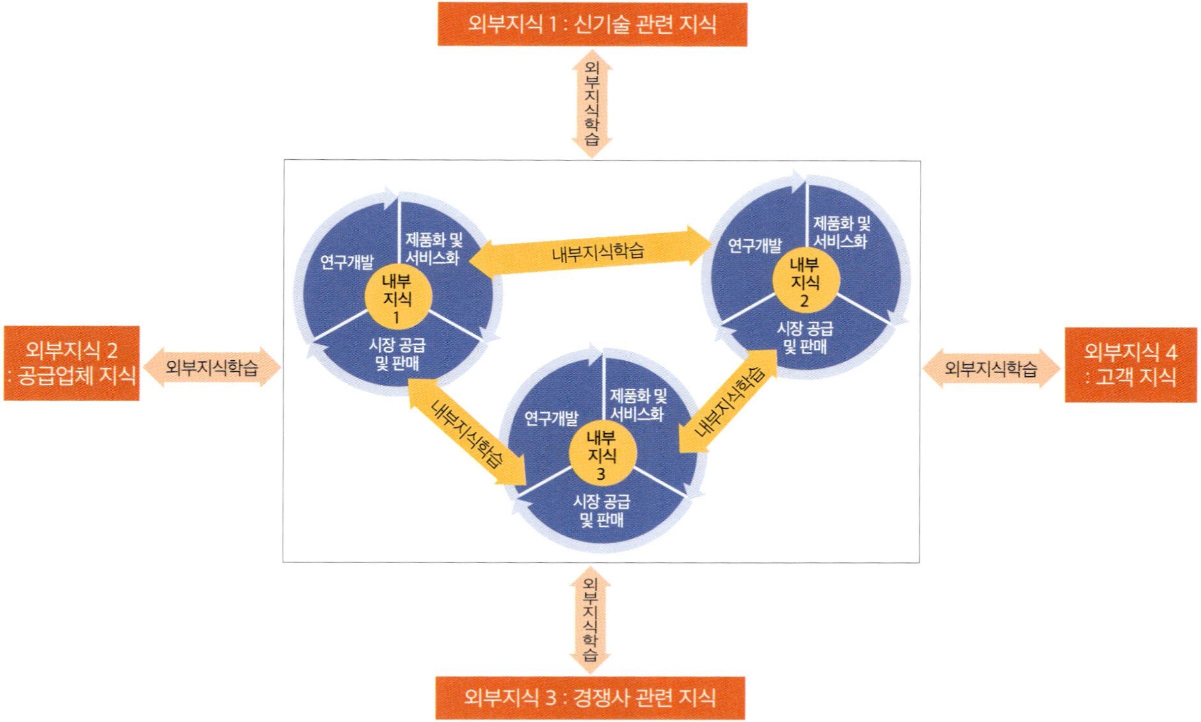

자료원 : Rothwell(1992, p. 236) 및 Rothwell(1994, p. 27) 수정 인용

대한 이해가 필요하다. 5세대의 시장 경기 악화와 경쟁 심화를 촉진시킨 아래와 같은 4가지 환경적 요인은 5세대 연계형 지식 학습 모형의 발생에 중요한 역할을 하였다.

첫째, 1997년 아시아 금융위기가 발생하면서 한국을 비롯한 아시아의 경제에 큰 영향을 주어 시장의 경기를 악화시키는 요인으로 작용하였다. 경제성장 측면에서, <그림 8-2>에서 볼 수 있는 바와 같이 1997년 5.18%에 달하던 한국의 1인당 경제성장률(GDP growth)은 1998년 (-)5.81%로 급락하였다. 같은 기간 홍콩의 1인당 경제성장률은 4.23%에서 (-)6.67%로 급락하였으며, 일본의 같은 기간 1인당 경제성장률은 0.74%에서 (-)1.54%로 감소하였다.

소비 측면에서의 아시아 금융위기의 영향을 <그림 8-3>을 통해 살펴보면, 아시아 금융위기는 소비 지출 증가에 큰 악영향을 미쳤다. 1997년 3.25%에 달하던 한국의 1인당 가계 및 NPISHs 최종 소비 지출 증가율은 1998년 (-)12.56%로 대폭 감소하였다. 같은 기간 홍콩의 1인당 가계 및 NPISHs 최종 소비 지출 증가율은 4.66%에서 (-)6.28%로 감소하였으며, 일본의 1인당 가계 및 NPISHs 최종 소비 지출 증가율은 0.32%에서 (-)0.92%로 감소하였다.

둘째, 소비의 기반을 형성하는 주요 요소 중 하나인 인구를 <그림 8-4>를 통해 살펴보면, 5세대의 출산율은 지속적인 감소세를 나타냈다. 1995년 23.4명에 달하던 전세계 조출산율은 2000년 21.7로 감소했으며 2004년에는 20.7에 이르렀다. 세계 인구증가의

그림 8-2 한국, 홍콩, 일본 1인당 경제성장률 (GDP growth, %) 추세

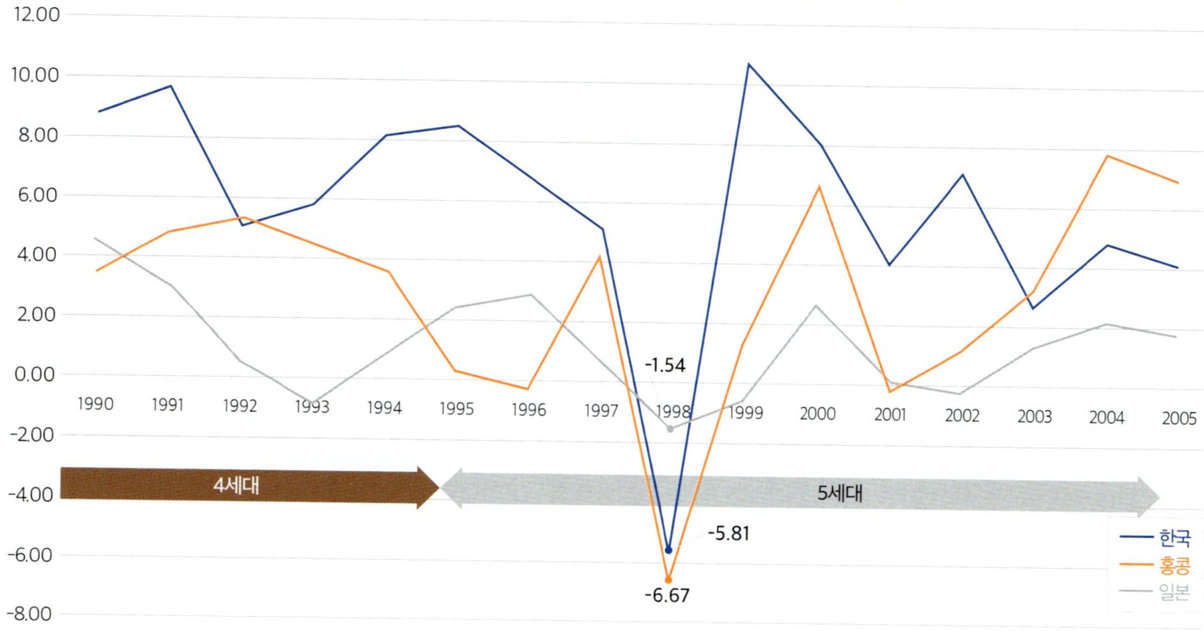

자료원 : (1) 2차 저작물에 대한 license 표기: Creative Commons(CC) license를 적용 안함, (2) 원저작물의 제목: GDP per capita growth (annual %), (3) 원저작자: The World Bank, (4) 원저작물의 출처 링크: https://data.worldbank.org/indicator/NY.GDP.PCAP.KD.ZG, 2022.07.15 접속, (5) 원저작물에 적용된 CC license: CC BY-4.0, (6) 변경된 사항 표시: 원저작물(data)의 제목을 분석 대상 변수에 맞게 한국어로 의역(意譯) 하였으며, 원저작물(data)의 일부를 그래프로 시각화하고 그래프에 화살표를 추가하여 2차 저작물을 생성함.

그림 8-3 한국, 홍콩, 일본 1인당 가계 및 NPISHs* 최종 소비 지출 증가율(%) 추세

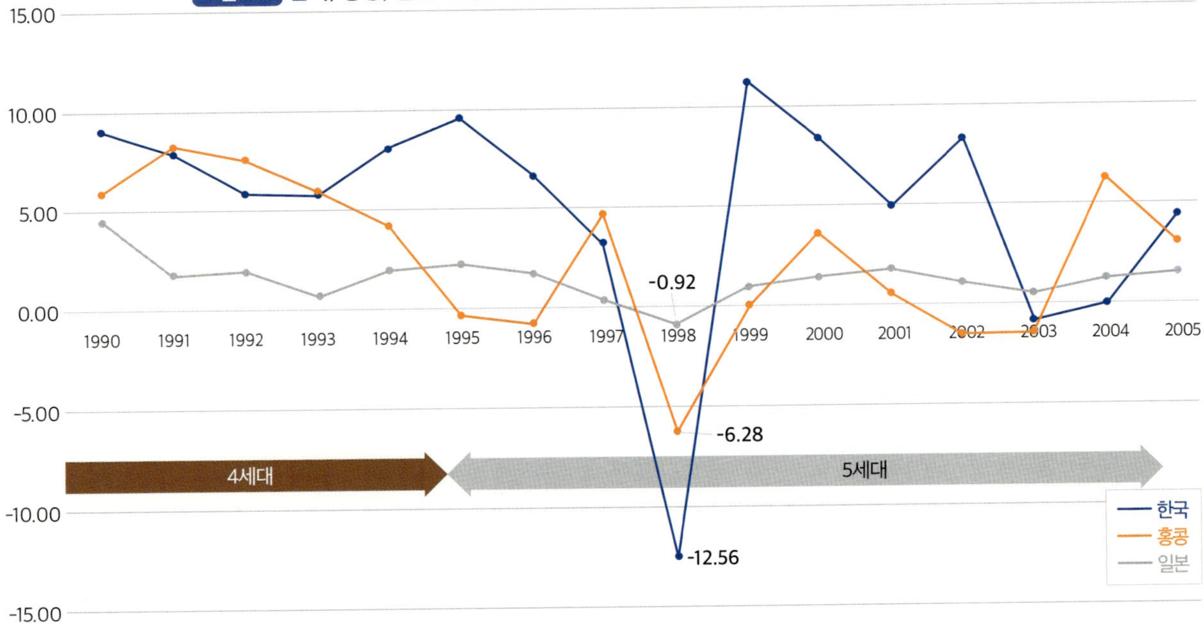

* Non-Profit Institutions Serving Households

자료원 : (1) 2차 저작물에 대한 license 표기: Creative Commons(CC) license를 적용 안함, (2) 원저작물의 제목: Households and NPISHs Final consumption expenditure per capita growth (annual %), (3) 원저작자: The World Bank, (4) 원저작물의 출처 링크: https://data.worldbank.org/indicator/NE.CON.PRVT.PC.KD.ZG, 2022.07.06 접속, (5) 원저작물에 적용된 CC license: CC BY-4.0, (6) 변경된 사항 표시: 원저작물(data)의 제목을 분석 대상 변수에 맞게 한국어로 의역(意譯) 하였으며, 원저작물(data)의 일부를 그래프로 시각화하고 그래프에 화살표를 추가하여 2차 저작물을 생성함.

그림 8-4 전세계 및 중국 조출산율(1000명 기준) 추세

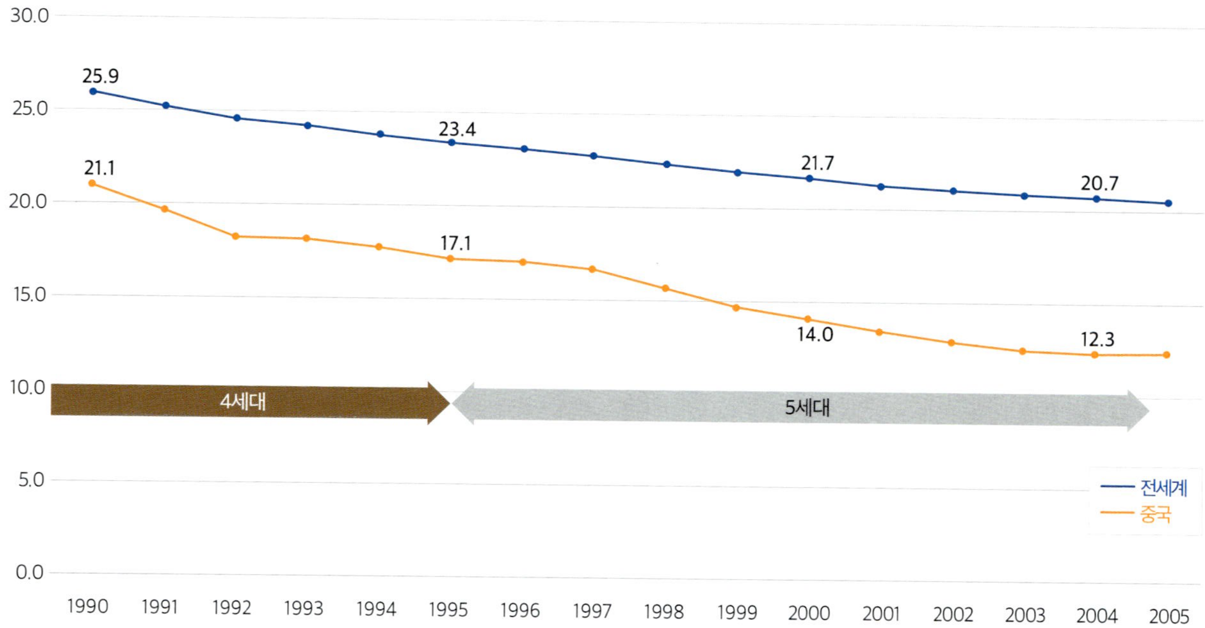

자료원 : (1) 2차 저작물에 대한 license 표기: Creative Commons(CC) license를 적용 안함, (2) 원저작물의 제목;, Birth rate, crude (per 1,000 people), (3) 원저작자: The World Bank, (4) 원저작물의 출처 링크: https://data.worldbank.org/indicator/SP.DYN.CBRT.IN?locations=CN-1W, 2022.07.07 접속, (5) 원저작물에 적용된 CC license: CC BY-4.0, (6) 변경된 사항 표시: 원저작물(data)의 제목을 분석 대상 변수에 맞게 한국어로 의역(意譯) 하였으며, 원저작물(data)의 일부를 그래프로 시각화하고 그래프에 화살표를 추가하여 2차 저작물을 생성함.

견인차 역할을 하는 중국의 조출산율은 1995년 17.1에서 2000년 14로 급감하였으며, 2004년 12.3으로 감소하였다.

셋째, 국제화 및 지역주의 심화는 5세대의 경쟁 심화를 촉진시켰다. 1995년 1월 세계무역기구(WTO)가 공식 출범하면서 세계 경제의 글로벌화가 더욱 가속화되었다. 또한, 1999년 유럽 국가들이 유로화를 도입하면서 경제블록화가 강화되고 지역주의가 더욱 가속화되었다. 국제화와 지역주의가 가속화되면서 5세대의 기업들이 시장 경쟁에서 생존 및 발전하기 위해서는 기술혁신을 통한 제품 및 서비스의 경쟁력 향상과 함께 시장 환경 분석과 경쟁자 분석이 특히 중요해졌으며, 효과적이며 효율적인 기술혁신 경영전략의 수립과 실행의 중요성이 더욱 급증하게 되었다.

넷째, 5세대에는 온라인 시장을 둘러싼 경쟁이 고도화되면서 시장 경쟁이 더욱 치열해지게 되는 주요 요인으로 작용하였다. 5세대에는 전자상거래 시장이 활성화되면서 ebay, Yahoo, Amazon을 비롯한 다양한 기업들이 온라인 시장을 둘러싸고 경쟁을 치열하게 전개했다. 이러한 온라인 시장 경쟁은 5세대의 시장 경쟁의 양상과 방법을 더욱 고도화하고 다양화하는 중요한 요인으로 작용하였다.

8.2 5세대 연계형 지식 학습 모형의 핵심 내용

5세대의 시장 경기 악화와 경쟁 심화 속에서 기술혁신 경영전략을 수행하는 기업이 경쟁우위를 창출하고 유지하기 위해서는 지식의 다양성과 깊이가 매우 중요하였다. 따라서 5세대의 연계형 지식 학습 모형은 다양한 지식을 깊이 있게 배우기 위한 지식 학습에 초점이 맞추어져 있다(Rothwell, 1994).

연계형 지식 학습 모형은 다음과 같은 2가지 유형의 학습을 양대 축으로 하고 있다(Rothwell, 1994).

첫번째 축은 내부지식학습이다. 내부지식학습은 연구개발, 제품화 및 서비스화, 시장 공급과 판매 과정에서 생성되는 기업 내부의 지식을 공유하고 발전시키기 위한 것이다. 두 번째 축은 외부지식학습이다. 외부지식학습은 공급업체, 경쟁사, 고객과의 협력을 통한 지식 학습뿐만 아니라 외부의 다양한 지식을 기업 내부로 연계하기 위한 지식 학습을 말한다.

연계형 지식 학습 모형의 주요 내용을 본 학술서가 정의한 기술혁신 경영전략의 개념[경영 차원, 전략 차원, 신기술 연구개발(R&D) 차원]을 통해 살펴보면 다음과 같다.

8.2.1 연계형 지식 학습 모형의 경영 차원의 핵심 내용

(1) 연계형 학습에 기반한 이익 극대화 지향

기술혁신 경영전략 측면에서 학습은 없어서는 안될 중요한 요소이다. 학습은 기술혁신 경영전략의 성공에 필요한 지식과 정보를 다양한 방법으로 알아가는 과정이다. 이런 학습의 결과물이 바로 새로운 제품과 서비스이다. 연계형 지식 학습 모형은 내부지식뿐만 아니라 외부 지식 연계형 학습의 결과물로 산출되는 제품과 서비스에 기반한 이익 극대화를 지향하는 모형이다(Afuah, 2003; Rothwell, 1994). 즉, 연계형 지식 학습 모형은 다양한 내부와 외부의 지식을 배우고 연계하는 학습이 성공적인 기술개발을 이룰 수 있는 주요 원천이며, 이익 극대화를 위한 경쟁우위의 토대가 된다는 사고에 기반하고 있다.

(2) 학습에 기반한 효율성과 효과성 중요

연계형 지식 학습 모형에서는 기업 내부와 외부의 학습이 없이는 효율적이며 효과적인 기술개발을 수행할 수 없다(Rothwell, 1994). 지식 학습에는 유무형의 많은 비용과 시간이 소요된다(Von Krogh, Ichijo, & Nonaka, 2000). 예를 들어, 지식의 종류 중 하나인 '노하우(know-how)'를 기업 내에 축적하기 위해서는 기술혁신과 관련된 다양한 데이터와 정보뿐만 아니라 시행착오를 통한 학습이 필요하다(Nanaka & Takeuchi, 1995). 따라서, 연계형 지식 학습 모형에서는 학습에 기반한 효율성과 효과성이 매우 중요하다.

(3) 유연한 경영계획의 높은 중요도, 학습형 조직화, 네트워킹 중심의 실행 및 네트워킹 관리 중심 통제

아시아의 금융위기, 출산율 감소, WTO 출범 및 유로화 도입, 온라인 시장경쟁 고도화로 인한 시장 경기 악화와 경쟁 심화에 효과적으로 대응하기 위해 연계형 지식 학습 모형에서는 유연한 경영계획의 수립과 실행이 매우 중요했다. 아울러, 연계형 지식 학습 모형에서는 내부 및 외부의 지식학습을 지원하기 위한 학습형 조직화가 필요하였으며, 이를 지원 및 통제하기 위한 내외부 네트워킹 중심의 실행과 네트워킹 관리 중심의 통제가 실시되었다(Rothwell, 1994).

8.2.2 연계형 지식 학습 모형의 전략 차원의 핵심 내용

(1) 지피지기(知彼知己)의 상대적으로 높은 필요성

연계형 지식 학습 모형에서는 내부의 부족한 지식을 파악하기 위한 지기(知己)와 외부 지식 학습 파트너의 지식 수준을 파악하기 위한 지피(知彼)가 필수적이다. 경쟁사, 공급업체, 고객을 비롯한 외부 지식 학습 파트너의 선정 시에 지식 수준이 과대 또는 과소평가 될 경우 연계형 지식 학습 모형의 유효성은 감소될 수밖에 없다. 따라서, 연계형 지식 학습 모형에서 지피지기(知彼知己)의 필요성은 이전 세대에 비해 상대적으로 더욱 높아졌다.

(2) 경쟁환경을 고려한 포지셔닝의 상대적으로 높은 필요성

WTO 출범 및 유럽 화폐 통합과 같이 국제화와 함께 경제블록화를 통한 지역주의가 가속화되는 환경은 연계형 지식 학습 모형에서 경쟁환경을 고려한 포지셔닝의 필요성을 증대시켰다. 5세대의 기업에게는 4세대의 기업들과 같이 국제 시장에서도 성공할 수 있는 제품 및 서비스의 경쟁력과 함께 경제블록화 현상을 고려한 전략적인 포지셔닝의 필요성이 이전 세대에 비해 상대적으로 매우 높아졌다.

(3) 연계형 지식 학습에 기반한 차별화 또는 원가우위를 통한 경쟁우위 창출

연계형 지식 학습 모형에서는 학습이 경쟁우위 창출의 핵심적인 요소이다(Rothwell, 1994). <그림 8-1>과 같이 연계형 지식 학습 모형에서는 공급업체 지식 및 고객 지식을 비롯한 다양한 외부 지식에 대한 외부 학습뿐만 아니라 연구개발, 제품화 및 서비스화, 시장 공급 및 판매와 관련한 내부지식학습이 중요하다. 즉, 연계형 지식 학습 모형은 내부와 외부의 지식 학습을 통해 고도화되는 지식에 기반하여 차별화 또는 원가우위 창출을 지향한다(Afuah, 2003; Rothwell, 1992; Rothwell, 1994).

8.2.3 연계형 지식 학습 모형의 신기술 연구개발(R&D) 차원의 핵심 내용

(1) 학습 협력형 연구개발 지향

연계형 지식 학습 모형은 내부 기능 부서들간, 기술 연구개발 프로젝트들간, 그리고 외부의 소비자, 공급업체, 투자사 및 협력사들과의 지식 학습 협력형 연구개발을 지향한다(Rothwell, 1994). 특히, 이러한 외부지식학습의 다양화는 5세대의 연계형 지식 학습 모형이 4세대의 병렬형 지식 융합 모형과 차별화되는 중요한 특성 중 하나이다.

(2) 학습을 통한 시장 지식과 기술적 지식 고도화의 높은 필요성

연계형 지식 학습 모형에서는 궁극적으로 학습을 통한 시장 지식과 기술적 지식의 고도화가 필요하다(Rothwell, 1992; Rothwell, 1994). 즉, 다양하고 깊이 있는 내부 및 외부 지식을 학습하는 것이 기술 및 시장 지식 고도화의 초석이 된다는 생각이 연계형 지식 학습 모형의 기반이다.

본 학술서의 8.2절에서 살펴본 연계형 지식 학습 모형의 핵심 내용을 요약하면 <그림 8-5>와 같다.

그림 8-5 연계형 지식 학습 모형의 핵심 내용

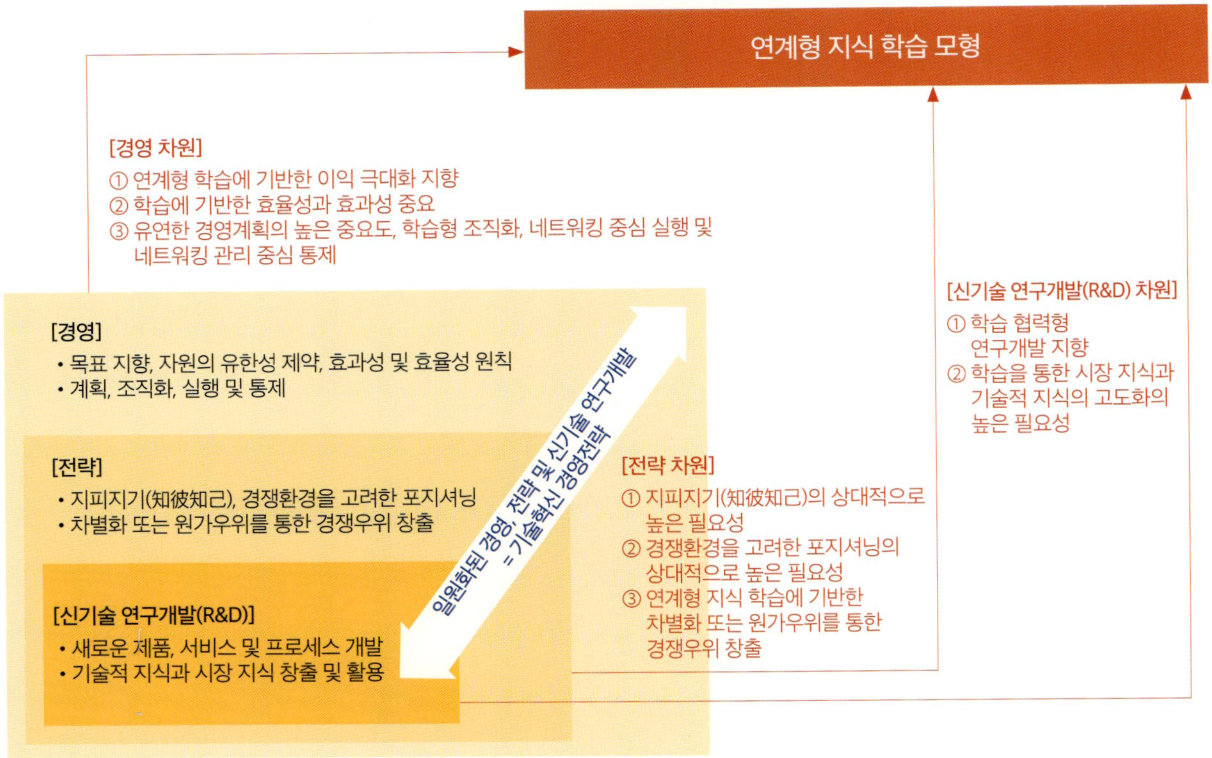

ㅣ참고문헌

Afuah, A. (2003). Innovation management : Strategies, implementation, and profits, Oxford University Press.

Nonaka, I., & Takeuchi, H. (1995). The knowledge-creating company: How Japanese companies create and the dynamics of innovation, Oxford University Press.

Rothwell, R. (1992). Successful industrial innovation: critical factors for the 1990s. R & D Management, 22(3), 221-240.

Rothwell, R. (1994). Towards the Fifth-generation Innovation Process. International Marketing Review, 11(1), 7-31.

Von Krogh, G., Ichijo, K., & Nonaka, I. (2000). Enabling knoweldge creation - how to ublock the mystery of tacit knowledge and release the power innovation, Oxford University Press.

9장

6세대 기술혁신 경영전략의 주요 대표 이론

9.1 6세대 개방형 기술혁신 지식네트워크 모형의 발생 배경

6세대(2000년대 후반기~2010년대 전반기) 기술혁신 경영전략 이론을 대표하는 주요 이론으로서 본 학술서의 분석 대상이 되는 이론은 <그림 9-1>과 같은 'Open Innovation Model'(Chesbrough, 2003; Chesbrough, 2006)이다. 본 학술서에서는 'Open Innovation Model'에 대한 효과적인 이해를 위해 'Open Innovation Model'을 '개방형 기술혁신 지식네트워크 모형'으로 의역(意譯)하여 사용하였다.

개방형 기술혁신 지식네트워크 모형의 발생 배경을 이해하기 위해서는 2000년대 후반기부터 2010년대 전반기인 6세대의 환경에 대한 이해가 필요하다.

그림 9-1 폐쇄형 vs. 개방형 기술혁신 지식네트워크 모형

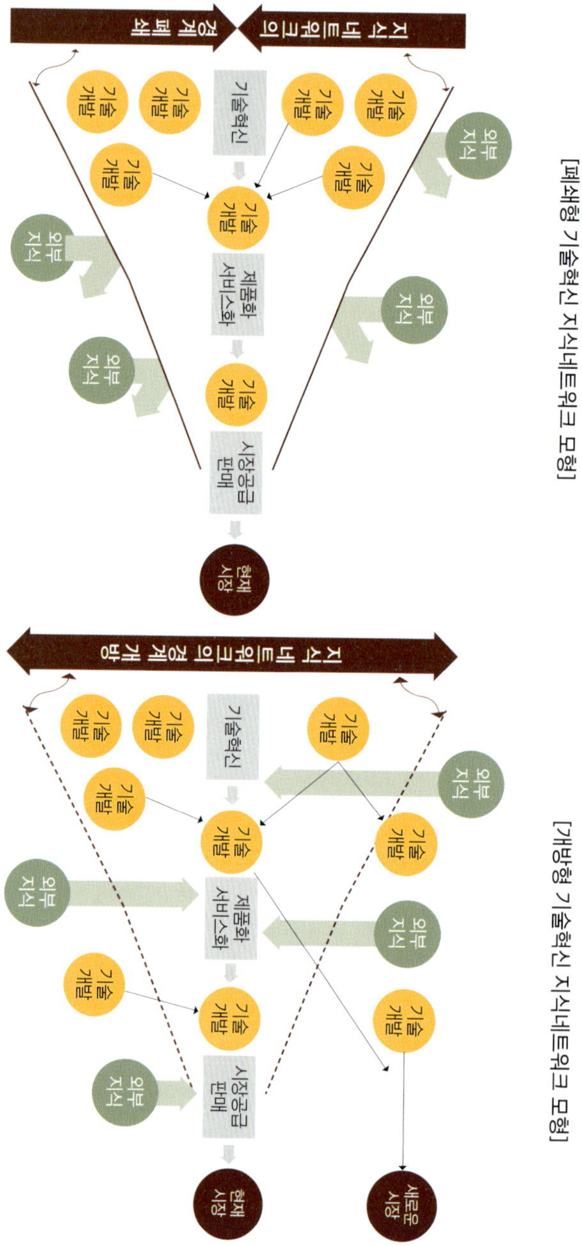

자료원 : Chesbrough (2006, p. xxv, p.xxii) 수정 인용

세계 금융위기로 인한 시장 경기 악화 및 스마트폰 사용 확산으로 가속화된 시장 경쟁의 고도화는 6세대에 기술 연구개발의 효과성 제고의 필요성을 증대시켰다. 이는 개방형 기술혁신 지식네트워크 모형 발생에 다음과 같이 중요한 환경적 요인으로 작용하였다.

첫째, 6세대에 발생한 세계 금융위기는 시장 경기에 큰 악영향을 미쳤다. 2007년 미국의 부동산 버블과 함께 서프라임 모기지 사태가 발생하였다. 2008년 Lehman Brothers(社)가 파산 신청을 하면서 세계 경제는 큰 금융위기를 겪게 되었다. 이러한 세계 금융위기의 부정적 파급효과는 전세계 시장 경제 시스템에 큰 악영향을 주었다.

세계 금융위기가 미국경제를 급속히 위축시키면서 미국과 교역량이 많은 국가들이 큰 타격을 받았다. 미국의 주식시장에서 주가가 폭락하면서 전세계 주식시장도 큰 충격을 받았다. 이러한 금융위기는 6세대 실물경제의 생산과 소비에 악영향을 미쳤다. 세계 금융위기로 인한 악영향을 살펴보면 다음과 같다.

먼저, <그림 9-2>와 같이 경제성장률 측면에서, 2006년 3.19%에 달하던 전세계 1인당 경제성장률(GDP growth)은 2009년 (-)2.52%로 급격히 감소하였으며, 같은 기간 미국의 경우 1인당 경제성장률(GDP growth)은 1.8%에서 (-)3.45%로 감소하였다.

세계 금융위기는 소비 측면에서도 세계 경제에 매우 큰 악영향을 미쳤다. <그림 9-3>와 같이 2006년 2.27%에 달하던 전세계 1인당 가계 및 NPISHs 최종 소비 지출 증가율은 2009년 (-)1.27%로 크게

그림 9-2 전세계 및 미국의 1인당 경제성장률 (GDP growth, %) 추세

자료원 : (1) 2차 저작물에 대한 license 표기: Creative Commons(CC) license를 적용 안함, (2) 원저작물의 제목: GDP per capita growth (annual %), (3) 원저작자: The World Bank, (4) 원저작물의 출처 링크: https://data.worldbank.org/indicator/NY.GDP.PCAP.KD.ZG, 2022.07.15 접속, (5) 원저작물에 적용된 CC license: CC BY-4.0, (6) 변경된 사항 표시: 원저작물(data)의 제목을 분석 대상 변수에 맞게 한국어로 의역(意譯) 하였으며, 원저작물(data)의 일부를 그래프로 시각화하고 그래프에 화살표를 추가하여 2차 저작물을 생성함.

그림 9-3 전세계 및 미국의 1인당 가계 및 NPISHs* 최종 소비 지출 증가율(%) 추세

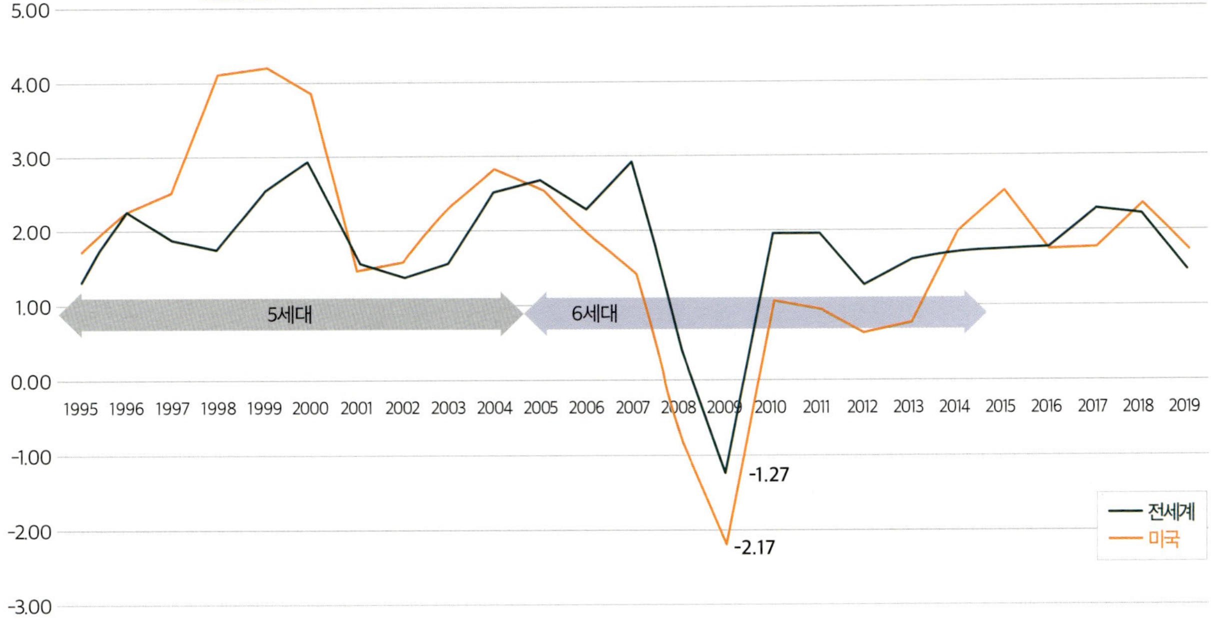

* Non-Profit Institutions Serving Households

자료원 : (1) 2차 저작물에 대한 license 표기: Creative Commons(CC) license를 적용 안함, (2) 원저작물의 제목: Households and NPISHs Final consumption expenditure per capita growth (annual %), (3) 원저작자: The World Bank, (4) 원저작물의 출처 링크: https://data.worldbank.org/indicator/NE.CON.PRVT.PC.KD.ZG, 2022.07.06 접속, (5) 원저작물에 적용된 CC license: CC BY-4.0, (6) 변경된 사항 표시: 원저작물(data)의 제목을 분석 대상 변수에 맞게 한국어로 의역(意譯) 하였으며, 원저작물(data)의 일부를 그래프로 시각화하고 그래프에 화살표를 추가하여 2차 저작물을 생성함.

감소하였으며, 같은 기간 미국의 1인당 가계 및 NPISHs 최종 소비지출 증가율은 1.91%에서 (-)2.17%로 대폭 감소하였다.

세계금융위기로 인한 시장 경기 악화는 신기술개발을 위한 R&D 투자 심리를 위축시킬 뿐만 아니라 소비자들의 소비 심리 또한 위축시켜 기술개발을 추진하는 기업의 입장에서는 이중고를 겪을 수밖에 없었다.

둘째, 2007년 Apple(社)의 아이폰이 출시되고 앱을 활용하는 스마트폰의 사용이 전세계적으로 확산되면서 6세대의 시장 환경은 5세대와 상당히 다른 특성을 띄게 되었다. 사람들은 스마트폰 앱을 통해 정보 공유와 금융 업무뿐만이 아니라, 여행 및 영화 예약까지 할 수 있게 되면서 스마트폰이 인간의 일상 생활 속으로 급속하게 확산되었다. 이와 함께 6세대에는 스마트폰 시장을 둘러싼 새로운 제품 및 서비스 경쟁이 격화되면서, 스마트폰을 통해 제품 및 서비스 관련 정보가 빠르게 유통되어 소비자 욕구의 변화가 더욱 가속화되었다. 이러한 환경 아래 6세대에서는 기술 연구개발의 효과성을 높이기 위해 필요한 지식의 다양성과 깊이의 증대가 더욱 더 필요해졌다. 그 결과, 6세대에서는 기술혁신에 필요한 지식을 기업의 내부에서만 찾는 폐쇄적인 접근법이 아니라 자사의 지식네트워크를 개방하여 기업 내부의 지식뿐만이 아니라 기업 외부의 지식도 전략적으로 사용하는 개방형 기술혁신 지식네트워크 모형이 급부상하게 되었다.

9.2 6세대 개방형 기술혁신 지식네트워크 모형의 핵심 내용

개방형 기술혁신 지식네트워크 모형은 전술한 1~5세대의 기술혁신 경영전략의 주요 대표 이론들과 '개방성' 이라는 부분에서 큰 차이가 있다. <그림 9-1>과 같이 '개방'을 통한 기업의 지식네트워크의 확장이 개방형 기술혁신 지식네트워크 모형의 핵심 사상이다 (Chesbrough, 2003; 2006). 반면, 전술한 1~5세대의 기술혁신 경영전략 주요 대표 이론들은 자사의 기술혁신 지식네트워크의 개방을 전제로 하지 않는다.

기술혁신을 추진하는 기업은 외부에 있는 다양한 지식의 원천을 활용할 수 있다. 예를 들어 대학, 국책연구소, 민간연구소, 소비자, 컨설팅 기업, 협력 기업, 공급 업체뿐만 아니라 다양한 형태의 외부 지식 원천은 기업 내부에서 충족할 수 없는 기술혁신에 필요한 다양한 지식들을 기업에게 제공할 수 있다(Chesbrough, 2007; Enkel, Gassmann, & Chesbrough, 2009). 개방형 기술혁신 지식네트워크 모형은 이러한 외부 지식 원천의 유용한 지식을 기업 내부의 지식과 함께 기술혁신에 전략적으로 활용하는 것이다(Chesbrough, 2003). 따라서, 이는 결과적으로 개방을 통해 기업의 지식네트워크가 확장되는 것을 의미한다(Chesbrough, 2006; Chesbrough, 2007).

개방형 기술혁신 지식네트워크 모형은 <그림 9-1>과 같이 폐쇄형 기술혁신 지식네트워크와 상반되는 특징을 가지고 있다

(Chesbrough, 2006). 폐쇄형 혁신을 추진하는 기업의 경우에는 기술혁신을 위해 사용할 수 있는 지식이 기업 내부로 제한될 수밖에 없다(Chesbrough, 2006). 따라서, 기술혁신, 연구개발, 제품화 및 서비스화, 시장 공급과 판매에 필요한 지식의 깊이와 폭 또한 기업 내부로 한정된다. 그러나 <그림 9-1>과 같이 기업의 지식네트워크의 경계를 개방하여 외부의 다양한 지식을 기술개발에 적극 활용할 경우 기업의 지식네트워크는 확장된다(Chesbrough, 2006). 그리고 이를 통해 기술개발, 제품화 및 서비스화, 그리고 시장 공급과 판매에 필요한 지식의 다양성과 깊이를 증대시킬 수 있다(Chesbrough, 2006).

개방형 기술혁신 지식네트워크 모형의 주요 내용을 본 학술서에서 정의한 기술혁신 경영전략의 3가지 차원[경영 차원, 전략 차원, 신기술 연구개발(R&D) 차원]을 기준으로 분석한 결과는 다음과 같다.

9.2.1 개방형 기술혁신 지식네트워크 모형의 경영 차원의 핵심 내용

(1) 지식 네트워크의 개방을 통한 이익 극대화 지향

개방형 기술혁신 지식네트워크 모형은 기업의 지식 네트워크가 개방될 때 기술혁신의 유효성이 증가한다는 것을 전제로 한다(Chesbrough, 2006). 따라서, 개방형 기술혁신 지식 네트워크 모형은 지식네트워크의 개방을 통한 이익 극대화를 지향한다(Afuah, 2003; Huston & Sakkab;

2006). 이는 실무적인 차원에서 기업에게 큰 의미를 갖으며, 단순히 '개방'만을 강조하는 것이 아니고 비용 측면의 고려도 필요한 개념이다. 기업의 이익을 극대화하기 위해서는 자원 제약 조건하에서 수익의 최대화와 비용의 최소화가 필요하다(Nilcolson, 2005). 실무적인 차원에서 지식네트워크의 개방은 기술혁신의 유효성만을 증대시키는 것이 아니라, 유무형의 다양한 비용도 발생시킬 수 있다(Pisano & Verganti, 2008). 예를 들어, 외부의 지식원천으로부터 흡수된 지식과 내부의 지식이 충돌할 때는 이를 조정하기 위한 상당한 비용이 야기될 수 있다. 따라서, 개방형 기술혁신 지식네트워크 모형은 지식 네트워크의 개방으로 발생하는 비용을 충분히 뛰어 넘는 우수한 기술혁신 성과를 지향하는 모형으로 이해할 필요가 있다.

(2) 내외부 지식의 조화에 기반한 효율성과 효과성 중요

개방형 기술혁신 지식네트워크 모형의 경우 혁신에 필요한 기업 외부 지식과 기업 내부 지식 사이에 조화가 없으면 효과적이며 효율적인 기술개발을 수행하기 어렵다(Chesbrough, 2006; Pisano & Verganti, 2008). 여기서 조화란 다음과 같은 2가지 개념으로 해석될 수 있다(Pisano & Verganti, 2008; Spithoven, Clarysse & Knockaert, 2010).

첫째, 비용이 최소화되는 지식 융합의 개념이다. 외부 지식과 내부 지식이 융합될 때 너무 큰 비용이 발생한다면 개방형 기술혁신 지식네트워크 모형의 유용성이 떨어질 수밖에 없다. 그러므로 내외부 지식의 조화란 비용이 최소로 수반되는 지식 융합의 개념을 의미한다.

둘째, 외부 지식과 내부 지식 간에 양(+)의 시너지가 발생하는 결합을 의미한다. 외부 지식과 내부 지식의 결합은 음(-)의 시너지 효과를 만들 수 있는데, 이는 기술혁신의 실패를 의미한다. 따라서, 지식 융합 비용의 최소화뿐만 아니라 내외부 지식의 조화란 외부 지식과 내부 지식의 결합 시 양(+)의 시너지를 발생할 수 있을 때 이루어진다.

(3) 순발력 있는 경영계획의 높은 중요도, 개방형 조직화, 네트워킹 중심의 실행 및 네트워크 관리 중심 통제

세계 금융위기로 인한 시장 경기 악화와 스마트폰 확산, 소비자 욕구의 빠른 변화로 인한 시장 경쟁 고도화에 성공적으로 대응하기 위해 개방형 기술혁신 지식네트워크 모형에서는 순발력 있는 경영계획이 중요했다. 또한, 개방형 기술혁신을 지원하기 위한 개방형 조직화와, 네트워킹 중심의 실행 및 네트워크 관리 중심 통제가 중요하다(Chesbrough, 2003; Chesbrough, 2006; Chesbrough, 2007; Pisano & Verganti, 2008).

9.2.2 개방형 기술혁신 지식네트워크 모형의 전략 차원의 핵심 내용

(1) 지피지기(知彼知己)의 높은 필요성

지식네트워크의 개방이 성공적으로 이루어지기 위해서는 자사의 내부에서 부족하고 필요한 지식이 무엇인지를 먼저 파악하고, 필요한 지식의 우선순위를 정하기 위한 지기(知己)가 필수적이다(Huston & Sakkab, 2006). 이와 함께 자사가 필요로 하는 지식을 보유하고 있는 외부 지식의 원천은 어디에 소재하고 있으며, 이런 외부 지식의 원천으로부터 지식을 얻는데 어떤 종류의 비용이 얼마나 발생하는 지를 정확하게 파악하기 위한 지피(知彼)가 필요하다(Spithoven, Clarysse & Knockaert, 2010). 따라서, 개방형 기술혁신 지식네트워크 모형에서 지피지기(知彼知己)의 필요성이 높다.

(2) 경쟁환경을 고려한 포지셔닝의 높은 필요성

6세대의 세계 금융위기와 같은 급격한 환경변화와 심화되는 시장 경쟁 속에서 다양한 외부 지식을 활용한 기술개발을 성공적으로 추진하기 위해 개방형 기술혁신 지식네트워크 모형에서는 경쟁환경을 고려한 포지셔닝의 필요성이 매우 높았다. 예를 들어, 6세대의 스마트폰 시장을 둘러싸고 스마트폰의 색상과 디자인을 비롯한 하드웨어뿐만이 아니라, 스마트폰의 앱과 관련된 소프트웨어 경쟁 또한 치열하게 전개되었다. 따라서, 개방형 기술혁신 지식네트워크 모형에서 경쟁환경을 고려한 포지셔닝의 필요성이 매우 높았다.

(3) 지식네트워크의 개방에 기반한 차별화 또는 원가우위를 통한 경쟁우위 창출

개방형 기술혁신 지식네트워크 모형은 1세대의 기술적 지식 주도 모형 및 2세대의 시장 지식 주도 모형과는 경쟁우위 창출에 대한 관점이 근본적으로 다르다. 전술한 바와 같이 기술적 지식 주도 모형과 시장 지식 주도 모형은 자사의 폐쇄형 지식네트워크가 차별화 또는 원가우위 창출에 유용한 것으로 보고 있으나, 개방형 기술혁신 지식네트워크 모형은 반대로 지식네트워크의 개방이 차별화 또는 원가우위 창출에 효과적이라는 관점을 가지고 있다(Chesbrough, 2006).

9.2.3 개방형 기술혁신 지식네트워크 모형의 신기술 연구개발(R&D) 차원의 핵심 내용

(1) 개방형 연구개발 지향

개방형 기술혁신 지식네트워크 모형은 개방형 연구개발을 지향한다(Gassman & Chesbrough, 2009). 이 모형에서는 내부에서 충족될 수 없는 지식을 대학, 국책연구소, 민간연구소, 소비자, 컨설팅 기업, 협력사 및 공급사와 같은 외부의 다양한 지식의 원천을 통해 흡수하여

그림 9-4 개방형 기술혁신 지식네트워크 모형의 핵심 내용

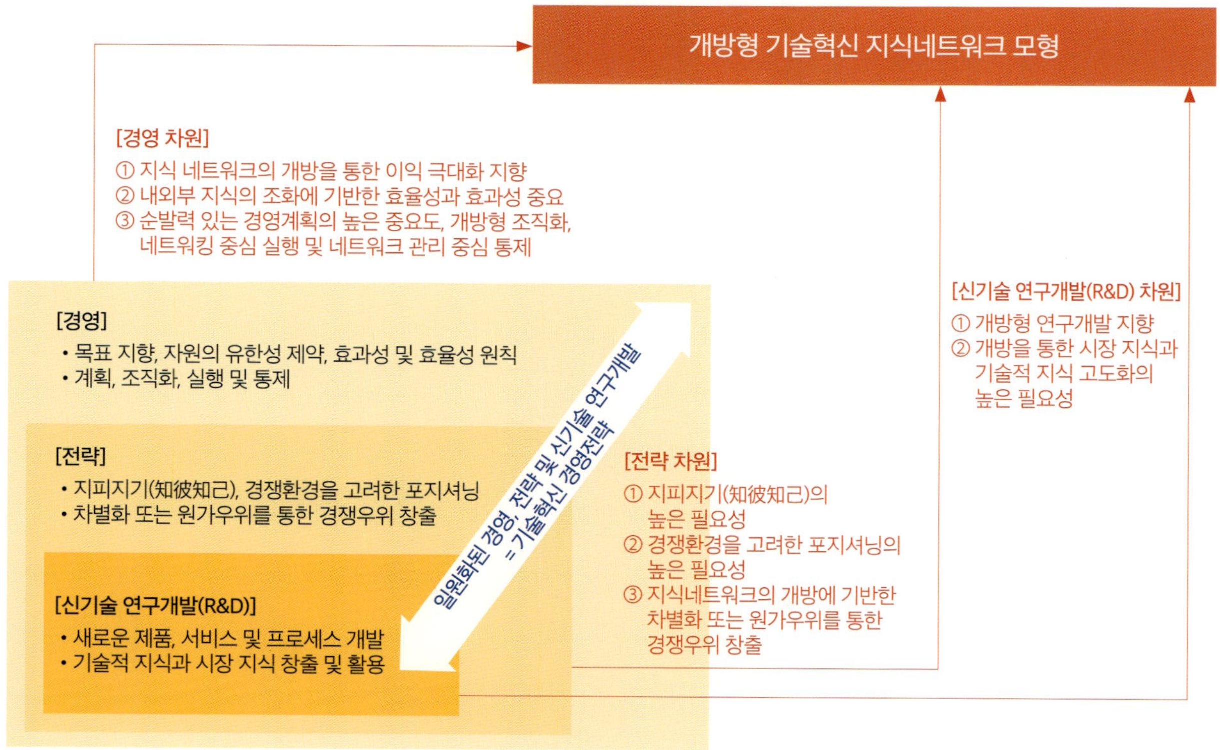

내부지식과 함께 기술개발에 활용한다(Chesbrough, 2006).

(2) 개방을 통한 시장 지식과 기술적 지식 고도화의 높은 필요성

개방형 기술혁신 지식네트워크 모형에서는 지식네트워크의 개방을 통해 내부의 시장 지식과 기술적 지식이 고도화되는 것을 궁극적인 목적으로 한다(chesbrough, 2006). 여기서 개방은 자사 지식의 폭과 깊이를 증진시키기 위한 개방으로 볼 수 있다(chesbrough, 2003; chesbrough, 2006). 자사의 기술적 지식과 시장 지식이 지식 네트워크의 개방 전과 개방 후에 유의미한 차이가 없다면, 개방형 기술혁신 지식네트워크 모형은 존립 근거를 상실하게 된다.

본 학술서의 9.2절에서 살펴본 개방형 기술혁신 지식네트워크 모형의 핵심 내용을 요약하면 <그림 9-4>와 같다.

| 참고문헌

Afuah, A. (2003). Innovation management : Strategies, implementation, and profits, Oxford University Press.

Chesbrough, H. (2003). The era of open innovation. MIT Sloan Management Review, 44(3), 35-41.

Chesbrough, H. (2006). Open innovation-the new imperative for creating and profiting from technology, Harvard Business School Press.

Chesbrough, H. (2007). Open business models, Harvard Business School Press.

Enkel, E., Gassmann, O., & Chesbrough, H. (2009). Open R&D and open innovation: Exploring the phenomenon. R&D Management, 39(4), 311-316.

Huston, L., & Sakkab, N. (2006). Connect and develop. Harvard Business Review, 84(3), 58-66.

Nicholson, W. (2005). Microeconomic theory: Basic principle and extensions, Thomson.

Pisano, G. P., & Verganti, R. (2008). Which kind of collaboration is right for you?. Harvard Business Review, 86(12), 78-87.

Spithoven, A., Clarysse, B., & Knockaert, M. (2010). Building absorptive capacity to organise inbound open innovation in traditional industries. Technovation, 30(2), 130-141.

10장

각 세대별 기술혁신 경영전략 주요 대표 이론 비교

본 학술서의 4장~9장을 통해 1세대부터 6세대까지 기술혁신 경영전략 주요 대표 이론(1세대 기술적 지식 주도 모형, 2세대 시장 지식 주도 모형, 3세대 기술 및 시장 지식 융합 모형, 4세대 병렬형 지식 융합 모형, 5세대 연계형 지식 학습 모형, 6세대 개방형 기술혁신 지식네트워크 모형)의 발생 배경을 조명하였다. 그리고 각 세대별 기술혁신 경영전략 주요 대표 이론들을 본 학술서에서 정의한 기술혁신 경영전략의 개념[경영 차원, 전략 차원, 신기술 연구개발(R&D) 차원]을 기준으로 분석한 결과를 토대로 도출된 핵심 내용들을 살펴보았다. 본 장에서는 세대별 기술혁신 경영전략의 주요 대표 이론들의 공통점과 차이점을 다음과 같은 3가지 기준에서 조명하였다.

첫째, 전략적인 측면에서 상대적으로 중요도가 높은 지식을 각 세대별 기술혁신 경영전략의 주요 대표 이론별로 살펴보았다. 기술혁신 경영전략의 성공은 기술적 지식과 시장 지식을 비롯한 다양한 지식에 기반한다(Afuah, 2003; Trott, 2012). 따라서, 각 세대별로 특히 중요시되었던 지식의 유형을 상호 비교하는 것은 기술혁신 경영전략의 주요 대표 이론들을 심도 있게 이해하는데 유용하다.

둘째, 기업의 기술혁신 지식네트워크의 개방성 정도를 기준으로 세대별 기술혁신 경영전략의 주요 대표 이론들을 비교하였다. 개방성은 기술혁신에 유용한 새로운 지식의 유입에 유의미한 영향을 미치는 중요한 요인이므로 기업의 생존과 발전에 중요한 영향을 미칠 수 있다(Chesbrough, 2006; Huston & Sakkah, 2006). 본 장에서는 기업의 기술혁신 지식네트워크의 개방성을 기준으로 각 세대별 기술혁신 경영전략의 주요 대표 이론들을 비교하였다.

셋째, 프로세스 측면에서 기술혁신 프로세스의 상호작용 지향성을 기준으로 세대별 기술혁신 경영전략의 주요 대표 이론들을 비교하였다. 프로세스의 구조와 전개 방법에서의 상호작용성은 기술혁신 결과물의 품질을 좌우하는 중요 요인이다(Rothwell, 1994; Tidd & Bessant, 2014; Trott, 2012). 따라서, 본 장에서는 기술혁신 프로세스의 상호작용성을 기준으로 세대별 기술혁신 경영전략의 주요 대표 이론들을 비교하였다.

10.1. 전략적으로 상대적인 중요도가 높은 지식의 유형

전술한 6세대별 기술혁신 경영전략의 주요 대표 이론들은 지식에 기반한다는 점에서 공통점을 가진다. 그러나 각 세대별 기술혁신 경영전략의 주요 대표 이론별로 전략적인 측면에서 상대적인 중요도가 높은 지식의 유형에는 다음과 같은 차이점이 있다.

먼저, 1세대 기술적 지식 주도 모형에서는 기초과학에 기반한 기술적인 지식의 전략적 중요도가 상대적으로 높으며(Rothwell, 1994; Trott, 2012), 2세대 시장 지식 주도 모형에서는 소비자의 욕구에 기반한 시장 지식이 전략적으로 매우 중요하다(Rothwell, 1994; Trott, 2012). 3세대 기술 및 시장 지식 융합 모형에서는 기술적 지식과 시장 지식이 조화롭게 결합된 융합 지식의 상대적인 중요도가 높다(Rothwell, 1992; Rothwell, 1994). 4세대 병렬형 지식 융합 모형에서는 연구개발부서, 생산부서 및 유통부서와 공급업체의 지식이 통합된 병렬형 융합 지식의 전략적인 중요도가 상대적으로 높다(Rothwell, 1994). 5세대 연계형 지식 학습 모형에서는 내부학습 및 외부학습으로 연계되어 융합된 지식의 중요도가 높다(Rothwell, 1992; Rothwell, 1994). 6세대 개방형 기술혁신 네트워크 모형에서는 내부지식과 외부지식이 융합된 형태의 지식이 전략적으로 상대적인 중요도가 매우 높다(Chesbrough, 2006).

10.2. 기술혁신 지식네트워크의 개방성

기술혁신 지식네트워크의 개방성은 각 세대별 기술혁신 경영전략 주요 대표 이론의 특성을 보여주는 매우 중요한 부분 중 하나이다. 1세대 기술적 지식 주도 모형, 2세대 시장 지식 주도 모형, 3세대 기술 및 시장 지식 융합 모형은 폐쇄형 기술혁신 지식네트워크 모형에 해당한다고 볼 수 있다(Akhilesh, 2014; Trott, 2012). 4세대 병렬형 지식 융합 모형은 공급업체와의 지식 융합이 중요한 요인 중에 하나이므로 1시대~3세대 기술혁신 경영전략 대표이론들에 비해 지식네트워크의 개방성이 상대적으로 더 높다고 볼 수 있다. 하지만 <그림 7-1>과 같이 병렬형 지식 융합 모형은 자사의 지식네트워크의 일부만을 개방한 것이므로 폐쇄형 기술혁신 지식네트워크 모형에 가까운 모형으로 분석된다. 같은 맥락에서 5세대 연계형 지식 학습 모형은 다양한 외부지식학습이 핵심적인 부분이라는 점에서 1세대~4세대 기술혁신 경영전략의 주요 대표 이론들에 비해 지식네트워크의 개방성이 상대적으로 더 높으며 6세대 개방형 기술혁신 지식네트워크 모형에 가까운 모형으로 볼 수 있다. 그러므로 6세대 개방형 기술혁신 지식네트워크 모형은 지식네트워크의 개방성이 정점에 이른 것으로 분석된다.

10.3. 기술혁신 프로세스의 상호작용 지향성

6세대에 걸친 기술혁신 경영전략의 주요 대표 이론들은 기술혁신 프로세스의 상호작용 지향성에 있어서 큰 차이점을 보여준다.

1세대 기술적 지식 주도 모형과 2세대 시장 지식 주도 모형은 공통적으로 기술혁신 프로세스상 순차적인 선형성을 지향한다(Rothwell, 1994; Trott, 2012). 여기서 순차적인 선형성은 기술혁신의 각 프로세스에 우선순위가 있고, 이 우선순위에 따라 순차적으로 기술혁신의 단계가 진행됨을 의미한다(Trott, 2012). 예를 들어, 1세대 및 2세대의 기술적 지식 주도 모형과 시장 지식 주도 모형은 기술혁신이 기초과학에 기반한 기술적 지식과 시장의 필요에 의한 시장 지식에서 출발하여 순차적으로 진행된다. 여기서 주의할 점은 기술적 지식 주도 모형과 시장 지식 주도 모형이 순차적인 선형성을 지향한다는 공통점이 있으나, 기술적 지식 주도 모형은 수직적 조직화에 기반하여 프로세스를 진행하며, 시장 지식 주도 모형은 수평적 조직화에 기반해서 프로세스가 진행된다는 큰 차이점이 있다(Akhilesh, 2014).

1세대 기술적 지식 주도 모형이나 2세대 시장 지식 주도 모형과는 달리 3세대 기술 및 시장 지식 융합 모형, 4세대 병렬형 지식 융합 모형, 5세대 연계형 지식 학습 모형, 6세대 개방형 기술혁신 지식네트워크 모형은 기술혁신 프로세스가 순차적인 선형성이 아니라 기술혁신 프로세스간 상호작용성을 지향한다(Chesbrough, 2006; Rothwell,

1994). 이러한 공통점 안에서도 3세대~6세대 기술혁신 경영전략 주요 대표 이론들이 지향하는 상호작용성의 내용에는 상당한 차이가 있다. 3세대 기술 및 시장 지식 융합 모형에서는 기업 내부의 기술혁신 프로세스와 기술적 지식 및 시장 지식의 상호작용성이 중요하며, 4세대 병렬형 지식 융합 모형에서는 기술혁신을 위한 기업 내 각 부서 간의 상호작용뿐만 아니라 공급업체들과의 상호작용도 지향한다(Rothwell, 1994). 5세대 연계형 지식 학습 모형과 6세대 개방형 기술혁신 지식네트워크 모형에서는 기업 내부 부서들과 외부의 기술혁신 원천들 사이에 상호작용을 지향한다(Chesbrough, 2006; Rothwell, 1994).

본 장에서 살펴본 각 세대별 기술혁신 경영전략의 주요 대표 이론들의 비교를 통해 다음과 같은 특징들을 파악할 수 있다. 첫째, 각 세대별 기술혁신 경영전략의 주요 대표 이론들은 공통적으로 지식의 전략적인 활용에 기반하고 있으나 전략적인 차원에서 상대적으로 중요도가 높은 지식의 유형에서는 차이점이 있다. 둘째, 기술혁신 지식네트워크의 개방성에 있어서 세대별 기술혁신 경영전략의 주요 대표 이론들 간에는 공통점과 차이점이 있다. 셋째, 기술혁신 프로세스의 상호작용 지향성에서도 각 세대별 기술혁신 경영전략의 주요 이론들은 공통점과 차이점을 나타낸다.

| 참고문헌

Afuah, A. (2003). Innovation management : Strategies, implementation, and profits, Oxford University Press.

Akhilesh, K. B. (2014), R&D management Springer.

Chesbrough, H. (2006). Open innovation-the new imperative for creating and profiting from technology, Harvard Business School Press.

Huston, L., & Sakkab, N. (2006). Connect and develop. Harvard Business Review, 84(3), 58-66.

Rothwell, R. (1992). Successful industrial innovation: critical factors for the 1990s. R & D Management, 22(3), 221-240.

Rothwell, R. (1994). Towards the Fifth-generation Innovation Process. International Marketing Review, 11(1), 7-31.

Tidd, J., & Bessant, J. (2014), Strategic innovation management Wiely.

Trott, P. (2012). Innovation management and new product development, Prentice Hall.

PART III

기술혁신 경영전략 이론의 활용

그림 11-1 Part III의 구성 체계

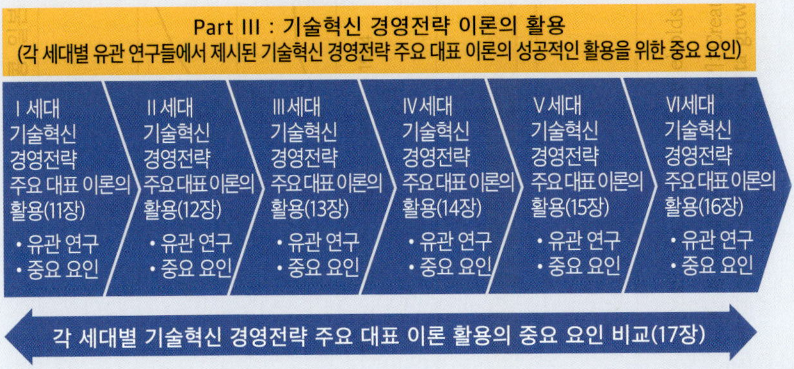

본 학술서의 Part III는 <그림 11-1>과 같이 기술혁신 경영전략 이론의 활용과 관련된 7개의 장들로 구성이 되어 있다. 11장부터 16장까지는 각 세대별 유관 연구들에서 조명된 기술혁신 경영전략 주요 대표 이론의 성공적인 활용을 위한 중요 요인들에 대해 살펴보았다. 17장에서는 각 세대별 기술혁신 경영전략의 주요 대표 이론의 성공적인 활용을 위한 중요 요인들을 상호 비교 분석하고 후속 연구를 위한 제언을 제공하였다.

11장 1세대 기술혁신 경영전략 주요 대표 이론 활용의 중요 요인

1세대 기술혁신 경영전략의 주요 대표 이론은 4장에서 상술한 바와 같이 기술적 지식 주도 모형이다. 본 장에서는 Drucker(1954), Rogers(1962) 및 Ansoff(1957)의 주요 연구 결과들이 시사하는 기술적 지식 주도 모형의 활용에 관한 중요 요인들을 살펴보고 있다.

11.1 중요 요인 ① : 고객 지향 가치 창출

1954년 Peter F. Drucker는 그의 저서인 『The Practice of Management』를 통해 1세대 기술혁신 경영전략의 주요 대표 이론인 시장의 수동성에 기반한 기술적 지식 주도 모형에 경종을 울리는 시사점을 제공하였다. Drucker(1954)는 기업이 수행하는 비즈니스의 목적은 고객을 위한 새롭고 유익한 가치 창출이라는 점을 천명하였다. 따라서, Drucker(1954)의 관점에 따르면 비즈니스의 목적 자체가 고객을 지향하기 때문에 기업의 기술혁신 경영전략은 능동적으로 시장을 지향하는 고객 가치 중심으로 변해야 한다. Drucker(1954)는 기술혁신을 실행하는 기업의 사업 목표와 기술혁신 경영전략의 수립과 실행의 기초가 '고객 지향 가치 창출'에 기반할 때 기술혁신 경영전략이 성공에 이를 수 있음을 시사했다. 따라서, Drucker(1954)는 1세대 기술적 지식 주도 모형이 시장의 목소리를 청취하고 반영하기보다는 기술 중심으로 편중되는 것을 지양하고 고객을 지향해야 한다는 중요한 시사점을 제공했다. 1세대 기술적 지식 주도 모형의 활용과 관련하여 Drucker(1954)가 제공하는 시사점들을 세부적으로 살펴보면 다음과 같다.

첫째, Drucker(1954)는 경영 목표 측면에서 시장의 수동성을 토대로 기술적 지식을 활용하여 이익 극대화를 추구하는 기술적 지식 주도 모형의 지향 목표가 고객 가치 창출로 변화해야 할 필요성을 보여주었다. 이런 Drucker(1954)의 고객 가치 지향 시각은 기술적 지식 주도 모형이 갖고 있는 시각과 정반대이다. 이런 시각은 수요가 공급을 초과하던 1세대의 상황에서는 굉장히 파격적인 견해로 볼 수 있으며, 2세대 시장 지식 주도 모형과 궤를 같이 하는 선견지명(先見之明)을 보여준다.

그림 11-2 Drucker(1954)가 시사하는 중요 요인

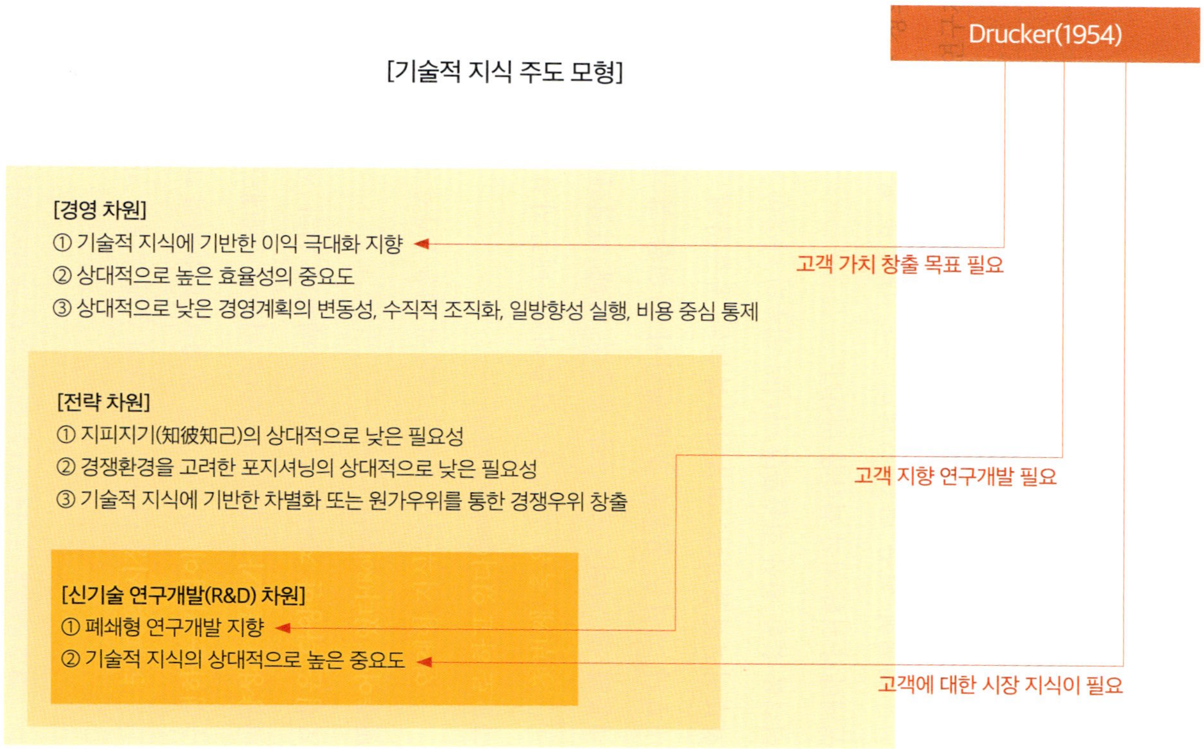

둘째, Drucker(1954)는 기술적 지식 주도 모형이 기술 중심 연구개발에서 고객 지향 연구개발로 변화해야 할 필요가 있음을 시사했다. Drucker(1954)는 고객이 제품과 서비스를 통해 충족하고 싶은 가치가 무엇인지에 궁극적인 초점이 맞춰진 고객 지향 연구개발이 필요하다는 점을 시사하고 있다. <그림 4-2>에서 볼 수 있는 바와 같이 기초 과학과 응용 기술의 발전을 통해 개발된 기술적 지식뿐만 아니라 <그림 5-1>과 같이 고객의 욕구에 대한 면밀한 분석에 기반한 고객 지향형 기술혁신이 필요하다는 점을 Drucker (1954)는 시사하였다.

셋째, 기술적 지식 주도 모형은 기술적 지식에 집중했지만 Drucker(1954)는 고객에 대한 시장 지식의 필요성을 강조하였다. 고객 지향 가치를 창출하기 위해서는 기술적 지식뿐만 아니라 시장에 대한 지식이 반드시 필요하기 때문에 시장에 대한 지식의 축적과 관리가 요구된다.

기술적 지식 주도 모형의 활용과 관련하여 Drucker(1954)가 시사하는 중요 요인을 본 학술서에서 분석된 기술적 지식 주도 모형의 핵심 내용과 관련하여 조명해보면 <그림 11-2>와 같다.

11.2 중요 요인 ② : 소비자의 혁신 수용도에 대한 고려

Everett M. Rogers는 1962년 『Diffusion of Innovations』이라는 제목의 저서를 통해 소비자의 그룹별 기술혁신의 수용도 차이를 보여주며 기술혁신 경영전략의 활용에 있어서 소비자의 그룹별 특성에 대한 고려가 필요하다는 점을 시사하였다. 다시 말해, Rogers(1962)는 1세대 기술적 지식 주도 모형에서 간과되고 있는 기술혁신의 수용에 있어서 소비자 그룹간 시간적 격차가 존재한다는 중요한 시사점을 제공하였는데, Rogers(1962)가 1세대 기술적 지식 주도 모형의 활용과 관련하여 제공하는 중요 시사점을 자세히 음미해보면 다음과 같다.

시장의 수동성에 기반하여 기술적 지식을 활용한 이익극대화를 지향하는 기술적 지식 주도 모형의 효과적인 활용을 위해서는 소비자의 그룹별 기술혁신 수용도 차이를 고려해야한다. 1세대 기술적 지식 주도 모형은 시장의 수동성에 기반하고 있으며(Trott, 2012), 소비자들의 기술혁신 수용도의 차이를 고려하지 않는다. 1세대 기술적 지식 주도 모형은 기술혁신을 통해 개발된 제품이나 서비스는 시장의 출시와 함께 판매되는 상황을 전제로 하고 있으나(Trott, 2012), Rogers(1962)는 이러한 전제에 반론을 제기하고 있다. 기술혁신을 통해 출시된 신제품은 손익분기점 후부터 이익을 내기 시작하며 손익분기점 이전인 신제품 출시 초기에는 총비용이 총수익을 초과하기 때문에 손해만을 보게 되는 시기이다(Stevenson, 2020). Rogers(1962)에 따르면

그림 11-3 Rogers(1962)가 시사하는 중요 요인

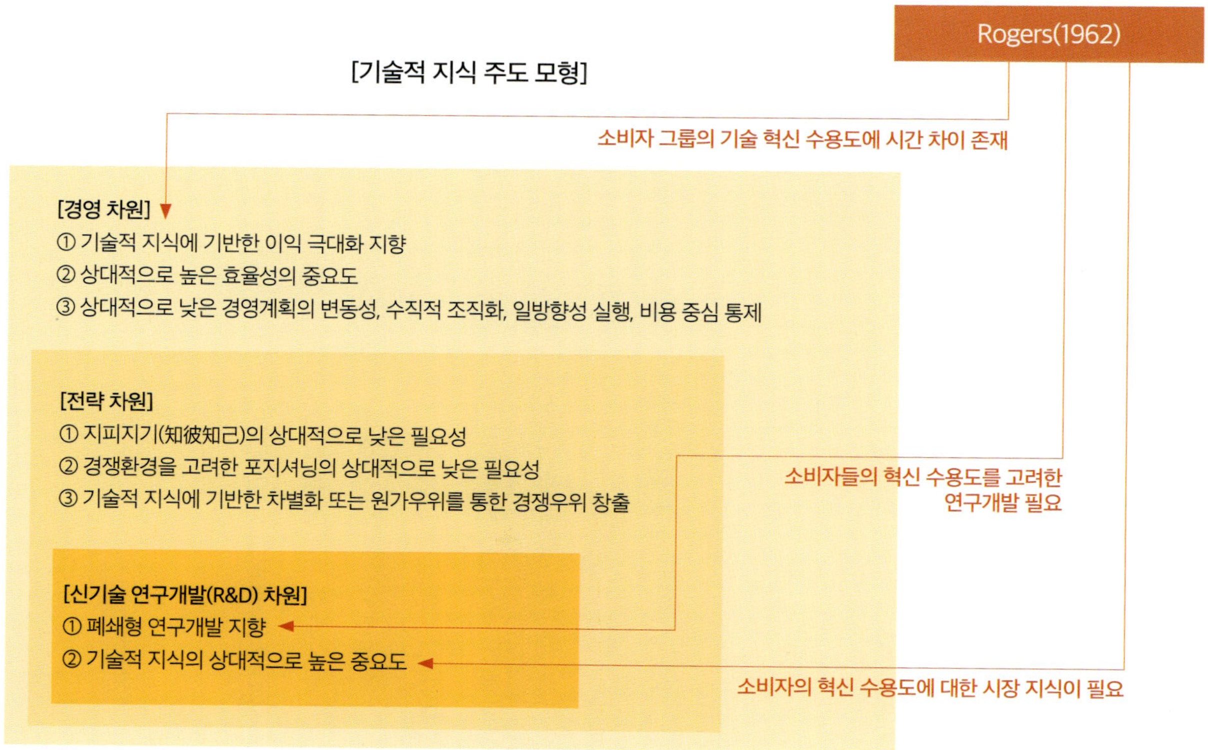

기술혁신에 대한 수용 순서에 따라 소비자 그룹은 5가지(혁신수용자, 선도 수용자, 전기 다수 수용자, 후기 다수 수용자, 지각 수용자)로 분류할 수 있으며, 신제품의 시장 출시 초기에는 혁신 수용자 및 선도 수용자만이 신제품을 구매하기 때문에 손익분기점 이전까지의 시기를 버틸 수 있는 충분한 현금을 보유하고 있지 않는 기업의 경우 부도 위험이 커지게 된다. Rogers(1962)는 1세대에도 기술혁신을 통한 신제품이 시장에서 출시 즉시 모든 소비자들로부터 구매되는 것이 아니라는 점을 보여주면서, 1세대 기술적 지식 주도 모형의 활용에 있어서도 소비자들에 대한 분석의 필요성을 시사하고 있다.

Rogers(1962)는 1세대 기술적 지식 주도 모형을 실제로 활용함에 있어서 경영 차원에서 소비자 그룹 사이에 존재하는 혁신 수용성의 차이를 고려한 이익 극대화와 신기술 연구개발 차원에서 기술적 지식뿐만 아니라 소비자의 혁신 수용도와 같은 시장 지식 또한 중요하다는 점을 잘 보여주고 있다.

Rogers(1962)가 기술적 지식 주도 모형의 활용과 관련하여 시사하는 중요 요인을 본 학술서에서 분석된 기술적 지식 주도 모형의 핵심 내용과 관련하여 살펴보면 <그림 11-3>과 같다.

11.3. 중요 요인 ③ : 시장 지식에 기반한 다각화

1957년 H. Igor Ansoff는 Harvard Business Review에 『Strategies for Diversification』라는 제목의 논문을 발표하여, 성장전략에 기반하여 1세대 기술적 지식 주도 모형의 활용과 관련한 시야를 넓히는 데 유용한 시사점을 제공하였다. .

Ansoff(1957)이 주창한 기업의 성장 전략은 시장(기존 시장/신시장) 측면과 제품(기존 제품/신제품) 측면의 2가지 차원에 기반한 다음과 같은 4가지 종류의 성장 전략이다. 그 첫 번째인 시장 침투는 기존 시장에서 매출을 증대하는 전략이며, 두 번째인 시장 개척은 기존 제품을 개선하여 새로운 시장으로 성장하는 전략이다. 세 번째인 제품 개발은 신제품 출시를 무기로 기존 시장에서 성장하는 전략이며 네 번째 다각화 전략은 새로운 시장에서 신제품을 출시하여 성공적인 성장을 이루어 나가는 전략이다.

Ansoff(1957)이 주창한 4가지 성장 전략은 1세대 기술적 지식 주도 모형의 활용과 관련하여 다음과 같은 두 가지의 중요한 시사점을 제공하였다.

첫째, 시장 지식을 전략적으로 활용하는 것이 기술혁신을 통한 성장 전략에 필수적이다. 1세대 기술적 지식 주도 모형은 시장의 수동성을 기반으로 하기 때문에 시장 지식의 중요성이 강조되지 않는다(Trott, 2012). 그러나, Ansoff(1957)은 기술혁신이 성공적인 기업의

그림 11-4 Ansoff(1957)이 시사하는 중요 요인

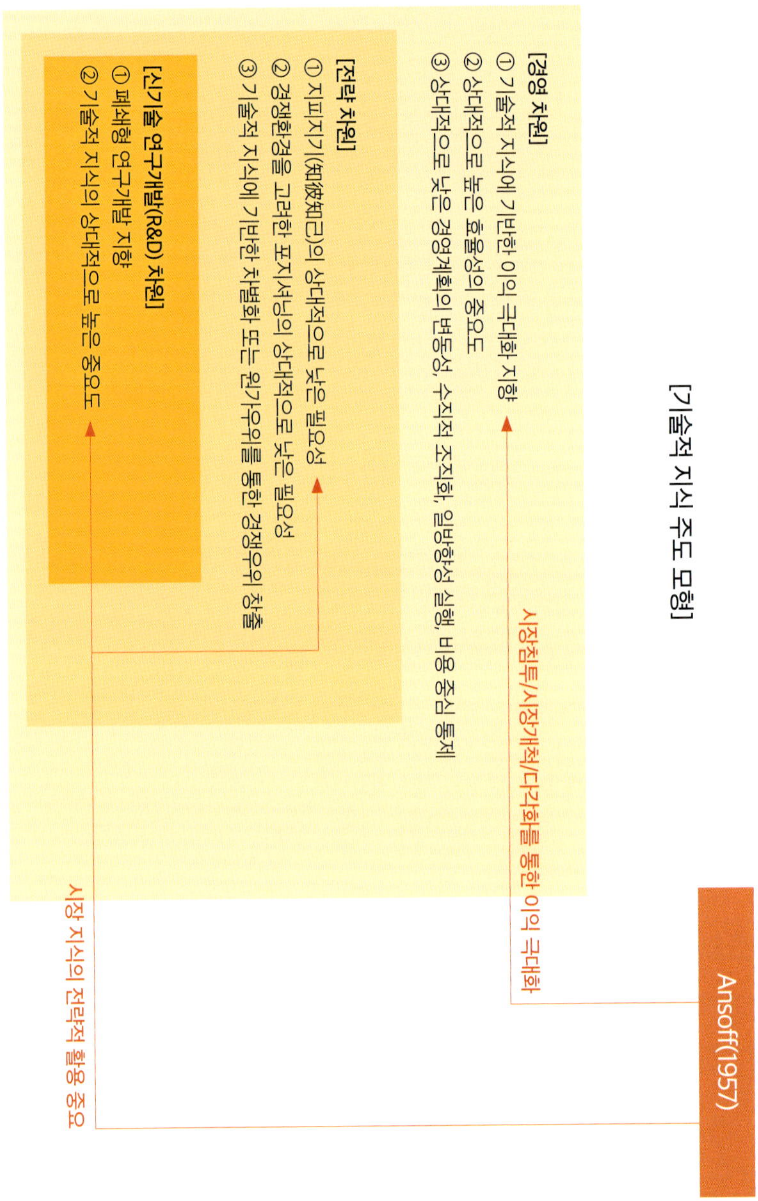

성장으로 이어지기 위해서는 시장 지식에 대한 전략적인 활용이 필수임을 강조하고 있다. Ansoff(1957)이 제시한 4가지 성장 전략을 구성하는 2가지 축들 중 하나는 바로 '시장'이다. 따라서, 시장에 대한 전략적인 고려가 없이는 Ansoff(1957)의 4가지 성장 전략은 성립하기가 어렵다. 기존 제품의 개선을 통해 새로운 시장으로 진출하여 성장하는 전략이 바로 Ansoff(1957)이 제시한 시장 개발 전략인데, 시장 지식에 대한 전략적인 활용 없이는 이러한 시장 개발 전략의 수립과 실행이 불가능하다.

둘째, 기술혁신과 함께 새로운 시장 개척이 성장 전략의 핵심적인 부분 중 하나이다. 1세대의 기술적 지식 주도 모형은 풍부한 잉여 수요를 향유할 수 있는 환경을 배경으로 발생한 모형이기 때문에 시장 개척에 대한 필요성을 강조하지 않았다. 그러나, Ansoff(1957)이 제시한 시장 개발 전략과 다각화 전략은 새로운 시장을 창출하고 발전시키는 시장 개척의 개념이 없이는 실행될 수 없다. Ansoff(1957)은 1세대의 기술적 지식 주도 모형에 시장 개척의 개념이 필요하다는 중요한 시사점을 제공하였다.

기술적 지식 주도 모형의 활용과 관련하여 Ansoff(1957)이 시사하는 중요 요인을 본 학술서에서 분석된 기술적 지식 주도 모형의 핵심 내용과 관련하여 조명해보면 <그림 11-4>와 같다.

참고문헌

Ansoff, H. I. (1957). Strategies for Diversification. Harvard Business Review, 35(5), 113-124.

Drucker, P. F. (1954). The practice of management, Harper & Brothers Publishers.

Rogers, E. M. (1962). Diffusion of innovations, The Free Press.

Stevenson, W. J. (2020). Operations Management., McGraw-Hill.

Trott, P. (2012). Innovation management and new product development, Prentice Hall.

12장

2세대 기술혁신 경영전략 주요 대표 이론 활용의 중요 요인

2세대 기술혁신 경영전략의 주요 대표 이론은 5장에서 상술한 바와 같이 시장 지식 주도 모형이다. 본 장에서는 Kotler(1967), Henderson(1970), Andrew(1971)의 주요 연구 결과들이 시사하는 시장 지식 주도 모형 활용의 중요 요인들을 살펴보았다.

12.1 중요 요인 ① : 시장 지식의 다각화와 세분화

Philip Kotler는 1967년 그의 저서인 『Marketing Management』를 출간하면서, 2세대 시장 지식 주도 모형의 핵심인 시장 지식을 다각화하고 세분화하여 발전시키는데 중요한 시사점을 제공하였다.

2세대 시장 지식 주도 모형의 핵심은 소비자의 욕구에 기반한 시장 지식이다(Trott, 2012). Kotler(1967)은 고객의 욕구에 대한 효과적인 분석과 고객의 만족을 위한 시장 지식의 다각화 및 세분화와 관련하여 다음과 같은 중요한 시사점을 주었다.

첫째, 고객에게 유용한 만족을 제공하기 위해서는 시장에 대한 다각적인 분석이 필요하다. Kotler(1967)이 바라보는 시장은 개인과 집단이 속해 있는 경제적 환경과 문화적 환경을 포함한 여러 환경들에 따라 역동적이며 다양한 특성들을 나타낸다. 따라서, Kotler(1967)은 시장 지식 주도 모형의 기반이 되는 시장에 대한 다각적인 분석의 중요성을 강조하였다.

둘째, 고객에 대한 세분화를 통해 고객의 욕구를 보다 더 깊이 있게 들여다보는 시각이 필요하다. 고객들은 나이, 지역, 문화 등의 여러 개인적이고 환경적인 요인에 따라 이질적인 취향과 욕구를 가지고 있다. 2세대 시장 지식 주도 모형의 핵심인 시장의 필요를 보다 더 정확하게 파악하기 위해서는 고객들을 특성에 따라 세분화하여 분석하는 시각이 필요하다.

셋째, 고객과의 관계는 1회성 구매로 끝나는 단기적인 관계가 아니라 장기적인 관계를 지향해야 한다. Kotler(1967)은 고객과의 장기적인 관계의 관점에서 고객의 만족을 지향해야 한다는 것을 시사하였다. 시장에 대한 다각적인 분석과 고객에 대한 세분화 또한 고객을 더 깊고 다양하게 이해하기 위한 노력의 일환이며, 이는

그림 12-1 Kotlier(1967)이 시사하는 중요 요인

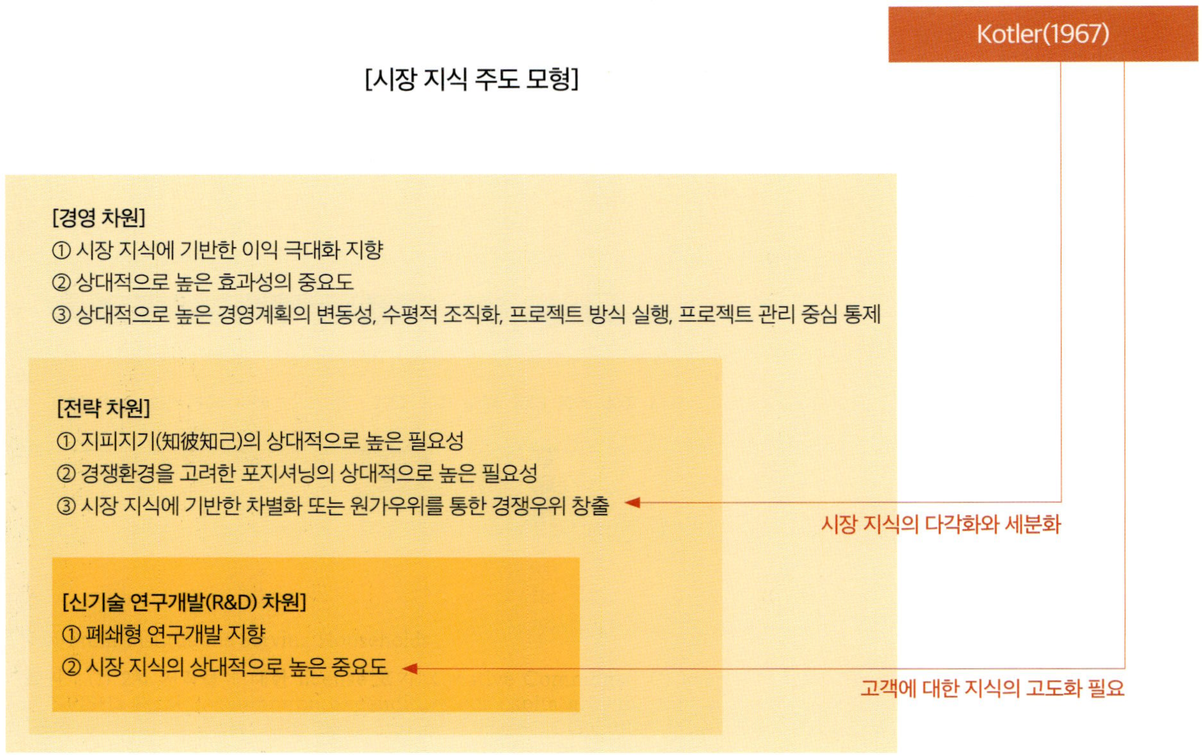

고객과의 장기적인 관계를 전제로 한다.

Kotler(1967)은 고객과의 장기적인 관계의 관점에서 시장 지식의 다각화 및 세분화가 필요하다는 시사점을 강조하여, 2세대 시장 지식 주도 모형의 활용과 관련해서 중요한 시사점을 제공하였다.

Kotler(1967)이 시장 지식 주도 모형의 활용과 관련하여 시사하는 중요 요인을 본 학술서에서 분석된 시장 지식 주도 모형의 핵심 내용과 관련하여 살펴보면 <그림 12-1>과 같다.

12.2 중요 요인 ② : 시장의 점유율과 성장률에 기반한 제품 포트폴리오 분석

Boston Consulting Group(BCG)의 Bruce D. Henderson은 1970년 『BCG Matrix』 또는 『Product Portfolio Matrix』 라고 불리는 사업 분석 경영 기법을 발표하여 2세대 시장 지식 주도 모형 활용의 폭을 넓히는 데에 큰 기여를 하였다.

Henderson(1970)은 BCG Matrix를 통해 상대적인 시장 점유율과 시장 성장률을 2가지 기준으로 하여 기업이 수행하는 사업을 다음과 같이 4가지로 체계화하였다. 첫째, 'Star'는 상대적인 시장 점유율이 높고 시장 성장률도 높은 사업이며, 둘째, 'Cash Cow'는 상대적인 시장 점유율은 높으나 시장 성장률이 낮은 사업을 가리킨다. 셋째, 'Problem Child'는 상대적인 시장 점유율은 낮으나 시장 성장률이 높은 사업을 말하며, 넷째, 'Pet'는 상대적인 시장 점유율과 시장 성장률이 모두 낮은 사업을 의미한다.

BCG Matrix를 통해 2세대 시장 지식 주도 모형이 제시하기에는 한계가 있는 제품 포트폴리오 관리의 방향성에 대해 효과적으로 파악할 수 있다. BCG Matrix에서 유형화된 4가지 종류의 사업을 기술혁신 경영전략 측면에서 조명해보면, 'Cash Cow'는 상대적인 시장 점유율이 높아서 현재 수익성이 높으나 시장 성장률이 낮다. 따라서, 사업의 지속성을 확보하기 위해서는 기술혁신에 기반한 새로운 제품이나 서비스 개발을 통해 시장을 확대하거나 개척하는 전략이 필요한 사업이다. 'Problem Child'는 시장 성장률이 높아서 시장의 매력도가 높으나 상대적인 시장 점유율이 낮아서 수익성 확보에 문제가 있기 때문에, 기술혁신을 통해 상대적인 시장 점유율을 증대시킬 수 있는 제품 및 서비스의 개발이 매우 중요한 사업이다. 'Pet'는 시장 성장률과 상대적인 시장 점유율 측면에서 모두 저조하여 큰 난국을 겪고 있으므로 기술혁신을 통한 돌파구가 없는 경우 사업 퇴출을 고려해야 되는 사업이다. 'Star'는 지속적인 기술혁신을 통해 경쟁우위를 유지해야 되는 사업이다.

BCG Matrix의 두 축인 상대적인 시장 점유율과 시장 성장률은 경쟁에 기반하여 수익성을 대표하는 변수일 뿐만 아니라(Henderson,

그림 12-2 Henderson(1970)이 시사하는 중요 요인

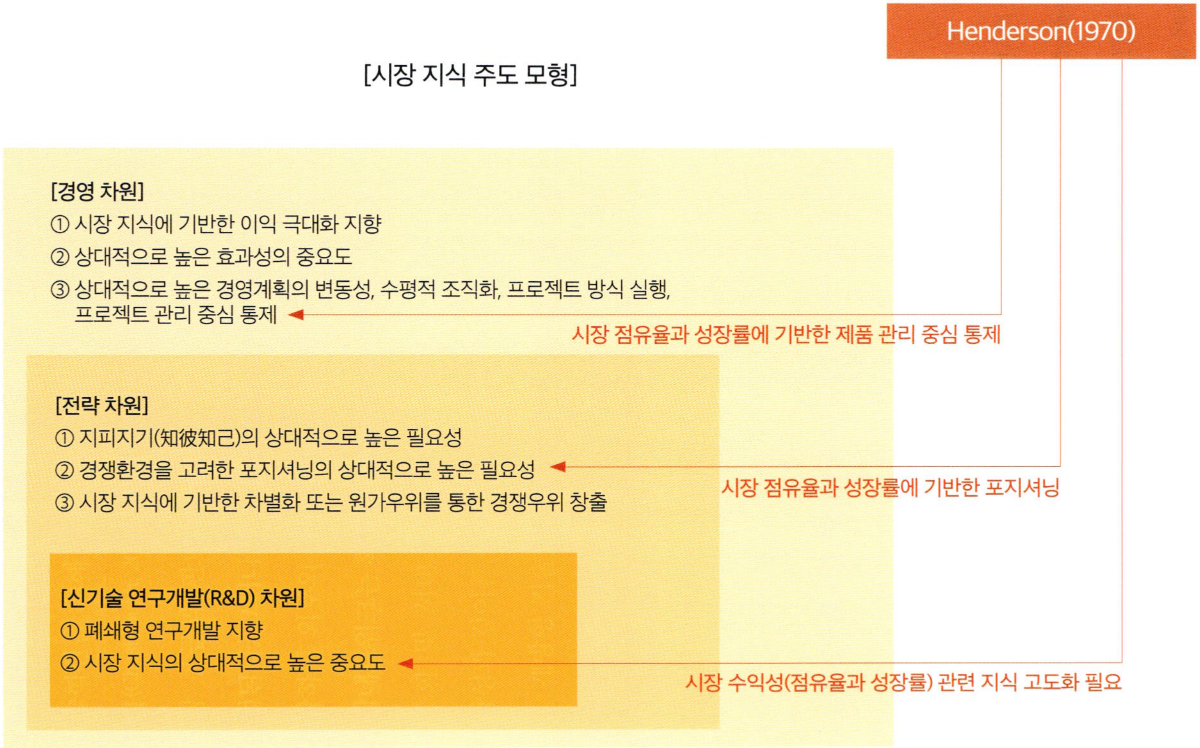

1970), 2세대 시장 지식 주도 모형과 관련한 시장 지식의 핵심 내용을 구성하는 중요한 정보이다. BCG Matrix는 2세대 시장 지식 주도 모형을 활용함에 있어서 시장 점유율과 시장 성장률과 같은 중요한 시장 정보에 기반하여 효과적으로 제품 포트폴리오를 관리하는 방법을 보여줌으로써 2세대 시장 지식 주도 모형의 활용의 폭을 증대하는 데에 의미 있는 기여를 하였다.

시장 지식 주도 모형의 활용과 관련하여 Henderson(1970)이 시사하는 중요 요인을 본 학술서에서 분석된 시장 지식 주도 모형의 핵심 내용과 관련하여 조명해보면 <그림 12-2>와 같다.

12.3 중요 요인 ③ : 경쟁사 대비 강점 및 약점 분석, 환경으로부터의 기회와 위협 분석

Kenneth Andrew는 1971년 그의 저서인 『The Concept of Corporate Strategy』를 통해 전략 수립에 필요한 주요 4가지 요소를 명확히 하고, SWOT 분석의 이론적 기초를 제공하여 2세대 시장 지식 주도 모형의 성공적인 활용에 중요한 시사점을 주었다.

Andrew(1971)은 전략 수립 시 중요하게 고려해야 하는 것으로 다음과 같은 4가지 요인들을 제시하였다. 첫째는 경영자 관련 요인으로 경영자들이 경영을 통해 추구하는 경영의 지향점을 의미하며 경영자의 비전이나 가치가 여기에 해당된다. 둘째는 사회적 요인으로 기업이 사회 시스템의 구성 요소 중 하나로서 사회 시스템의 유지와 발전을 위해 기업이 수행해야 되는 활동을 의미한다. 기업의 사회적 기부, 봉사와 사회적 책임 활동 등이 사회적인 요인의 대표적인 예로 볼 수 있다. 셋째는 외부적 요인으로 기업의 외부 환경에서 발생하여 기업 경영에 유의한 영향을 미치는 요인으로서, 오일 쇼크가 대표적인 외부적 요인의 예에 해당된다. 넷째는 내부적인 요인으로 기업 안에서 존재하면서 기업 경영에 영향을 미치는 요소들을 의미하며 기업 내부 조직원의 지식과 능력이 대표적인 예가 된다. Andrew(1971)이 제시한 전략 수립의 4요인에 따르면, 시장 지식 주도 모형의 성공적인 실행을 위해서는 기업 경영자와 관련된 요인과 대칭되는 사회적 요인에 대한 고려가 있어야 한다. 이와 함께 기업의 내부적 요인과 대칭되는 외부적 요인들을 전략 수립 시 고려해야 된다는 점을 조명하여 2세대 시장 지식 주도 모형의 활용에 중요한 시사점을 제공하였다.

특히, Andrew(1971)이 주창한 전략 수립의 4가지 요인 중 외부적 요인과 내부적 요인은 기술혁신 경영전략의 수립에 기반이 되는 SWOT 분석의 이론적 밑거름으로서 2세대 시장 지식 주도 모형의 활용에 의미 있는 기여를 하였다. SWOT 분석은 전략 분석 및 수립 시 내부적 요인으로 경쟁사 대비 자사가 보유하고 있는 강점(Strength)과 약점(Weakness), 외부적 요인으로 외부 환경으로부터 발생하는

그림 12-3 Andrew(1971)이 시사하는 중요 요인

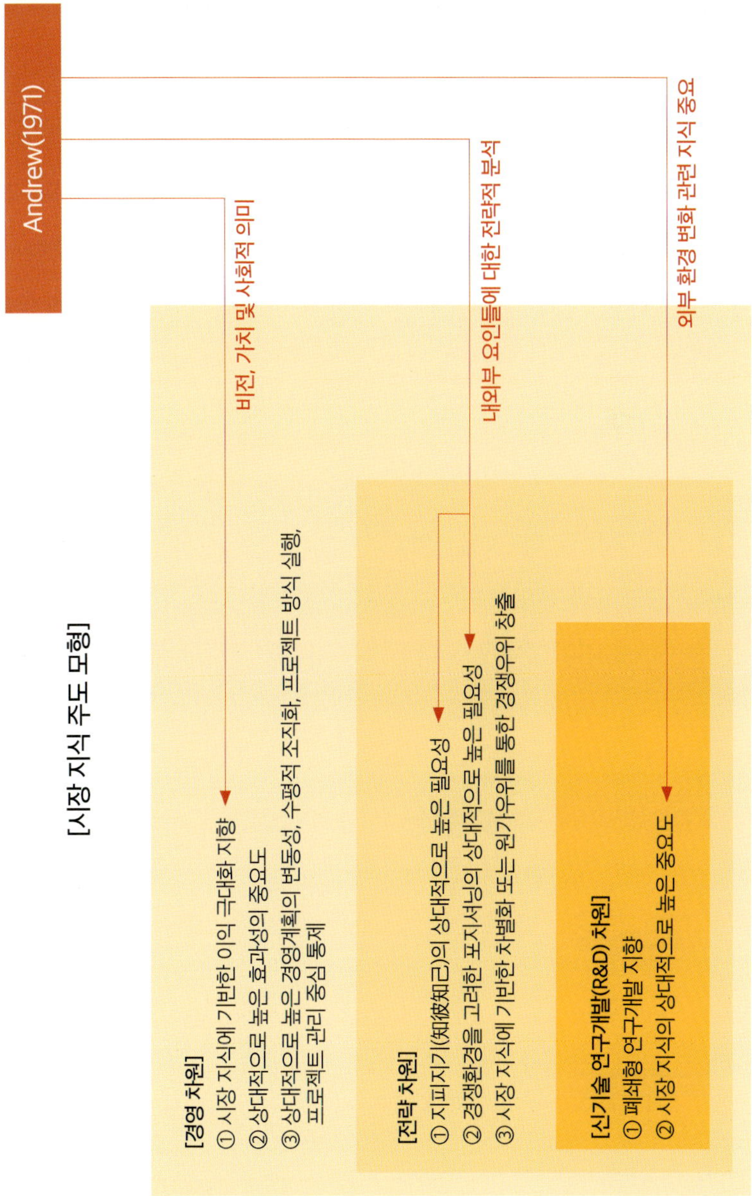

기회(Opportunity)와 위협(Threat)을 분석하는 방법이다(Helms & Nixon, 2010). 이를 2세대 시장 지식 주도 모형의 측면에서 살펴보면 기술혁신 경영전략의 분석 및 수립 시 기업은 시장 지식뿐만이 아니라 기술 환경 변화와 사회 환경 변화로부터 발생하는 기회와 위협을 눈여겨 봐야 된다. 이와 동시에 자사의 기술혁신 역량과 자원에 대해 경쟁사 대비 강점과 약점을 정확하게 분석하여 자사의 장점을 최대화하고 약점을 극복할 수 있는 기술개발을 통해 신제품 및 신서비스를 출시할 경우 성공확률을 높일 수 있다는 것을 알 수 있다.

Andrew(1971)이 시장 지식 주도 모형의 활용과 관련하여 시사하는 중요 요인을 본 학술서에서 분석된 시장 지식 주도 모형의 핵심 내용과 관련하여 살펴보면 <그림 12-3>과 같다.

｜참고문헌

Andrews, K. R. (1971). The concept of corporate strategy, Dow Jones-Irwin.

Helms, M. M., & Nixon, J. (2010). Exploring SWOT analysis - where are we now? : A review of academic research from the last decade. Journal of Strategy and Management, 3(3), 215-251.

Henderson, B. D. (1970). The product portfolio. https://www.bcg.com/publications/1970/strategy-the-product-portfolio, 2022.09.04. 접속.

Kotler, P. (1967). Marketing management: Analysis, planning, and control, Prentice-Hall.

Trott, P. (2012). Innovation management and new product development, Prentice Hall.

13장

3세대 기술혁신 경영전략 주요 대표 이론 활용의 중요 요인

3세대 기술혁신 경영전략의 주요 대표 이론은 6장에서 서술한 바와 같이 기술 및 시장 지식 융합 모형이다. 본 장에서는 Williamson(1975), Porter(1980), Ouchi(1981), Belbin(1981), Ohmae(1982), Peters & Waterman(1982), Mintzberg(1983)의 주요 연구 결과들이 시사하는 기술 및 시장 지식 융합 모형의 활용에 중요 요인들을 살펴보았다.

13.1 중요 요인 ① : 수직적 통합을 통한 내부화

Oliver E. Williamson은 1975년 그의 저서인 『Markets and

Hierarchies』를 통해 수직적 통합을 통한 다각화 전략의 유효성을 주창하여 3세대 기술 및 시장 지식 융합 모형의 성공적인 활용과 관련해서 중요한 시사점을 제공하였다.

수직적 통합이란 기업이 원재료 공급에서 시작하여 제조, 유통, 판매 및 AS에 걸친 공급 사슬망의 일부나 전체를 M&A 등과 같은 방법을 통해 통합하는 다각화 전략이다(Williamson, 1975; Grant, 2016). Williamson(1975)는 수직적 통합을 통한 내부화가 필요한 이유로 거래 비용의 증가로 인한 '시장 실패'를 제시하였다. 이와 함께 불완전한 시장 시스템을 통해 비즈니스를 수행하기 보다는 수직적 통합에 기반한 내부화를 통해 거래 비용과 위험을 감소시키는 것이 더 바람직한다는 점을 주창하며 기업의 수직적 통합을 통한 다각화 전략의 필요성을 강조하였다.

Williamson(1975)의 시장 실패로 인한 수직적 통합 전략의 필요성을 3세대 기술 및 시장 지식 융합 모형의 관점에서 바라보면, 기술혁신 경영전략의 성공을 위해서는 시장 실패에 대한 고려가 필요하다는 점을 알 수 있다. 그러나 3세대 기술 및 시장 지식 융합 모형은 시장 실패에 대한 고려가 매우 미흡하다. 기술 및 시장 지식 융합 모형에서는 Williamson(1975)가 지적한 정보의 비대칭성, 기회주의와 특정 소수 거래에 의한 거래 비용 증가로 인한 시장 실패에 대한 고려가 거의 부재하다고 볼 수 있다. 즉, 3세대 기술 및 시장 지식 융합 모형에서의 시장은 거래 비용 증가로 인한 시장의 실패 가능성을

그림 13-1 Williamson(1975)가 시사하는 중요 요인

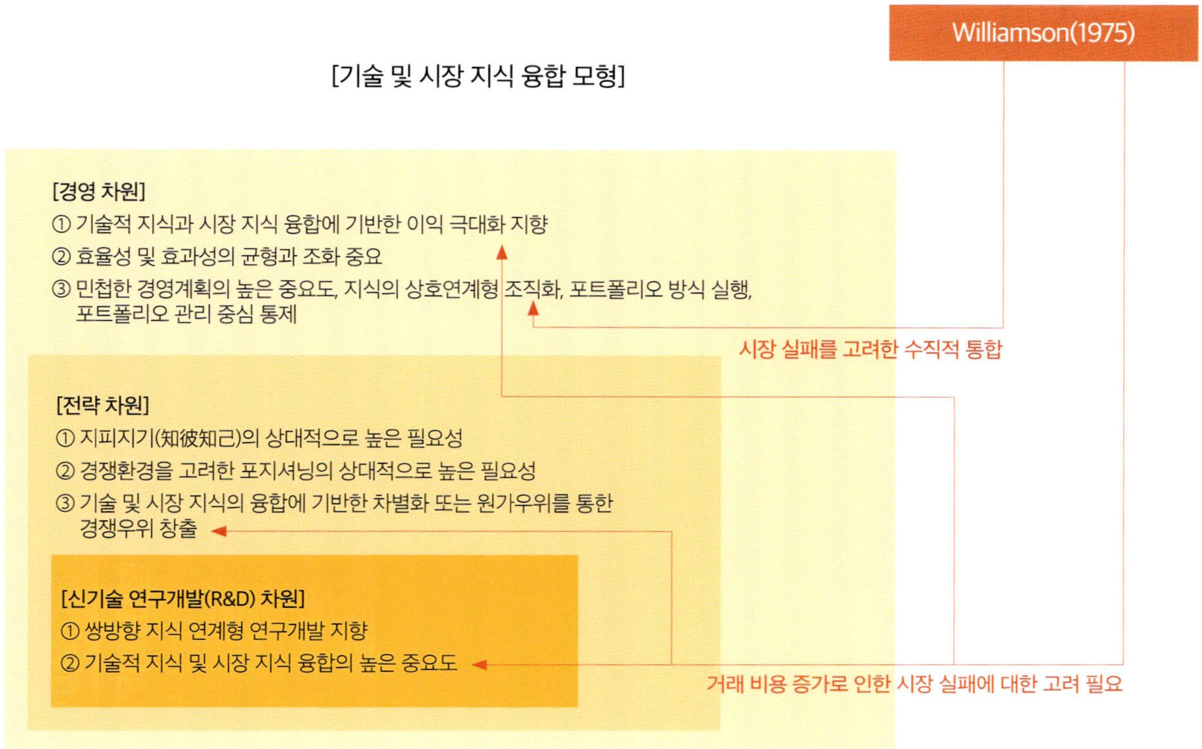

거의 고려하고 있지 않다.

Williamson(1975)의 관점에서 보면 3세대 기술 및 시장 지식 융합 모형을 성공적으로 실행하기 위해서는 원재료의 공급에서부터 제조, 유통, 판매 및 AS에 이르는 공급망을 수직적으로 통합하는 것이 효과적이다.

Williamson(1975)는 수직적 통합을 통한 내부화라는 개념을 통해 3세대 기술혁신 경영전략의 주요 대표 이론이 바라보는 시장에 대한 관점에서 간과되었던 '시장 실패'라는 개념을 제시하였다. 그 결과, 기업의 내부 수직적 통합을 통한 다각화 전략의 이론적 토대를 제공하여 3세대 기술 및 시장 지식 융합 모형의 활용에 중요한 시사점을 주었다.

기술 및 시장 지식 융합 모형의 활용에 Williamson(1975)가 시사하는 중요 요인을 본 학술서에서 분석된 기술 및 시장 지식 융합 모형의 핵심 내용과 관련하여 조명해보면 <그림 13-1>과 같다.

13.2 중요 요인 ② : 포지셔닝, 원가우위, 차별화우위

Michael E. Porter는 1980년에 그의 저서인 『Competitive Strategy : Techniques for analyzing industries and competitiors』를

출간하여 기술혁신 경영전략 이론의 큰 획을 그었으며, 3세대 기술 및 시장 지식 융합 모형의 활용에도 중요한 시사점을 제공하였다.

Porter(1980)의 이론은 이미 본 학술서의 2.2.3절에서 상세히 설명한 바와 같이 5 forces model을 통한 포지셔닝과 차별화 및 원가우위를 통한 본원적 전략(generic strategy)이 핵심을 이루고 있다. 이와 함께 Porter(1980)은 효과적인 경쟁사 분석을 위해 경쟁사의 미래 목표와 현재 전략에 대한 분석뿐만 아니라 경쟁사가 자사와 산업 및 다른 경쟁사들에 대해 가지고 있는 가정을 분석하고 경쟁사의 역량을 분석하는 경쟁사 분석의 체계를 제시하였다.

Porter(1980)의 전략론을 기술혁신 경영전략의 관점에서 재조명해보면, 3세대 기술 및 시장 지식 융합 모형의 성공적인 활용을 위해서는 체계적이며 효과적인 경쟁사 분석뿐만 아니라 5 forces model 분석을 바탕으로 기술혁신을 통한 제품이나 서비스가 이익을 창출할 수 있는 매력적인 산업에 성공적으로 포지셔닝을 하여 효과적인 차별화 또는 원가우위 전략을 수행해야 한다.

Porter(1980)이 기술 및 시장 지식 융합 모형의 활용과 관련하여 시사하는 중요 요인을 본 학술서에서 분석된 기술 및 시장 지식 융합 모형의 핵심 내용과 관련하여 살펴보면 <그림 13-2>와 같다.

그림 13-2 Porter(1980)이 시사하는 중요 요인

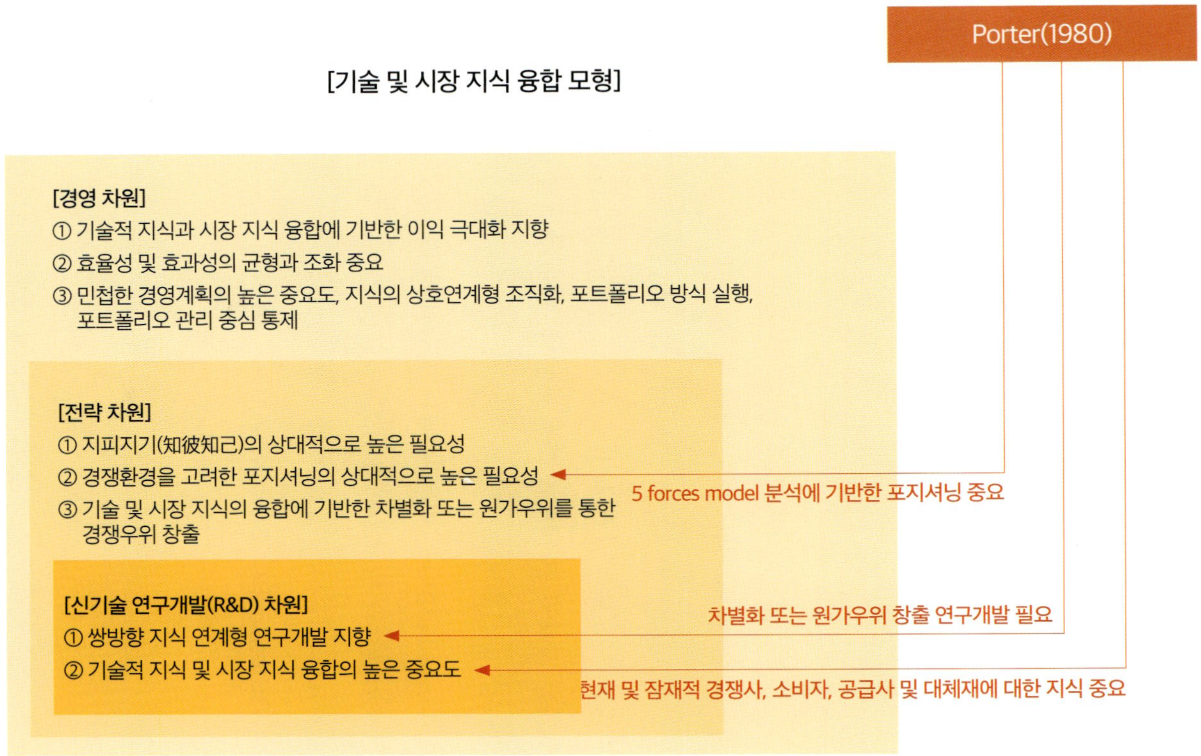

13.3 중요 요인 ③ : 조직 내 인간관계, 고용 안정성, 조직원 참여형 의사 결정, 신뢰, 자율성, 팀워크

William G. Ouchi는 1981년 저서인 『Theory Z: How American Management Can Meet the Japanese Challenge』를 통해 일본식 경영과 미국식 경영의 차이와 장단점을 비교하고, 일본식 경영의 장점을 미국식 경영의 장점에 접목한 Z형 경영의 개념을 제시하여, 3세대 기술 및 시장 지식 융합 모형의 활용과 관련해서 중요한 시사점을 제공하였다.

Ouchi(1981)의 연구는 세계 경제 측면에서 1980년대 일본 기업들의 경쟁력 약진과 미국 기업들의 경쟁력 쇠퇴를 배경으로 하고 있다는 점에서 큰 의미를 가지고 있다. 1970년대에 발생한 1차와 2차 오일 쇼크 이후 미국 기업들과 일본 기업들이 기술혁신을 통해 보여준 신제품의 경쟁력은 이전과 다른 양상을 띄기 시작하였다. 예를 들어 Toyota(社)와 Sony(社)를 비롯한 일본의 여러 자동차 및 전자 제품 회사들은 미국 회사들을 품질에서 능가하기 시작하였다. 이런 품질의 차이는 더욱 커져 미국 기업들은 그 동안 세계 시장에서 유지하고 있던 경쟁력이 쇠퇴하는 것을 경험하게 되었다.

Ouchi(1981)은 45개가 넘는 일본 및 미국 기업의 경쟁력을 연구한 결과, 일본 기업의 경쟁력 약진은 기업의 생산성을 증대시킬 수 있는 일본 특유의 경영 시스템에 기인하고 있다는 점을 발견하였다. 특히,

Ouchi(1981)은 일본 경영 시스템의 특징인 종신 고용에 기반한 인간관계 중심의 인사 관리와 집중적인 품질 관리 활동에 주목하였다.

Ouchi(1981)은 종신 고용제도 및 품질 관리 이외에도 종업원의 승진평가 시스템, 종업원의 경력 개발, 노사 시스템, 조직 문화와 가치, 경영 의사결정 프로세스를 비롯한 다양한 측면에서 일본 기업들의 특성과 미국 기업들의 특성을 비교하였다. Ouchi(1981)은 이러한 비교 결과를 바탕으로 Z형 기업으로 변화하는 조직 혁신이 필요함을 강조하였으며, Z형 기업은 일본 기업들의 장점과 미국 기업들의 장점의 겸비를 통해 경쟁력을 갖춘 기업을 의미한다. Ouchi(1981)은 ①투명한 평가, ②참여형 의사결정, ③신뢰 중심, ④고용 안정성, ⑤팀워크, ⑥자율성을 Z형 기업이 갖추어야 할 주요 특성으로 제시하였다.

Ouchi(1981)은 미국식 경영 시스템의 장점에 일본식 경영 시스템의 장점을 결합하여 다음과 같은 두 가지 측면에서 3세대 기술 및 시장 지식 융합 모형 활용의 지평을 넓히는 데에 유용한 기여를 하였다.

첫째, 기업 내 조직원들 간에 형성된 인간관계가 기술혁신의 결과물들의 품질에 미치는 영향을 조명하였다. Ouchi(1981)은 기술혁신을 통해 시장에 출시되는 일본기업의 제품들이 당시 시장에서 소비자들에게 많은 사랑을 받을 수 있었던 이유를 제품 경쟁력 자체에만 국한하여 설명하는 것이 아니라 조직 구성원들의 신뢰와 고용 안정성에 기반하고 있다는 점을 보여준다. 내부 고객인 조직 구성원들과의 신뢰를 바탕으로한 인간관계가 기술혁신의 결과물인 신제품의 품질을 결정하는 중요한 요소 중 하나라는 신선한 시각을 보여주었다.

둘째, 기술혁신 경영전략과 연관되어 있는 의사 결정 시스템과 관련하여 조직 구성원들의 참여형 의사결정이 지닌 중요성을 잘 보여주었다. 당시 미국의 경영시스템은 조직 내 직급을 기반으로 의사결정 권한과 책임이 계층화되어 있었으며, 기술혁신과 관련한 주요 전략적 의사 결정은 주로 경영층에 의해서만 내려지는 구조였다. 그러나 Ouchi(1981)의 Z형 기업은 조직 구성원들이 다수 참여하는 의사결정 시스템에 기반하여 기술혁신 경영전략과 관련한 주요 의사결정이 수립되고 실행되는 것이 필요하다는 것을 시사하고 있다. 소수의 제한된 합리성과 정보 및 경험을 통해 내려지는 의사결정의 정확성을 제고시킬 수 있는 유효한 방법으로 조직 구성원이 참여하는 의사결정 방식의 중요성을 강조함으로써 Ouchi(1981)은 3세대 기술혁신 경영전략의 주요 대표 이론의 활용과 관련하여 유용한 시사점을 제공하였다.

Ouchi(1981)은 3세대 기술 및 시장 지식 융합 모형의 활용과 관련하여 경영차원에서 신뢰 중심, 투명한 평가, 고용 안정성, 참여형 의사 결정, 자율성, 팀워크가 중요 요인이고 신기술 연구개발(R&D) 차원에서 신뢰, 자율성 및 팀워크에 기반한 연구개발이 중요한 요인임을 잘 보여주고 있다.

그림 13-3 Ouchi(1981)이 시사하는 중요 요인

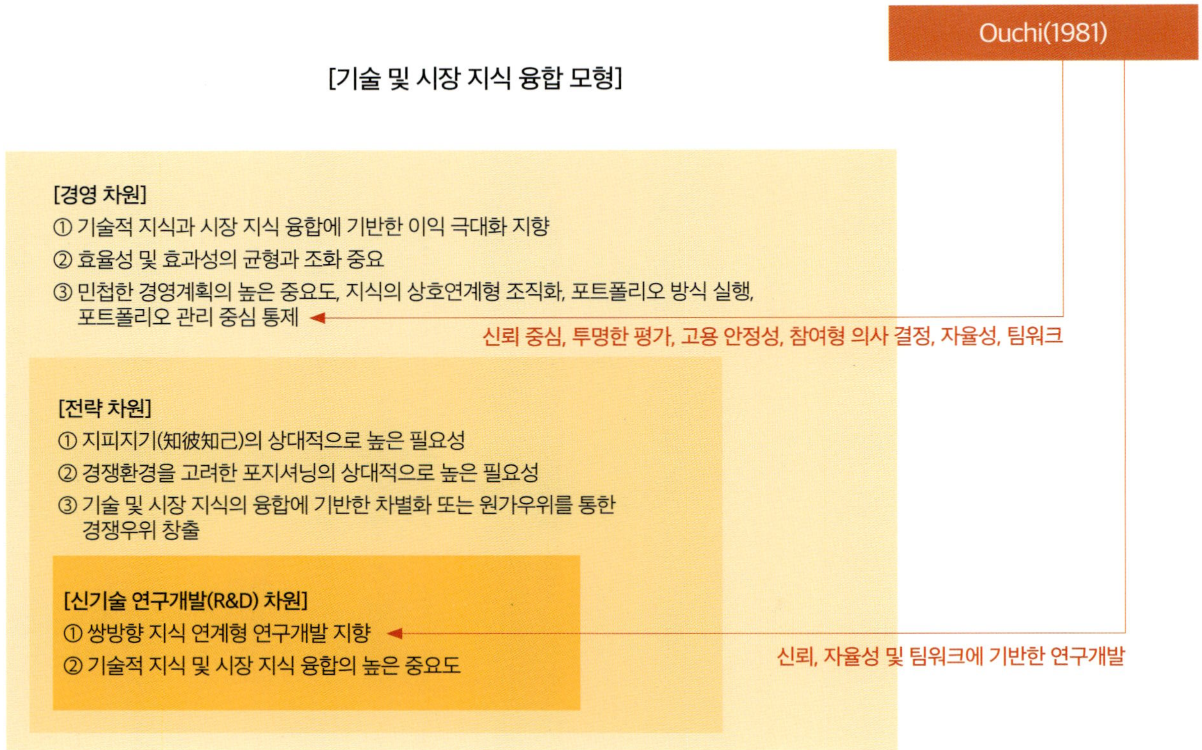

기술 및 시장 지식 융합 모형의 활용에 Ouchi(1981)이 시사하는 중요 요인을 본 학술서에서 분석된 기술 및 시장 지식 융합 모형의 핵심 내용과 관련하여 조명해보면 <그림 13-3>과 같다.

13.4 중요 요인 ④ : 협력적이며 보완적인 팀 구성, 리더의 소통 능력, 기업 전체 목표와 연계된 팀의 전략적 사고

Meredith R. Belbin은 1981년『Management Teams: Why They Succeed or Fail』이라는 제목의 저서를 통해 팀의 성공과 실패와 관련한 주요 연구 결과들을 제시하였다. 이러한 Belbin(1981)의 연구 결과들 중에 아래와 같은 내용들은 특히 3세대 기술 및 시장 지식 융합 모형의 활용에 유용한 시사점들을 제공하고 있다.

첫 번째, 출중한 사람들로만 구성된 팀의 성과가 반드시 좋은 것은 아니다. 일반적으로 능력이 뛰어난 사람들로만 구성된 팀의 성과가 좋을 것으로 생각할 수 있으나, Belbin(1981)은 이러한 생각과 상이한 연구 결과를 제공하였다. Belbin(1981)에 의하면 출중한 사람들로만 구성된 팀의 경우 내부 협력이 아닌 내부 경쟁으로 인한 마찰과 소음이 많이 발생하여 팀의 성과가 좋지 않을 수 있다. 두 번째, 리더십은 팀의 성과에 유효한 영향을 미치며, 특히 팀원들의 의견을 잘 듣고 소통을 잘하는 리더의 팀이 성과가 좋다는 점을 보여준다. 세 번째, 팀 구성원들의 상호보완적인 역할이 팀의 성공에 중요한 요인이다. 개인의 전문성과 함께 팀원들 간의 보완적 역할 관계가 이루어지는 팀이 성과가 좋다. 네 번째, 기업 차원의 전략적 관점에서 조정 및 연계된 팀의 전략적 사고가 중요하다. 기업 차원의 전략과 조정 및 연계 없이 각 팀들이 자기 팀의 이익 극대화를 위해서만 노력하는 경우 조직의 성과는 오히려 악화될 수 있다.

전술한 Belbin(1981)의 연구 결과들은 3세대 기술 및 시장 지식 융합 모형의 활용과 관련하여 다음과 같이 중요한 시사점들을 제공한다.

첫째, 기술 및 시장 지식 융합 모형을 실행하는 기업 조직 구성원들 간의 관계와 팀 간의 관계가 팀과 기업 전체의 성과에 매우 중요한 영향을 미친다는 것이다. 기업 조직에 있어서 각 부서는 팀으로 구성되어 있는 경우가 많으며, 팀은 조직 구성원 개인들로 구성된다. Belbin(1981)은 기술 및 시장 지식 융합 모형을 실행하는 R&D 팀원들간 상호보완적인 협력이 없이 개인들만이 출중할 경우 성공적인 팀성과가 산출되지 않을 수 있다는 것을 보여주고 있다. 즉, 팀원 개인의 전문적인 역량뿐만 아니라 팀원들 간의 보완적인 역할이 매우 중요하다.

둘째, 3세대 기술 및 시장 지식 융합 모형을 실행하는 기업 전체의 목표와 조정 및 연계된 R&D 팀의 전략적 사고가 필요하다. 팀간 또는 부서 간의 관계가 기술 및 시장 지식 융합 모형을 실행하는 기업 전체의 목표를 위해 유기적으로 협력하고 보완하는 관계가 아니라 자기 팀 또는 자기 부서의 이익만 추구한다면 목표 달성은 어려워질 수밖에 없다. 즉, 팀 내 개인 간의 관계와 팀 간 및 부서 간의 관계가 팀이나 부서의 성과를 비롯하여 기업 전체의 성과를 이루는 데 중요한 기반이 된다.

셋째, 리더의 소통 능력이 기술 및 시장 지식 융합 모형을 실행하는 기업의 R&D 팀의 성과에 중요한 영향을 미칠 수 있다는 점이다. Belbin(1981)에 의하면 리더의 소통 능력은 팀 내의 조직 분위기 조성에 중요한 영향을 미칠 수 있다. 팀원들의 의견을 잘 듣고 수렴하지 않는 리더가 이끄는 팀은 팀의 방향성과 팀워크에서 심각한 문제가 생길 수 있으며, 이는 팀의 성과 저하로 연결된다.

Belbin (1981)은 성공적인 팀과 실패하는 팀의 특성을 비교분석하여 그 결과를 제시함으로써 기술 및 시장 지식 융합 모형을 실행하는데 필요한 시각을 개인이나 조직뿐만 아니라 팀으로도 넓히는 데에 중요한 기여를 하였다.

Belbin(1981)이 기술 및 시장 지식 융합 모형의 활용에 시사하는 중요 요인을 본 학술서에서 분석된 기술 및 시장 지식 융합 모형의 핵심 내용과 관련하여 살펴보면 <그림 13-4>와 같다.

그림 13-4 Belbin(1981)이 시사하는 중요 요인

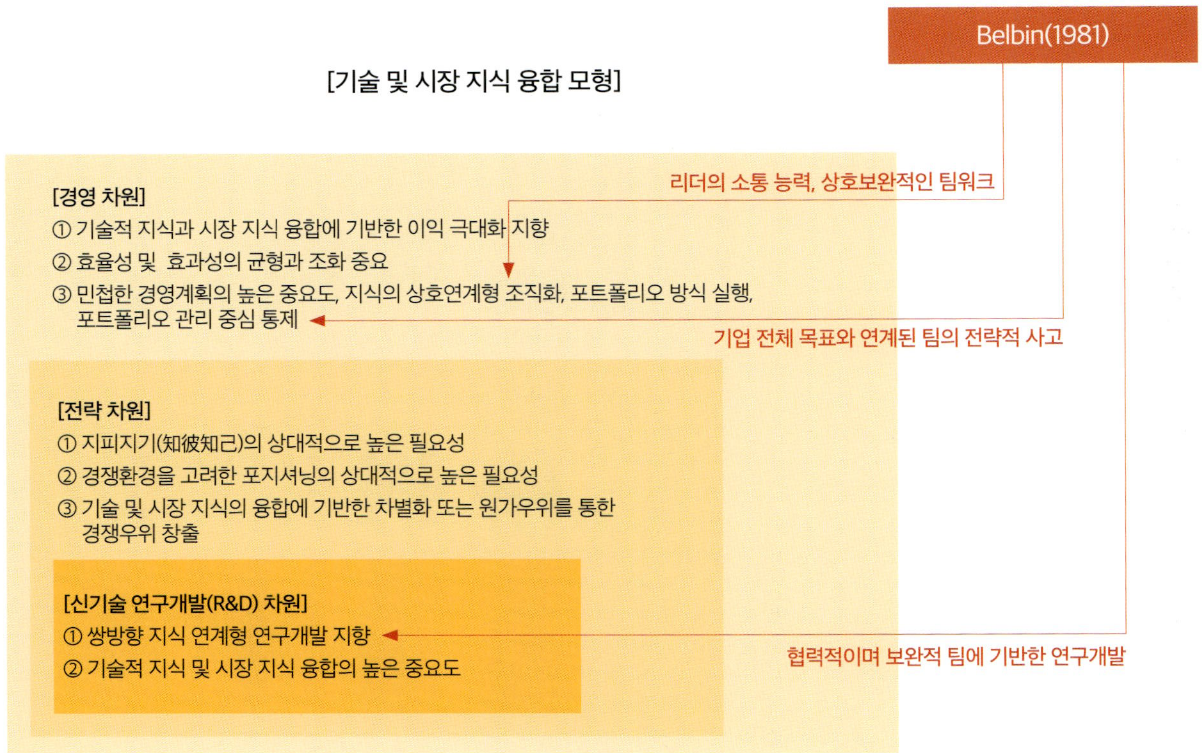

13.5 중요 요인 ⑤ : 고객 분석, 경쟁사 분석 및 자사 분석(3C 분석)

1982년 Kenich Ohmae는 저서인 『The Mind of the Strategist : The Art of Japanese Business』를 통해 경쟁 상황에서 기업의 성공의 핵심은 경쟁우위 창출이라는 점에 주목하고 경쟁우위 창출을 위한 효과적인 전략적 분석 방법으로 전략 삼각형 분석(3C 분석)을 제시하여 3세대 기술 및 시장 지식 융합 모형의 활용에 유용한 시사점을 제시하였다.

Ohmae(1982)의 전략 삼각형 분석(3C 분석)은 고객(Customers), 자사(Corporation), 경쟁사(Competitors)에 대한 분석을 의미한다. Ohmae(1982)는 전략의 궁극적인 지향점이 경쟁사 대비 상대적인 경쟁우위를 창출하는 것으로 보았다. 따라서, 3C 분석은 경쟁사에 대한 자사의 상대적인 경쟁우위 분석에 기반한다. 자사가 고객에 제공할 수 있는 가치는 경쟁사 보다 크고 경쟁사에 비해 비용이 낮을 때 상대적인 경쟁우위가 창출된다(Ohmae, 1982). Ohmae(1982)는 전략 수립 시 3C 분석을 통해 자사의 경쟁사 대비 상대적 경쟁우위 창출 방법에 집중할 것을 강조하였다.

Ohmae(1982)는 3C분석을 통해 3세대 기술 및 시장 지식 융합 모형을 활용할 경우 전략적으로 눈 여겨봐야 되는 3가지 요인(고객, 자사 및 경쟁사)을 제시하여 전략적 분석의 중요한 분석틀을 제공함으로써 기술 및 시장 지식 융합 모형의 활용에 유용한 시각을 제시하였다.

그림 13-5 Ohmae(1982)가 시사하는 중요 요인

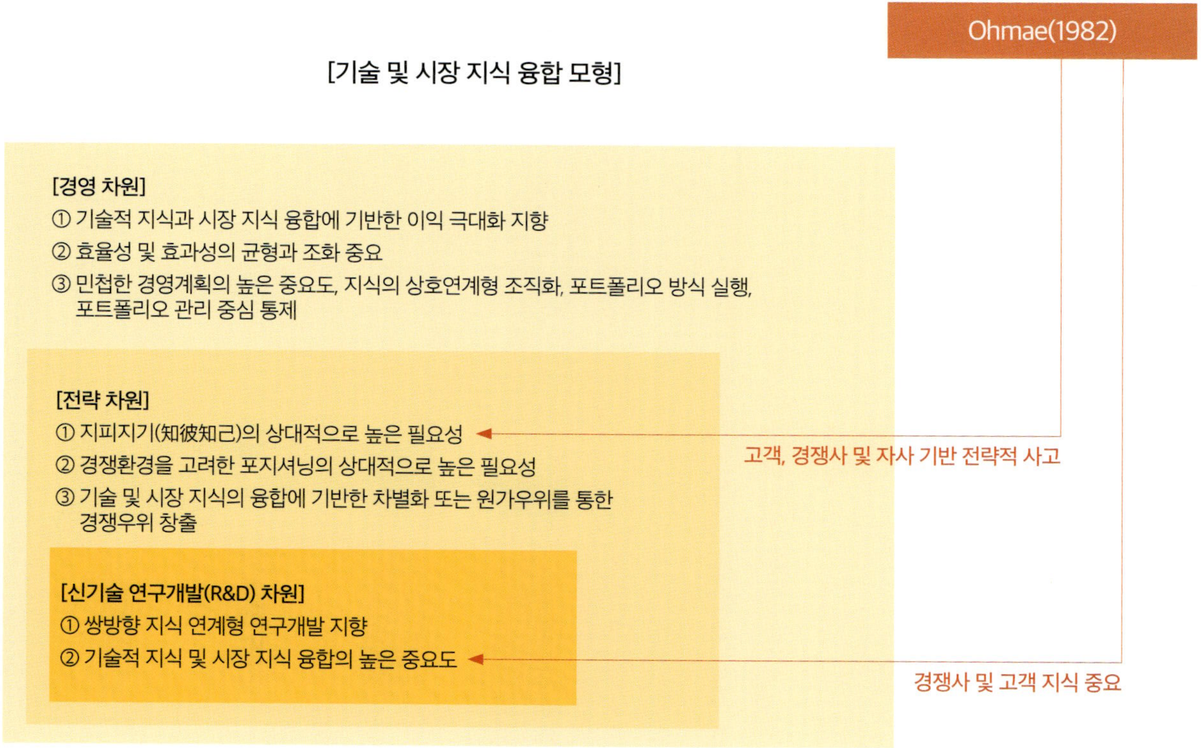

3세대 기술 및 시장 지식 융합 모형에서는 다양한 기술적 지식뿐만 아니라 시장 지식에 대한 분석이 필요하다. 그러나, 내부의 자원과 역량에 한계가 있는 기업의 입장에서는 모든 기술적 지식과 시장 지식을 수집하고 분석할 수 없기 때문에 분석용 자원과 비용이 집중되어야 할 부분에 대해 전략적 분석의 초점을 맞추는 것이 필요하다. Ohmae(1982)는 이러한 전략적 분석의 핵심으로 고객, 자사, 경쟁사 분석(3C 분석)을 제시하고, 기술혁신으로 출시되는 자사의 제품이나 서비스가 경쟁사 대비 저원가로 우월한 가치를 고객에게 제공할 수 있는 방법에 집중하는 것이 효과적인 전략 수립이라는 점을 강조하였다.

기술 및 시장 지식 융합 모형의 활용에 Ohmae(1982)가 시사하는 중요 요인을 본 학술서에서 분석된 기술 및 시장 지식 융합 모형의 핵심 내용과 관련하여 조명해보면 <그림 13-5>와 같다.

13.6 중요 요인 ⑥ : 실행 중시, 고객 밀착, 기업가정신 및 사람에 기반한 생산성 증대

Thomas J. Peters와 Robert H. Waterman은 1982년 『In Search of Excellence: Lessons from America's Best-run Companies』라는

제목의 저서를 통해 P&G, GE, Intel 및 IBM을 비롯해 재무적 성과가 매우 탁월한 미국 기업들이 가지고 있는 공통적인 주요 특성들에 대한 연구 결과를 발표하였다. Peters & Waterman(1982)가 제시한 연구 결과들 중 아래와 같은 4가지는 3세대 기술 및 시장 지식 융합 모형의 활용에 유용한 시사점들을 제공하고 있다.

첫째, 탁월한 기업들의 공통적인 특성은 실행을 중요시한다는 점이다. Peters & Waterman(1982)는 전략적 분석을 기반으로 전략이 수립되면 지체없이 실행하는 것이 탁월한 성과를 창출하는 기업들의 중요한 특성임을 제시하였다. 둘째는 고객 밀착이다. 고객 밀착은 고객과의 활발한 상호 작용을 바탕으로 긴밀한 유대관계를 갖고 있다는 것을 내포하고 있다. 셋째, 높은 수준의 기업가정신이다. Peters & Waterman(1982)의 연구 대상이 대부분 규모가 큰 대기업이었음에도 불구하고 현재의 상황에 안주하지 않고 내부적으로 창업과 혁신을 위한 사업 프로젝트를 적극 육성하고 지원하였다. 넷째, 사람에 기반한 생산성 증대이다. 자본의 여유가 많은 기업의 경우 고성능 기계설비에 대한 자본 투자를 통한 생산성 증대가 용이할 수 있는데, 탁월한 기업들의 경우 사람에 기반한 생산성 증대에도 앞장서고 있었다.

전술한 바와 같은 Peters & Waterman(1982)의 연구 내용들을 3세대 기술 및 시장 지식 융합 모형의 활용 측면에서 해석해보면 다음과 같은 시사점들을 발견할 수 있다.

첫째, 기술 및 시장 지식 융합 모형이 성공하기 위해서는 기업의 실행 능력이 중요하다.

둘째, 고객에 밀착하여 실행되는 지속적인 시장 지식 학습이 기술 및 시장 지식 융합 모형의 활용에 중요하다.

셋째, 기업 조직 구성원들의 정신적인 측면에 바탕을 둔 요인이 기술혁신을 통한 탁월한 성과 창출에 중요한 역할을 할 수 있다. Peters & Waterman(1982)는 높은 수준의 기업가정신이 조직 구성원들의 정신적인 측면으로부터 기인하는 중요 요인으로서 기술 및 시장 지식 융합 모형의 활용에 고려될 필요가 있다는 점을 시사하고 있다.

넷째, 기술혁신에 있어서 사람에 기반한 생산성 증대가 중요하다. 산업 사회에서 경제적인 부를 창출 하는 데 필요한 핵심 요소인 자본, 노동력, 토지 중에서 사람이 제공하는 노동력은 다른 두 가지 요소인 자본 및 토지와 비교할 때 기업의 기술혁신 경영 시스템 측면에서 중요한 공통점과 차이점을 가지고 있다. 노동력은 자본과 토지와 함께 기업의 새로운 제품이나 서비스를 개발하고 생산하는 데에 없어서는 안되는 핵심 투입물(input)이라는 공통점을 가지고 있다. 그러나 사람의 노동력은 단순히 투입물만으로 그 역할을 다하는 것이 아니라, 기술혁신 경영 시스템의 변환 과정(transformation process)을 통제하는 핵심적인 역할을 하며 산출물(output)의 품질에도 막대한 영향을 미친다. 즉, 사람의 노동력은 기업의 기술혁신 경영 시스템의 변환 과정에 직접적인 영향을 주며 기술혁신의 결과물인 최종 제품이나 서비스의 품질에도 큰 영향을 미친다. Peters & Waterman(1982)는

그림 13-6 Peters & Waterman(1982)가 시사하는 중요 요인

Peters & Waterman(1982)

[기술 및 시장 지식 융합 모형]

[경영 차원]

① 기술적 지식과 시장 지식 융합에 기반한 이익 극대화 지향

② 효율성 및 효과성의 균형과 조화 중요

③ 민첩한 경영계획의 높은 중요도, 지식의 상호연계형 조직화, 포트폴리오 방식 실행, 포트폴리오 관리 중심 통제

실행 중심, 사람에 기반한 생산성 증대, 기업가정신

[전략 차원]

① 지피지기(知彼知己)의 상대적으로 높은 필요성

② 경쟁환경을 고려한 포지셔닝의 상대적으로 높은 필요성

③ 기술 및 시장 지식의 융합에 기반한 차별화 또는 원가우위를 통한 경쟁우위 창출

[신기술 연구개발(R&D) 차원]

① 쌍방향 지식 연계형 연구개발 지향

② 기술적 지식 및 시장 지식 융합의 높은 중요도

고객 밀착을 통한 시장 지식 학습 중요

생산성 증대에 있어서 사람에 기반한 생산성 증대의 중요성을 시사하였다. 자본에 기반한 생산성 증대는 주로 자본 투자를 통해 고성능 기계설비를 구매하여 이를 바탕으로 더 적은 투입물로 보다 더 많은 산출물을 생산하는 것을 지향한다(Stevenson, 2020). 그러나 사람에 기반한 생산성 증대는 주로 기업 조직 구성원들의 회사에 대한 애사심과 몰입도 및 동기부여와 업무 역량 향상에 기반한 생산성 증대를 지향한다(Stevenson, 2020; Robbins & Judge, 2019). 생산성 증대를 위해 자본을 투자하여 구입한 기계설비를 업무에 사용하고 관리하는 것은 바로 기업의 조직 구성원, 즉 사람이다. Peters & Waterman(1982)는 궁극적으로 3세대 기술 및 시장 지식 융합 모형의 생산성 증대에 있어서 사람의 역할이 매우 중요하다는 점을 시사하고 있다.

Peters & Waterman(1982)가 기술 및 시장 지식 융합 모형의 활용에 시사하는 중요 요인을 본 학술서에서 분석된 기술 및 시장 지식 융합 모형의 핵심 내용과 관련하여 살펴보면 <그림 13-6>과 같다.

13.7 중요 요인 ⑦ : 환경의 특성에 적합한 조직 구조

Henry Mintzberg는 1983년 저서인 『Structure in Fives: Designing Effective Organization』에서 조직을 구성하는 5가지

계층과 역할에 대한 연구 결과를 비롯해 조직 설계에 대한 통찰력 있는 연구 결과들을 제시하였다. Mintzberg(1983)이 제시한 여러 연구 결과들 중에 환경에 적합한 조직 구조의 유형은 특히 3세대 기술 및 시장 지식 융합 모형의 활용에 유용한 시사점을 제공하고 있다.

Mintzberg(1983)에 의하면 환경에 적합한 조직 구조가 설계됐을 때 기업의 생존과 지속적인 발전이 가능하다. Mintzberg(1983)에 따르면 복잡하며 역동적인 환경에서는 분권적이며 유기적인 조직이 적합하고, 복잡하며 안정적인 환경에서는 분권적이며 관료적인 조직이 효과적이다. 한편, Mintzberg(1983)은 단순하고 역동적인 환경에서는 중앙집권적이며 유기적인 조직이 적합하며, 단순하고 안정적인 환경에서는 중앙집권적이며 관료적인 조직이 효과적이라는 점을 보여주었다.

Mintzberg(1983)의 연구를 3세대 기술 및 시장 지식 융합 모형의 관점에서 검토해보면, 기술혁신을 성공시키기 위해서는 기술 및 시장 지식 융합 모형을 활용하는 기업이 처한 환경의 특성에 맞는 조직 구조가 설계돼야만 기술혁신 경영전략의 성공확률을 높일 수 있다는 중요한 시사점을 얻을 수 있다. 바람이 거세게 부는 폭풍우가 빈번한 환경에서 대나무와 같은 유연한 나무가 생존할 수 있듯이 역동적인 환경에서는 기술 및 시장 지식 융합 모형을 수행하는 기업에게 유기적인 조직이 효과적이다. 반면, 복잡한 환경에서는 분권적 조직 구조가 필요하다는 점을 Mintzberg(1983)은 잘 보여주고 있다.

Mintzberg(1983)은 기업이 기술혁신 경영전략을 활용함에 있어서 환경의 특성에 맞는 조직 구조를 전략적으로 고려해야 한다는 시사점을 제공하여, 3세대 기술 및 시장 지식 융합 모형의 활용에 필요한 시야의 폭을 넓히는 데 기여하였다.

기술 및 시장 지식 융합 모형의 활용에 Mintzberg(1983)이 시사하는 중요 요인을 본 학술서에서 분석된 기술 및 시장 지식 융합 모형의 핵심 내용과 관련하여 조명해보면 <그림 13-7>과 같다.

그림 13-7 Mintzberg(1983)이 시사하는 중요 요인

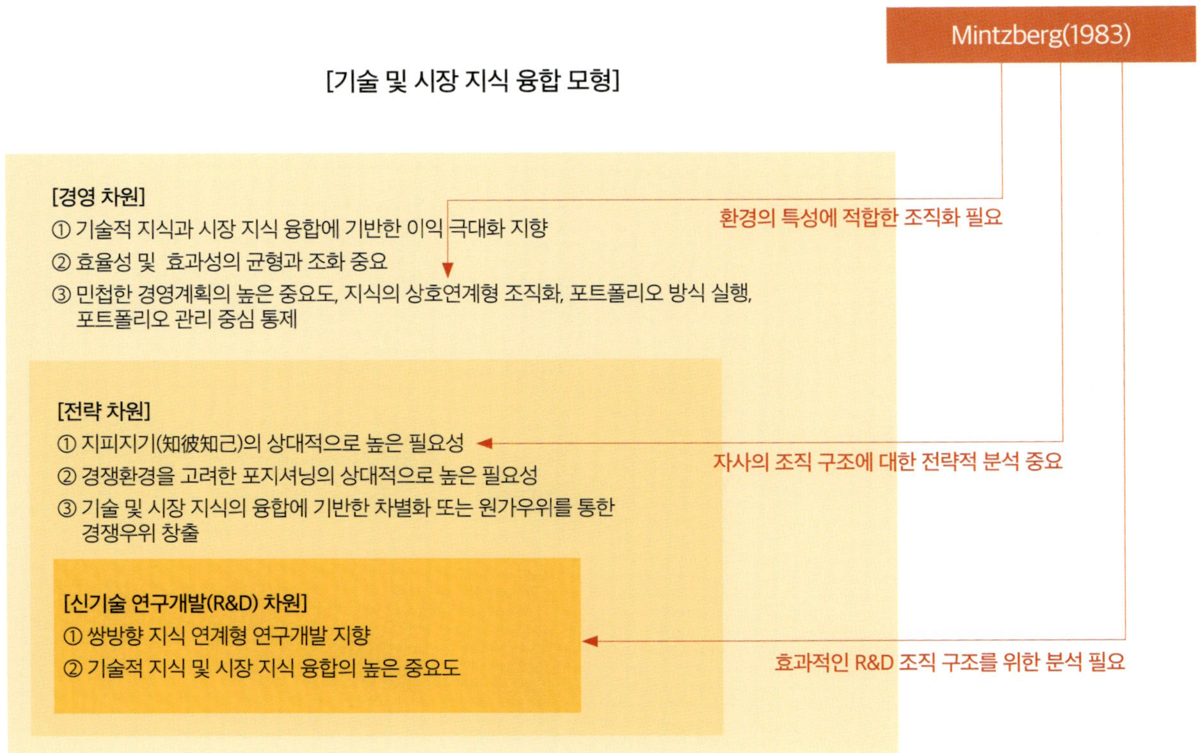

참고문헌

Belbin, R. M. (1981). Management teams : Why they succeed or fail, Heinemann.

Grant, R. M. (2016). Contemporary Strategy Analysis, Wiley.

Mintzberg, H. (1983). Structure in fives: Designing effective organizations, Prentice-Hall.

Ohmae, K. (1982). The Mind of Strategist : The Art of Japanese Business, McGraw-Hill.

Ouchi, W. G. (1981). Theory Z : How American business can meet the Japanese challenge, Addison-Wesley Publishing Company.

Peters, T. J. & Waterman, R. H. (1982). In search of excellence: Lessons from America's best-run companies, Harper and Row.

Porter, M. E. (1980). Competitive strategy: Techniques for analyzing industries and competitors, Free Press.

Robbins, S. P., & Judge, T. A. (2019). Organizational Behavior, Pearson.

Stevenson, W. J. (2020). Operations Management, McGraw-Hill.

Williamson, O. E. (1975). Markets and hierarchies: Analysis and antitrust implications, Free Press.

4세대 기술혁신 경영전략 주요 대표 이론 활용의 중요 요인

4세대 기술혁신 경영전략의 주요 대표 이론은 7장에서와 같이 병렬형 지식 융합 모형이다. 본 장에서는 Stalk(1988), Bartlett & Ghoshal(1987), Hammer & Champy(1993), Hamel & Prahalad (1994)의 주요 연구 결과들이 시사하는 병렬형 지식 융합 모형의 활용에 중요 요인들을 살펴보았다.

14.1 중요 요인 ① : 시간 중심의 신속한 연구개발, 제조, 판매 및 유통

George Stalk, Jr.은 1988년 Harvard Business Review에

『Time-The Next Source of Competitive Advantage』라는 제목의 논문을 발표하여 신속성을 기반으로 하는 4세대 병렬형 지식 융합 모형의 활용에 중요한 시사점을 제공하였다. Stalk(1988)은 시간이 생산성과 품질에 못지 않는 중요한 전략적 무기임을 강조하면서 시간이 차별화우위와 원가우위를 동시에 창출할 수 있는 경쟁우위의 원천임을 강조하였다.

일반적으로 고객의 다양한 욕구를 충족시키기 위해 다양한 제품과 서비스를 개발하고 차별화 전략을 수행하면 여러 비용이 증가하게 됨으로써 원가우위가 감소하게 된다(Porter, 1980; 1985). 반대로 제품이나 서비스의 고품질 창출에 필요한 R&D 투자를 줄여서 원가우위를 창출한다면 차별화우위는 감소하게 된다(Porter, 1980; 1985). 그러나 Stalk(1988)에 의하면 시간(신속성)을 경쟁우위의 원천으로 실행되는 유연한 제조 시스템과 제품 혁신은 다양한 비용을 절약할 수 있게 하며, 고객의 다양한 욕구에 신속하게 대응하는 것을 가능하게 해준다. 따라서, Stalk(1988)은 시간 중심의 신속한 기술혁신, 제조, 판매 및 유통을 지향할 것을 강조한다.

4세대 병렬형 지식 융합 모형은 본 학술서의 7장에서 전술한 바와 같이 신속한 R&D를 지향한다. Stalk(1988)은 병렬형 지식 융합 모형의 활용에 있어서 신속한 R&D뿐만이 아니라, 제조, 판매 및 유통에 있어서도 시간(신속성)에 기반한 경쟁우위를 창출해야 기술혁신 경영전략의 성공 확률을 높일 수 있다는 점을 시사하여, 병렬형 지식

그림 14-1 Stalk(1988)이 시사하는 중요 요인

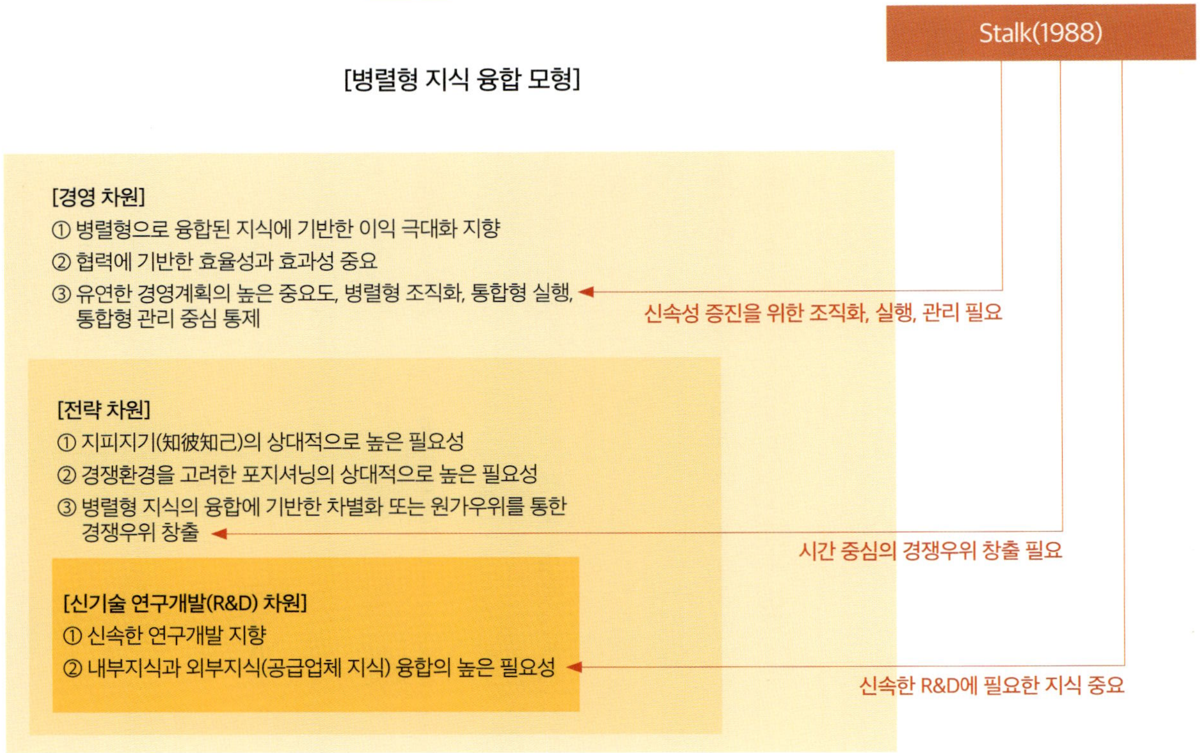

융합 모형의 활용과 관련한 시야를 넓히는 데 유용한 기여를 하였다.

Stalk(1988)이 병렬형 지식 융합 모형의 활용에 시사하는 중요 요인을 본 학술서에서 분석된 병렬형 지식 융합 모형의 핵심 내용과 관련하여 살펴보면 <그림 14-1>과 같다.

14.2 중요 요인 ② : 글로벌 다차원 역량, 진출 시장의 특수성에 적합한 차별화, 협력에 기반한 상호의존적인 글로벌 조직 구조

Christopher A. Bartlett 및 Sumantra Ghoshal은 1987년 Sloan Management Review에 『Managing across Borders: New Organizational Responses』라는 논문을 통해 글로벌 시장에서 경쟁우위 창출을 위한 글로벌 경영전략에 대한 연구 내용을 발표하였다. 본 학술서의 7장에서 살펴본 것처럼 4세대 병렬형 지식 융합 모형이 발생하게 된 주요한 배경 중 하나는 냉전 시대 종식 후 시장의 글로벌화와 개방화이다. Batlett & Ghoshal(1987)은 글로벌 시장에서 병렬형 지식 융합 모형의 활용의 폭과 깊이를 심화할 수 있는 시사점이 높은 연구 결과를 제시하여 4세대 병렬형 지식 융합 모형의 활용에 기여하였는데, Batlett & Ghoshal(1987)의 연구 결과들 중에 아래와 같은 3가지 내용들은 특히 글로벌 시장에서 4세대 병렬형 지식 융합 모형의 활용에 유용한 시사점들을 제공하고 있다.

첫째, 글로벌 시장에서 생존 및 발전하기 위해서는 일차원적인 역량이 아니라 다차원적인 역량을 배양하고 성장시키는 것이 중요하다. 둘째, 효과적인 글로벌 경쟁을 위해서는 일률적인 조직 관리 보다는 글로벌 진출 시장의 특수성에 맞는 차별화를 지향하는 것이 바람직하다. 셋째, 글로벌 시장에서의 조직 구조는 독립적인 구조나 완전 의존적인 구조가 아니라 상호 협력적 의존형 구조가 더 효과적이다.

전술한 Batlett & Ghoshal(1987)의 주요 내용은 글로벌 시장에서의 4세대 병렬형 지식 융합 모형의 활용과 관련하여 다음과 같은 중요한 시사점을 제공한다.

첫째, 병렬형 지식 융합 모형을 활용하여 글로벌 시장에서 생존하고 지속적으로 성장하기 위해서는 다차원적인 역량을 개발하고 발전시키는 것이 중요하다. 병렬형 지식 융합 모형을 활용함에 있어서 내수 시장의 욕구만을 충족시키기 위한 일차원적인 역량으로의 전문화는 향후 글로벌 시장에 진출하여 더 많은 소비자의 다양한 욕구를 충족해야 할 경우 오히려 전략적인 한계점으로 작용할 수 있다.

둘째, 글로벌 경쟁을 위한 병렬형 지식 융합 모형을 활용함에 있어서 글로벌 시장에서 사업을 수행하는 자사의 조직들에게 일률적으로 동일한 조직 구조와 프로세스를 요구하는 것 역시

전략적인 한계점으로 작용할 수 있다. 오히려 병렬형 지식 융합 모형을 활용하여 글로벌 시장에서 경쟁을 할 경우 지역별 특성을 고려해 진출 지역의 다양한 특성에 적합한 방식으로 지역별로 차별화된 경영을 수행하는 것이 필요하다.

셋째, 병렬형 지식 융합 모형을 활용하여 글로벌 시장에 진출할 경우 해외 시장에 진출해 있는 자사의 글로벌 조직들간의 상호협력을 바탕으로 상호의존적 구조를 형성하는 것이 독립적인 구조나 완전 의존적 구조 보다 효과적이다. 기술 확산과 시장의 글로벌화로 인해 사업적으로 중대한 전략적 정보들은 특정 지역에만 집중되는 것이 아니라 전세계적으로 산재하게 되었다(Bartlett & Ghoshal, 1987). 글로벌 조직간 협력형 상호 의존적 구조를 토대로 병렬형 지식 융합 모형의 활용에 필요한 중대한 전략적 정보와 지식을 공동협력을 통해 수집 및 학습하는 것이 글로벌 시장에서의 경쟁우위 창출에 효과적이다.

Bartlett & Ghoshal(1987)은 글로벌 시장 경쟁에서 병렬적 지식 융합 모형의 성공적인 활용을 위해 다차원적인 역량 배양, 진출 시장의 특수성에 맞는 차별화, 협력에 기반한 상호의존적인 글로벌 조직 구조의 필요성을 시사하며 4세대 병렬형 지식 융합 모형의 활용에 중요한 기여를 하였다.

병렬형 지식 융합 모형의 활용에 Bartlett & Ghoshal(1987)이 시사하는 중요 요인을 본 학술서에서 분석된 병렬형 지식 융합 모형의 핵심 내용과 관련하여 조명해보면 <그림 14-2>와 같다.

그림 14-2 Bartlett & Ghoshal(1987)이 시사하는 중요 요인

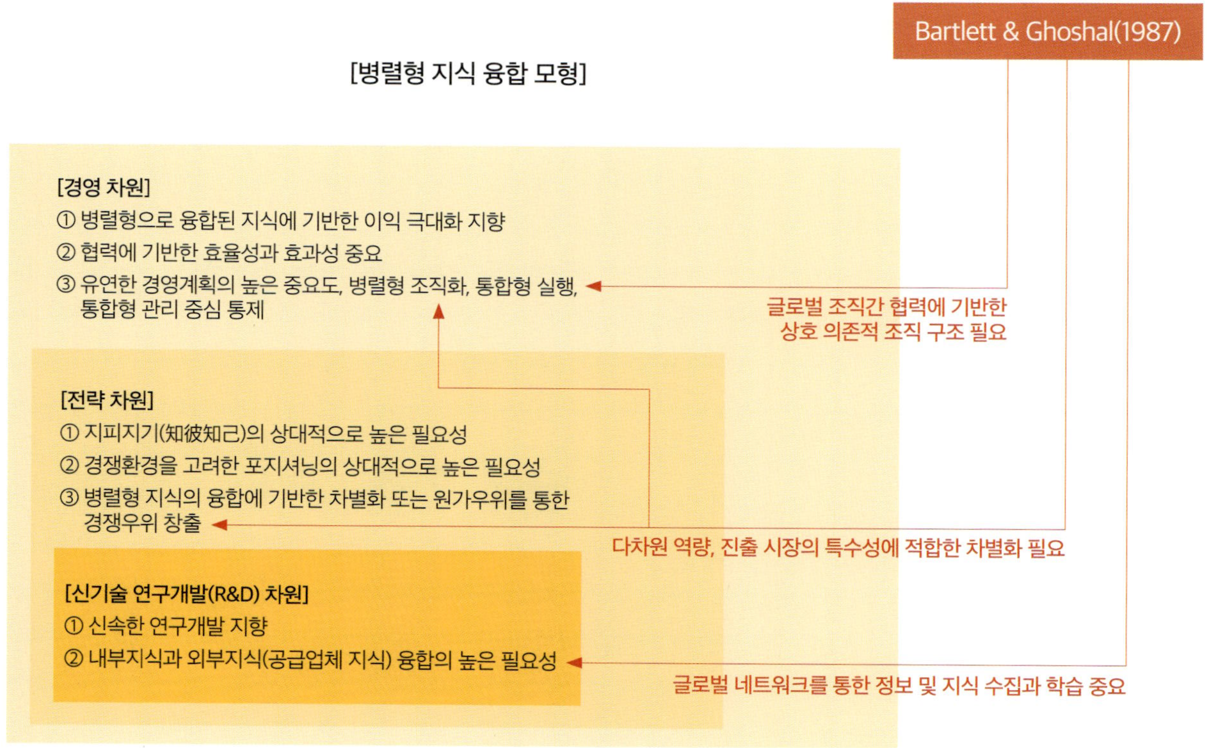

14.3 중요 요인 ③ : 비즈니스 프로세스 리엔지니어링을 통한 프로세스 효율화

Michael Hammer 및 James A. Champy는 1993년 그들의 저서인 『Reengineering the Corporation: A Manifesto for Business Revolution』을 통해 비즈니스 프로세스 리엔지니어링의 필요성을 강조하며, 4세대 병렬형 지식 융합 모형의 성공적인 활용에 중요한 시사점을 제공하였다.

Hammer & Champy(1993)은 기업의 조직 구성원들의 역량이 뛰어나고 열심히 일을 한다고 해도 잘못된 프로세스로 이루어진 업무 처리는 기업의 시간을 낭비시키고 자원 투자의 비효율성을 증가시키며 궁극적으로 고객의 불만족으로 이어질 수 있다는 것을 강조하였다. 따라서, Hammer & Champy(1993)은 시간 및 자원의 낭비와 고객의 불만족을 근본적으로 막을 수 있도록 기업의 비즈니스 프로세스를 재정비하고 효율화해야 한다고 주창하였다. 이러한 Hammer & Champy(1993)의 연구는 손자가 『손자병법』을 통해 이야기한 전략의 핵심인 지피지기(知彼知己) 중 본인을 잘 파악하는 지기(知己)에 해당하는 것으로 비즈니스의 경쟁력을 향상하기 위해서는 자사의 비즈니스 프로세스로 먼저 눈을 돌려야 된다는 것을 의미한다. Hammer & Champy(1993)은 기업의 비즈니스 프로세스에서 중복되고 쓸모 없는 부분을 과감히 제거하고 개선하는 효율적인 업무 프로세스의 설계와

그림 14-3 Hammer & Champy(1993)이 시사하는 중요 요인

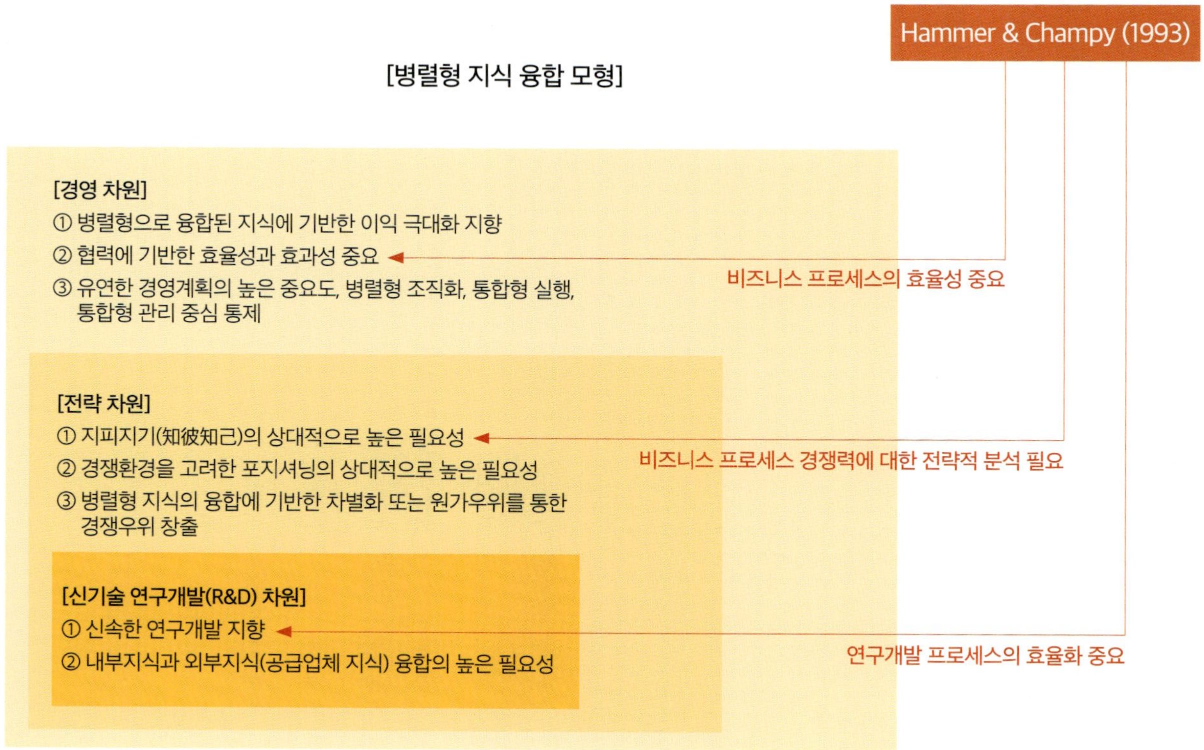

실행이 기업의 생존과 발전 및 고객 만족에 중요한 부분임을 강조하고 있다.

Hammer & Champy(1993)은 4세대 병렬형 지식 융합 모형의 활용과 관련하여 다음과 같은 중요한 시사점을 제공하며, 병렬형 지식 융합 모형의 활용에 의미 있는 공헌을 하였다.

첫째, 효율적인 비즈니스 프로세스의 구축이 없이는 병렬형 지식 융합 모형의 특징 중 하나인 신속한 연구개발이 어려워진다. 본 학술서의 7장에서 서술한 바와 같이 병렬형 지식 융합 모형은 기업의 내부 부서뿐만 아니라 공급업체와의 긴밀한 협력과 커뮤니케이션에 기반한다. 그러나 이러한 협력 및 커뮤니케이션 프로세스가 중복되고 비효율성이 높은 경우에는 신속한 연구개발이 어려워질 수밖에 없다.

둘째, 병렬형 지식 융합 모형의 효과적인 실행을 위해서는 조직이 가진 비즈니스 프로세스의 효율성에 대한 지속적인 성찰이 필요하다. 아무리 훌륭한 기술을 개발할지라도 비즈니스 프로세스의 지연과 실패로 인한 제품 및 서비스 품질 하락은 고객 만족에 악영향을 미칠 수밖에 없다. 따라서, 병렬형 지식 융합 모형의 활용과 함께 비즈니스 프로세스에 대해 지속적인 개선 노력을 경주하는 것이 바람직하다.

Hammer & Champy(1993)이 병렬형 지식 융합 모형의 활용에 시사하는 중요 요인을 본 학술서에서 분석된 병렬형 지식 융합 모형의 핵심 내용과 관련하여 살펴보면 <그림 14-3>과 같다.

14.4 중요 요인 ④ : 핵심역량의 발굴, 미래지향적인 시각과 혁신 추구

Gary Hamel 및 C. K. Prahalad는 1994년 그들의 저서인 『Competing for the Future』를 통해 핵심역량(Core Competency)의 발굴과 미래 변화 방향 및 경쟁구도에 대한 신선한 시각이 필요함을 강조하였다. Hamel & Prahalad(1994)가 제시한 연구 결과들 중 아래와 같은 3가지 내용들은 4세대 병렬형 지식 융합 모형의 활용에 의미 있는 시사점을 제공하였다.

첫째, 경쟁우위를 창출하고 유지하기 위해서는 자사만이 보유할 수 있는 독특한 핵심역량이 있어야 한다. 둘째, 전략적인 성공을 위해서는 미래 변화 방향과 경쟁 구도에 대한 참신한 시각이 있어야 한다. 셋째, 변화하는 시장 환경에서 승리하기 위해서는 과거와 현재에 안주하지 않고 혁신을 지향하는 것이 필요하다.

Hamel & Prahalad(1994)의 위와 같은 내용은 4세대 병렬형 지식 융합 모형의 활용과 관련하여 다음과 같은 중요한 시사점을 제공하며, 병렬형 지식 융합 모형의 활용에 의미 있는 공헌을 하였다.

첫째, 병렬형 지식 융합 모형을 통한 신기술 연구개발은 핵심역량의 창출과 직결돼야 한다. Hamel & Prahalad(1994)의 관점에서 봤을 때, 자사의 현재와 미래 경쟁사들을 전략적으로 분석하여 현재와 미래 시장에서 승리할 수 있도록 자사의 핵심 역량을

그림 14-4 Hamel & Prahalad(1994)가 시사하는 중요 요인

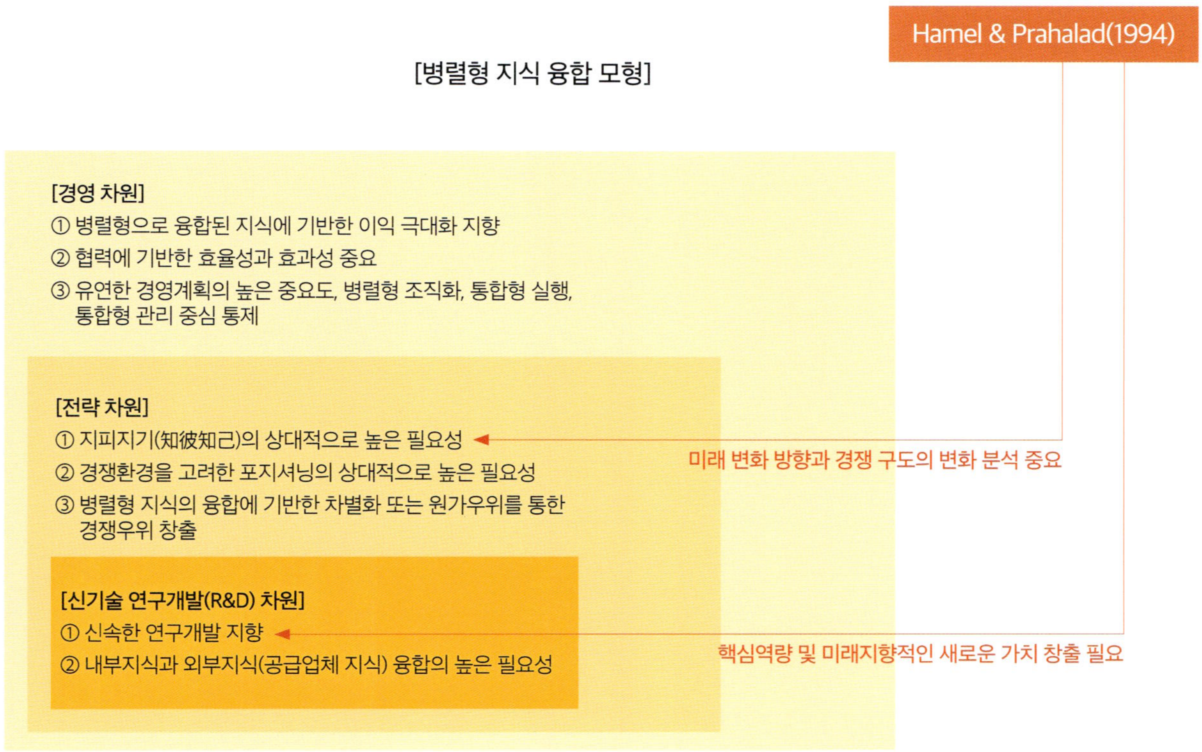

발굴하고 유지하는 것이 4세대 병렬형 지식 융합 모형의 핵심이라 할 수 있다.

둘째, 병렬형 지식 융합 모형의 성공적인 활용을 위한 지피지기(知彼知己) 분석은 미래 변화 방향과 경쟁 구도의 변화에 초점이 맞춰져야 한다. 미래지향적인 변화 방향에 대한 신선한 시각에 기반한 전략적 분석이 병렬형 지식 융합 모형의 활용을 통한 경쟁우위 창출에 효과적이다.

셋째, 병렬형 지식 융합 모형의 활용을 통해 변화하는 시장 경쟁에서 승리하기 위해서는 신기술 연구개발의 목표가 미래 지향적인 새로운 가치를 창출할 수 있는 혁신적인 것을 추구하는 것이 바람직하다.

병렬형 지식 융합 모형의 활용에 Hamel & Prahalad(1994)가 시사하는 중요 요인을 본 학술서에서 분석된 병렬형 지식 융합 모형의 핵심 내용과 관련하여 조명해보면 <그림 14-4>와 같다.

❙ 참고문헌

Bartlett, C. A., & Ghoshal, S. (1987). Managing across borders: New organizational responses. Sloan Management Review, 29(1), 43-53.

Hamel, G., & Prahalad, C. K. (1994). Competing for the future, Harvard Business School Press.

Hammer, M., & Champy, J. A. (1993). Reengineering the corporation: A manifesto for business revolution, Harper Business.

Porter, M. E. (1980). Competitive strategy: Techniques for analyzing industries and competitors, Free Press.

Porter, M. E. (1985). Competitive advantage: Creating and sustaining superior performance, Free Press.

Stalk, G. Jr. (1988). Time-the next source of competitive advantage. Harvard Business Review, 66(4), 41-51.

15장

5세대 기술혁신 경영전략 주요 대표 이론 활용의 중요 요인

5세대 기술혁신 경영전략의 주요 대표 이론은 8장에서 설명된 바와 같이 연계형 지식 학습 모형이다. 본 장에서는 Nonaka & Takeuchi(1995), Kaplan & Norton(1996), Christensen(1997), Barney(1997), Evans & Wurster(1997), Grant(1996; 1997; 2002)의 주요 연구 결과들이 시사하는 연계형 지식 학습 모형의 활용에 중요 요인들을 살펴보았다.

15.1 중요 요인 ① : 지식창출의 순환 과정 구축

Ikujiro Nonaka와 Hirotaka Takeuchi는 1995년 저서인 『The

Knowledge Creating Company : How Japanese Companies Create the Dynamics of Innovation』을 통해 SECI 모형이라는 역동적인 지식 창출 과정을 소개하여 5세대 연계형 지식 학습 모형의 활용과 관련된 유용한 시사점을 제공하였다.

5세대 연계형 지식 학습 모형을 성공적으로 활용하기 위해서는 내부지식학습과 외부지식학습을 통한 지식의 창출과 공유가 필수적이다(Rothwell, 1994). 이러한 기업의 지식 창출 및 공유와 관련하여 Nonaka & Takeuchi(1995)는 일본 기업의 사례를 바탕으로 조직의 지식은 ①사회화(Socialization) → ②외부화(Externalization) → ③결합화(Combination) → ④내재화(Internalization)의 과정이 계속 연결되고 발전되는 지식의 나선형(Spiral of Knowledge) 순환 과정을 거쳐 창출 및 발전된다는 연구 결과(SECI 모형)를 제시하였다. Nonaka & Takeuchi(1995)가 제시한 SECI 모형에서 바라보는 기업의 지식은 암묵지(tacit knowledge)와 형식지(explicit knowledge)로 구분된다. 형식지는 말이나 글 또는 그림으로 쉽게 표현되어 공유가 가능한 지식을 의미한다(Von Krogh, Ichijo & Nonaka, 2000). 기업 내 부서별 문서로 작성되어 있는 업무 매뉴얼은 형식지의 대표적인 예이다. 반면, 암묵지는 말이나 글, 그림 등으로 표현되기 힘든 지식으로, 보통 경험이나 노하우(know-how) 등의 형태로 조직 구성원들의 몸에 체화되어 있다(Von Krogh et al., 2000). 예를 들어, 수십년 동안 용접 실무 현장에서 용접 기술을 연마한 기술 전문가들의 손에 축적되어 있는

그림 15-1 Nonaka & Takeuchi(1995)가 시사하는 중요 요인

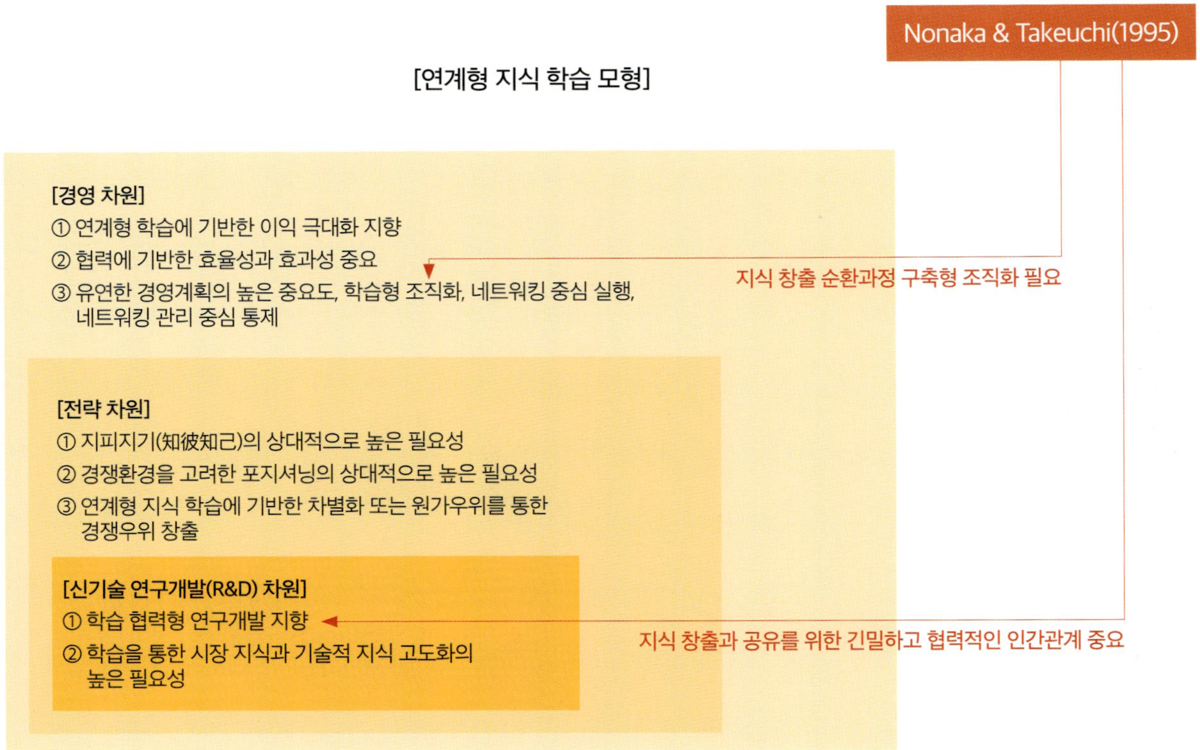

용접 기술은 암묵지의 대표적인 예로 볼 수 있다.

Nonaka & Takeuchi(1995)의 연구 결과는 5세대 연계형 지식 학습 모형과 관련하여 다음과 같은 중요한 시사점들 제공한다.

첫째, 5세대 연계형 지식 학습 모형을 통한 성공적인 지식의 창출과 공유를 위해서는 SECI 모형과 같이 조직 내에 지속적인 지식의 창출과 공유 과정이 구축될 필요가 있다.

둘째, 연계형 지식 학습 모형에서 학습의 대상이 되는 지식의 형태는 암묵지와 형식지로 분류될 수 있는데, 암묵지와 형식지의 창출과 공유에 필요한 학습 방법과 비용을 전략적으로 고려할 필요가 있다. 지식의 특성상 암묵지의 학습과 공유를 위해서는 형식지에 비해 상대적으로 많은 비용이 소요되며 효과적인 학습 및 공유 방법 또한 다르다(Nonaka & Takeuchi, 1995).

셋째, 연계형 지식 학습 모형의 성공적인 활용을 위해 지식의 나선형 순환 과정이 기업 내에 정착하기 위해서는 조직 구성원 사이에 협력적이고 긴밀한 관계가 형성돼야 한다. SECI 모형에서의 4가지 지식 순환 과정은 긴밀하고 협력적인 인간관계 없이는 실행이 매우 어렵다(Nonaka & Takeuchi, 1995).

연계형 지식 학습 모형의 활용에 Nonaka & Takeuchi(1995)가 시사하는 중요 요인을 본 학술서에서 분석된 연계형 지식 학습 모형의 핵심 내용과 관련하여 조명해보면 <그림 15-1>과 같다.

15.2 중요 요인 ② : 균형적이며 장기적인 관점의 전략적 성과 평가

Robert S. Kaplan과 David P. Norton은 1996년 그들의 저서인 『The Balanced Scorecard: Translating Strategy into Action』을 통해 균형성과표(balanced scorecard)의 개념과 활용법을 소개하여 5세대 연계형 지식 학습 모형의 활용에 유용한 시사점을 제공하였다.

Kaplan & Norton(1996)은 기업 전략의 실행 결과를 단순히 재무적 성과만을 통해 평가하는 것을 지양해야 한다는 점을 주창하며, 균형성과표를 이용하여 체계적이고 균형이 잡힌 방법을 통해 전략의 실행 성과를 평가하는 것이 필요하다는 점을 강조하였다.

Kaplan & Norton(1996)이 제시한 균형성과표의 핵심은 전략의 실행 성과를 효과적으로 평가하기 위해서는 비전과 전략이 일원화된 4가지 측면의 관점(재무적 관점, 고객 관점, 내부 비즈니스 프로세스 관점 및 학습과 성장 관점)에서의 성과 평가가 필수적이라는 것이다. 균형성과표의 4가지 관점 가운데 학습과 성장 관점에 특히 주목할 필요가 있다. Kaplan & Norton(1996)에 의하면 전략의 실행 성과 평가는 수익성 창출 및 비용 절감과 직결되는 재무적 관점, 고객 관점, 내부 비즈니스 프로세스 관점의 평가뿐만이 아니라 기업의 장기적인 성장과 지속성에 밑바탕이 되는 학습과 성장 관점의 성과 평가 또한 필요하다. 아울러, Kaplan & Norton(1996)의 균형성과표는 조직의 미래 방향성을 제시해 줄 수 있는 비전이 구성원들에게 제시되고 이를 위한 효과적인 전략이 전술한

그림 15-2 Kaplan & Norton(1996)이 시사하는 중요 요인

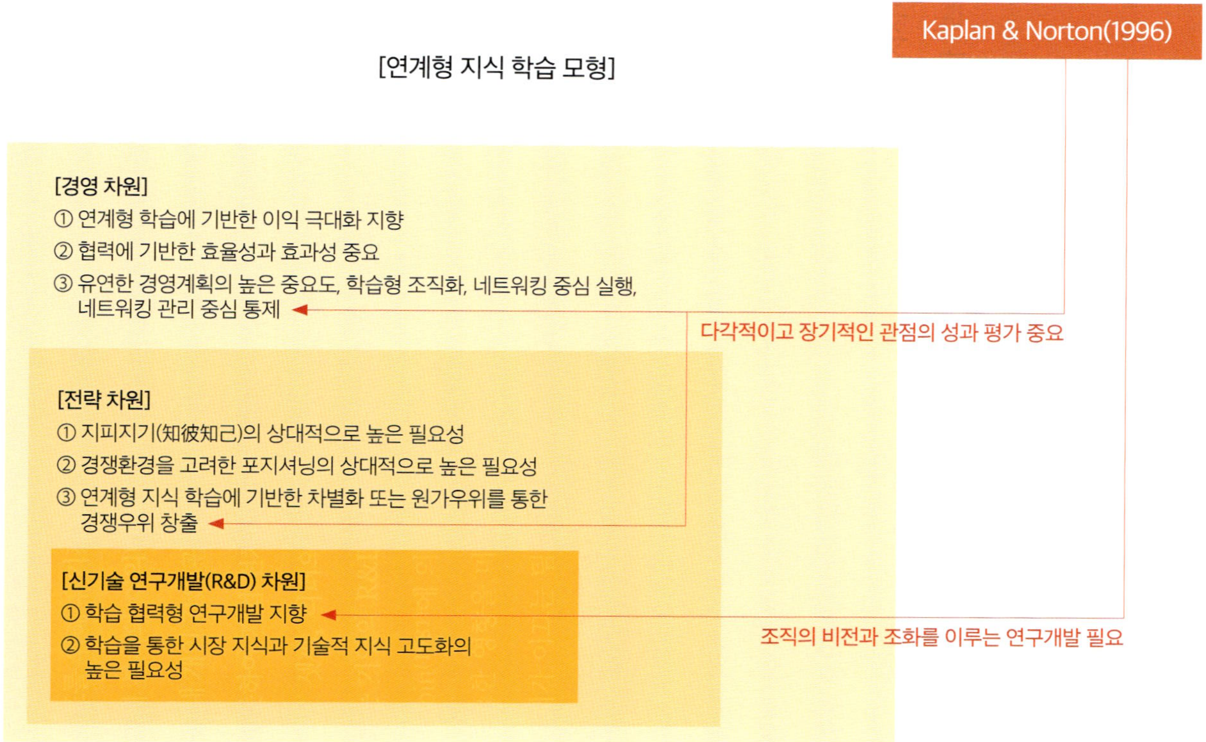

4가지 관점에서 균형 있게 실행될 때 조직의 전략이 성공할 수 있음을 강조하였다.

Kaplan & Norton(1996)은 5세대 연계형 지식 학습 모형의 활용과 관련하여 다음과 같은 점들의 중요성을 잘 시사해주고 있다.

첫째, 연계형 지식 학습 모형의 활용 성과는 다각적인 관점에서 평가될 필요가 있다. 균형성과표와 같이 내부 비즈니스 프로세스 및 고객 관점을 포함한 다양한 관점에서의 성과 평가를 병행할 필요가 있다.

둘째, 연계형 지식 학습 모형의 전략적인 실행 결과는 장기적인 시각에서 조명돼야 한다. 단기적인 차원에서 재무적인 결과에만 편중된 평가를 지양하고 균형성과표와 같이 조직의 장기적인 차원의 학습과 지속적인 성장에도 초점이 맞춰진 시각이 필요하다.

셋째, 연계형 지식 학습 모형의 성공적인 실행을 위해서는 기업이 앞으로 나아갈 미래 방향에 대한 비전이 조직 구성원들에게 명확하게 제시되고, 이러한 비전과 조화를 이루는 기술혁신이 이루어져야 한다.

Kaplan & Norton(1996)이 연계형 지식 학습 모형의 활용에 시사하는 중요 요인을 본 학술서에서 분석된 연계형 지식 학습 모형의 핵심 내용과 관련하여 살펴보면 <그림 15-2>와 같다.

15.3 중요 요인 ③ : 지속적인 자기 혁신의 조직 문화 및 객관적 이며 정확한 시각

1997년 Clayton M. Christensen은 그의 저서인 『The Innovator's Dilemma: When New Technologies Cause Great Firms to Fail』을 통해 기술 선도 기업이 후발 시장 진입 기업과의 경쟁에서 패배하는 이유에 대해 통찰력이 깊은 연구 결과를 제시하여 5세대 연계형 지식 학습 모형의 활용에 중요한 시사점을 제공하였다.

본 학술서의 2.1.2절(시장 시스템에 대한 기술혁신의 영향)에서 이미 소개한 것처럼 Christensen(1997)은 파괴적 혁신(disruptive innovation)의 개념을 통해 기술 선도 기업의 실패 원인을 설명하였다. Christensen(1997)은 기술 선도 기업이 시장 경쟁에서 지속적인 성공을 거두기 위해서는 기존 시장과 고객에만 집착하는 관성(慣性)을 버려야 됨을 잘 보여주고 있다. Christensen(1997)에 의하면 기술 선도 기업이 큰 성공을 거둔 기존의 시장과 고객에만 집착하고 후발 기업의 신기술에 적절하게 대응하지 못하면 기술 선도 기업은 몰락의 길을 걸을 수 있다. 즉, 성공을 이룬 기술 선도 기업일수록 후발 기업의 새로운 혁신 기술이 시장에 등장했을 때 이를 간과해서는 안 된다. Christensen(1997)은 새로운 시장과 고객을 위한 적극적인 자기 혁신(自己革新)과 함께 후발 기업의 기술혁신을 바라보는 시야 또한 지속적으로 혁신해야 한다는 중요한 시사점을 제공한다. Christensen(1997)은 지속적인

그림 15-3 Christensen(1997)이 시사하는 중요 요인

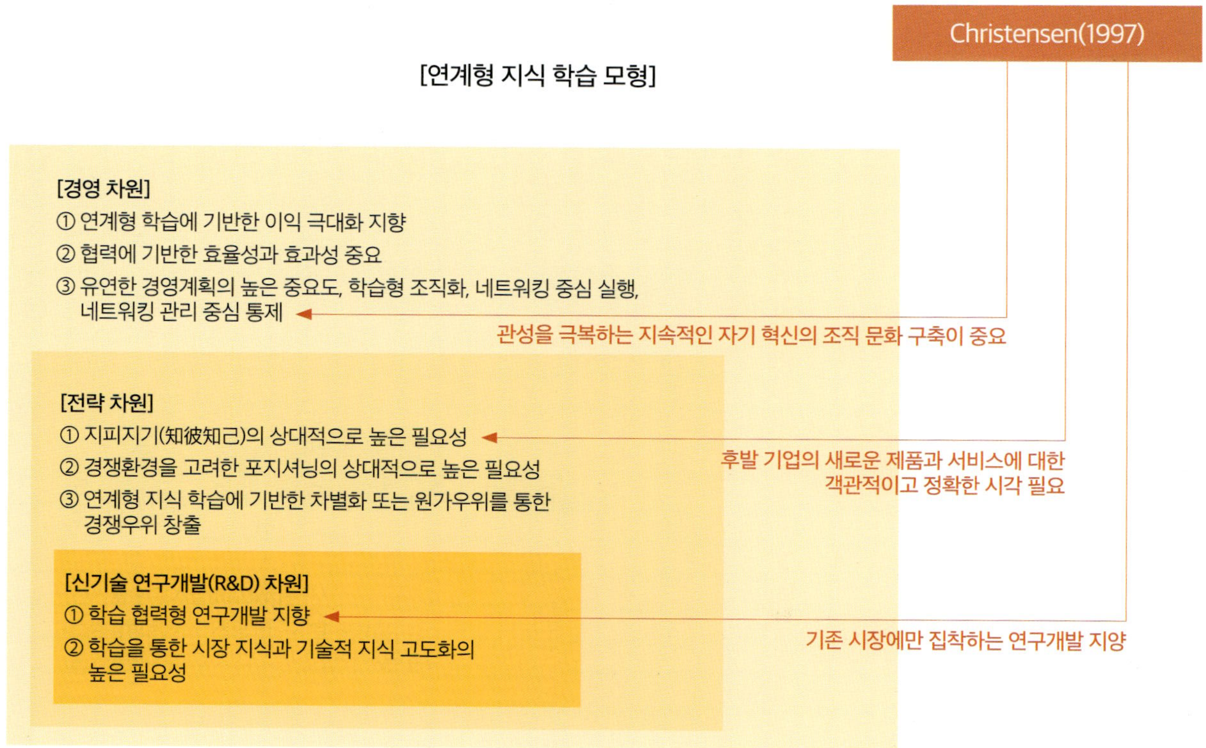

경쟁우위의 관점에서 기술 선도 기업의 실패 원인을 예리한 시각으로 분석함으로써 5세대 연계형 지식 학습 모형의 활용과 관련하여 아래와 같은 중요한 2가지 시사점들을 제공하였다.

첫째, 연계형 지식 학습 모형을 활용하여 꾸준히 성공을 거두기 위해서는 기존의 시장에만 집착하는 관성을 극복할 수 있는 지속적인 자기 혁신의 조직문화가 필요하다.

둘째, 연계형 지식 학습 모형의 중요한 요소 중 하나인 외부학습을 통해 후발 기업의 새로운 제품과 서비스가 지닌 혁신성과 잠재력을 객관적이며 정확하게 평가할 수 있는 시각을 가져야한다.

연계형 지식 학습 모형의 활용에 Christensen(1997)이 시사하는 중요 요인을 본 학술서에서 분석된 연계형 지식 학습 모형의 핵심 내용과 관련하여 조명해보면 <그림 15-3>과 같다.

15.4 중요 요인 ④ : 가치있고, 희귀하며, 모방 불가능한 자원 및 역량 발굴

Jay B. Barney는 1997년 저서인 『Gaining and Sustaining Competitive Advantage』를 통해 경쟁우위의 원천이 되는 기업의 자원과 역량의 속성에 대한 혜안을 제시하여 5세대 연계형 지식 학습 모형의 활용에 유용한 시사점을 제공하였다.

Barney(1997)에 의하면 기업이 지속적인 경쟁우위를 창출하기 위해서는 기업 내에 가치가 있으며, 희귀하고 모방 불가능한 자원과 역량이 존재해야 하며, 이러한 자원과 역량을 효과적으로 활용할 수 있도록 기업이 조직화 돼야 한다.

Barney(1997)은 지속적인 경쟁우위를 창출하는 자원과 역량의 속성을 제시하여 자원준거이론(resource-based theory)의 발전에 매우 중요한 역할을 하였을 뿐만 아니라, 더 나아가 5세대 연계형 지식 학습 모형의 활용과 관련하여 다음과 같은 2가지의 중요한 시사점들을 제공하였다.

첫째, 5세대 연계형 지식 학습 모형을 활용함에 있어서 내부 및 외부 학습의 핵심 결과는 궁극적으로 가치가 있으며, 희귀하고, 모방 불가능한 자원과 역량의 창출이어야 한다.

둘째, 가치성, 희귀성, 모방 불가능성이 충족되는 자원과 역량을 효과적으로 창출 및 활용할 수 있도록 기업이 조직화되어야 한다.

Barney(1997)이 연계형 지식 학습 모형의 활용에 시사하는 중요 요인을 본 학술서에서 분석된 연계형 지식 학습 모형의 핵심 내용과 관련하여 살펴보면 <그림 15-4>와 같다.

그림 15-4 Barney(1997)이 시사하는 중요 요인

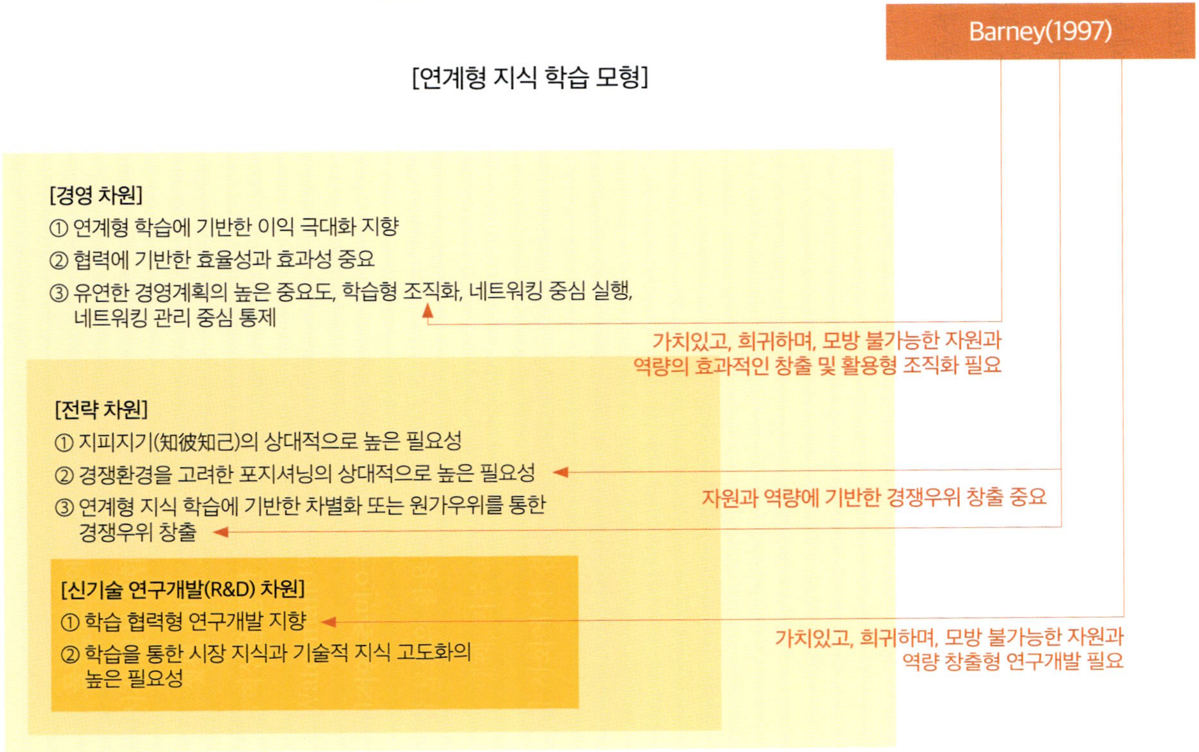

15.5 중요 요인 ⑤ : 정보 기술이 초래한 정보의 도달 범위와 풍부성 증대에 대한 전략적인 고려

Philip Evans와 Thomas S. Wurster는 1997년 정보 기술(IT)이 초래하는 산업의 변화 양상과 기업의 전략에 대한 연구 결과를 『Strategy and the New Economics of Information』이라는 제목의 논문으로 Harvard Business Review에 게재하여 정보 기술의 혁신을 통한 기업들의 전략의 변화 방향성에 대해 큰 혜안을 제공하며 5세대 연계형 지식 학습 모형의 활용에 중요한 시사점을 주었다.

본 학술서의 2.1.4절(기술-시장-기업 시스템 전체에 미치는 기술혁신의 영향)에서 Britanica와 Encarta 백과사전의 사례에서 다룬 것과 같이 Evans & Wurster(1997)은 인터넷에 기반한 정보 기술이 초래하는 정보의 풍부성(information richness)과 정보의 도달범위(information reach)가 어떻게 산업 구조의 변화와 기업의 기술혁신 경영전략을 변화시키는지에 대한 신선한 시각을 제공했다. 즉, Evans & Wurster(1997)은 정보 기술이 제품의 디지털화와 유통방식의 온라인화를 촉진시켜서 제품혁신과 함께 비즈니스의 수행 프로세스를 어떻게 혁신시키는지를 잘 설명해주고 있다.

5세대 연계형 지식 학습 모형의 활용과 관련하여 Evans & Wurster(1997)의 연구 결과를 음미해보면 다음과 같은 의미 있는 시사점들을 발견할 수 있다.

첫째, 연계형 지식 학습 모형을 활용 시 정보 기술이 제품의 컨텐츠에 미치는 영향을 면밀히 분석하여 신제품 개발에 활용할 필요가 있다. Evans & Wurster(1997)에서 볼 수 있는 것처럼 책, 신문 및 잡지를 비롯한 다양한 제품의 컨텐츠들이 IT에 의해 디지털화되어 다양한 온라인 매체를 통해 공유될 수 있다. 따라서, 인터넷과 디지털 기술을 포함한 다양한 정보 기술이 제품의 컨텐츠에 미치는 영향을 고찰할 필요가 있다.

둘째, 연계형 지식 학습 모형의 활용을 통해 개발된 제품 또는 서비스의 유통 방식에 정보 기술이 미치는 영향을 전략적으로 분석할 필요가 있다. 정보기술은 제품과 서비스에 대한 주문과 유통 방식을 획기적으로 변모시켰다(Evans & Wurster, 1997). 5세대에 접어들면서 인터넷 뱅킹과 같은 온라인 금융 서비스가 활성화되고 ebay와 같이 온라인 주문과 오프라인 유통이 결합된 비즈니스 모델들이 다양하게 출시되었다. Evans & Wurster(1997)은 이러한 온라인 환경에서 연계형 지식 학습 모형이 효과적으로 활용되기 위해서는 연계형 지식 학습 모형을 통해 개발된 제품이나 서비스의 주문 및 유통 방식에 IT가 미치는 영향을 전략적으로 고려해야 한다는 점을 시사해 주었다.

연계형 지식 학습 모형의 활용에 Evans & Wurster(1997)이 시사하는 중요 요인을 본 학술서에서 분석된 연계형 지식 학습 모형의 핵심 내용과 관련하여 조명해보면 <그림 15-5>와 같다.

그림 15-5 Evans & Wurster(1997)이 시사하는 중요 요인

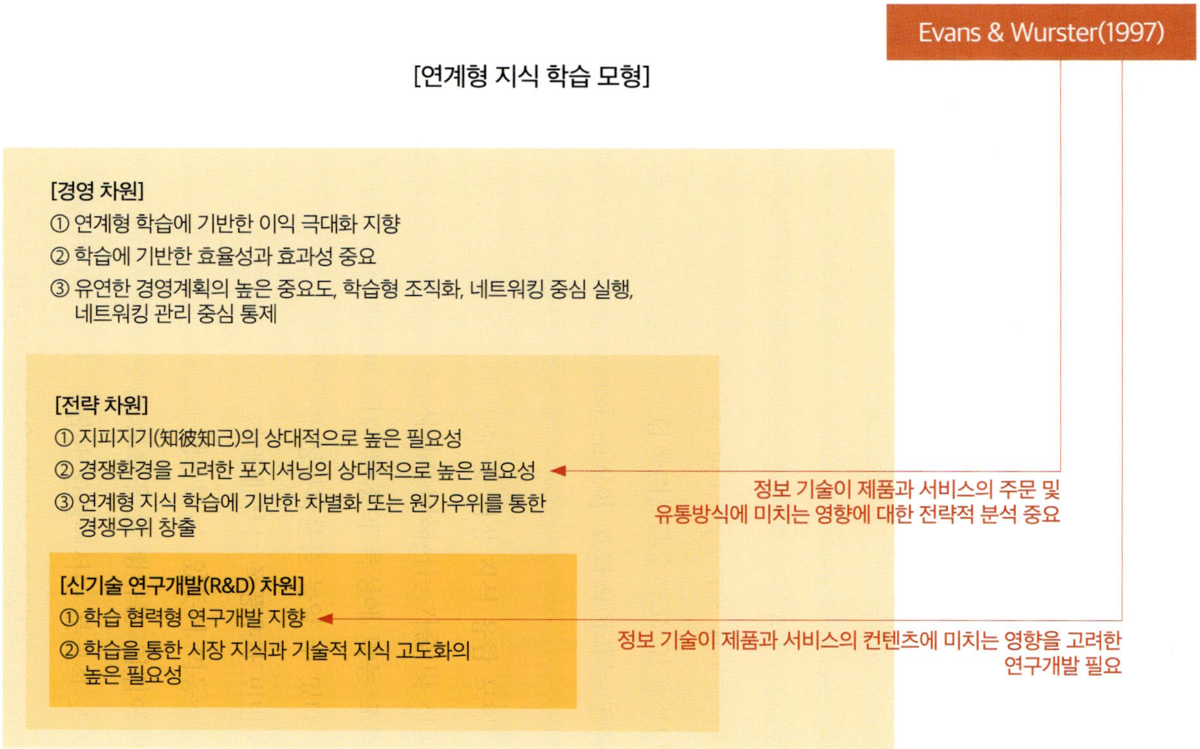

15.6 중요 요인 ⑥ : 내외부 지식의 통합과 개인 및 부서 지식의 통합

Rober M. Grant은 1996년과 1997년 Strategic Management Journal과 Long Range Planning에 「Toward A Knowledge-Based Theory of the Firm」과 「The Knowledge-Based View of the Firm: Implications for Management Practice」라는 논문들을 발표하고, 2002년 Chun Wei Choo와 Nick Bontis가 공동 편집하여 출간한 책인 『The Strategic Management of Intellectual Capital and Organizational Knowledge』의 8장(The Knowledge-Based View of the Firm)을 통해 지식 기반 관점(knowledge-based view)의 중요성을 강조하고 지식 기반 이론의 발전에 큰 공헌을 하였을 뿐만 아니라 5세대 연계형 지식 학습 모형의 활용에 유용한 시사점을 제공하였다.

Grant(2002)는 지식이 기업의 보유 자원 중 지속적인 경쟁우위를 창출할 수 있는 매우 중요한 전략적 자원임을 강조했다. 지식은 기업이 보유하고 있는 다른 자원들에 비해 매우 독특한 특성을 가지고 있다. 예를 들어, 원자재와 석유과 같은 자원들은 소멸성이라는 특성을 지니고 있기 때문에 기업이 자원을 소비할수록 기업의 자원들은 재충전 되기전까지 감소되어 소멸된다. 그러나 기업의 지식은 사용하고 공유할 수록 감소하거나 소멸되지 않고 오히려 그 깊이와 폭이 증가하는 독특한 특성을 가지고 있기 때문에 기업의 지식은 다른 자원에 비해 생산성이 매우 높다(Nonaka & Takeuchi, 1995).

Grant(1997; 2002)는 기업 내 조직 구성원들의 지식의 전문성이 깊어지고 동시에 이러한 개인의 지식들이 조직 차원에서 조정되고 통합될 때 기업은 지속적인 경쟁우위를 창출할 수 있다는 점을 강조했다. 따라서, Grant(1996; 1997; 2002)는 기업의 핵심적 역할을 지식의 전문성 증진과 지식의 통합으로 보고 있으며, 전문성이 높으며 조직을 위해 통합된 지식이 기업의 보유 자원들 중 압도적으로 중요한 전략적 자원임을 강조하여, 지식 기반 이론(knowledge-based theory)의 발전에 큰 공헌을 하였으며 5세대 연계형 지식 학습 모형의 활용에 중요한 시사점을 제공하였다.

5세대 연계형 지식 학습 모형의 활용과 관련하여 Grant(1996; 1997; 2002)는 다음과 같은 중요한 시사점을 제공한다.

첫째, 연계형 지식 학습 모형의 효과적인 활용을 위해서는 외부 학습과 내부 학습을 조화롭게 조정하고 통합할 수 있는 기업의 역량이 필요하다. 외부 학습을 통해 기업 내로 흡수되는 지식과 내부 학습을 통해 발전되는 지식이 항상 조화를 이루는 것은 아니며, 때로는 서로 충돌할 수도 있다. 이러한 지식간 충돌에 대한 기업의 조정과 통합 역량이 필요하다.

둘째, 연계형 지식 학습 모형의 주요 축 중 하나인 내부 학습의 효과적인 실행을 위해 기업 내 개인과 부서간 지식 차원의 시너지 효과 창출 여부를 점검할 필요가 있다. 기업 내 개인 지식의 전문성과 부서 지식의 전문성이 조화를 이룰 때 지식 차원의 시너지 효과가 극대화될 수 있다. 따라서, 기업 내 개인과 부서 지식의 전문성이 상호 조화를 이루는지를 잘 점검하고 관리해야 한다.

Grant(1996; 1997; 2002)가 연계형 지식 학습 모형의 활용에 시사하는 중요 요인을 본 학술서에서 분석된 연계형 지식 학습 모형의 핵심 내용과 관련하여 살펴보면 <그림 15-6>과 같다.

그림 15-6 Grant(1996; 1997; 2002)가 시사하는 중요 요인

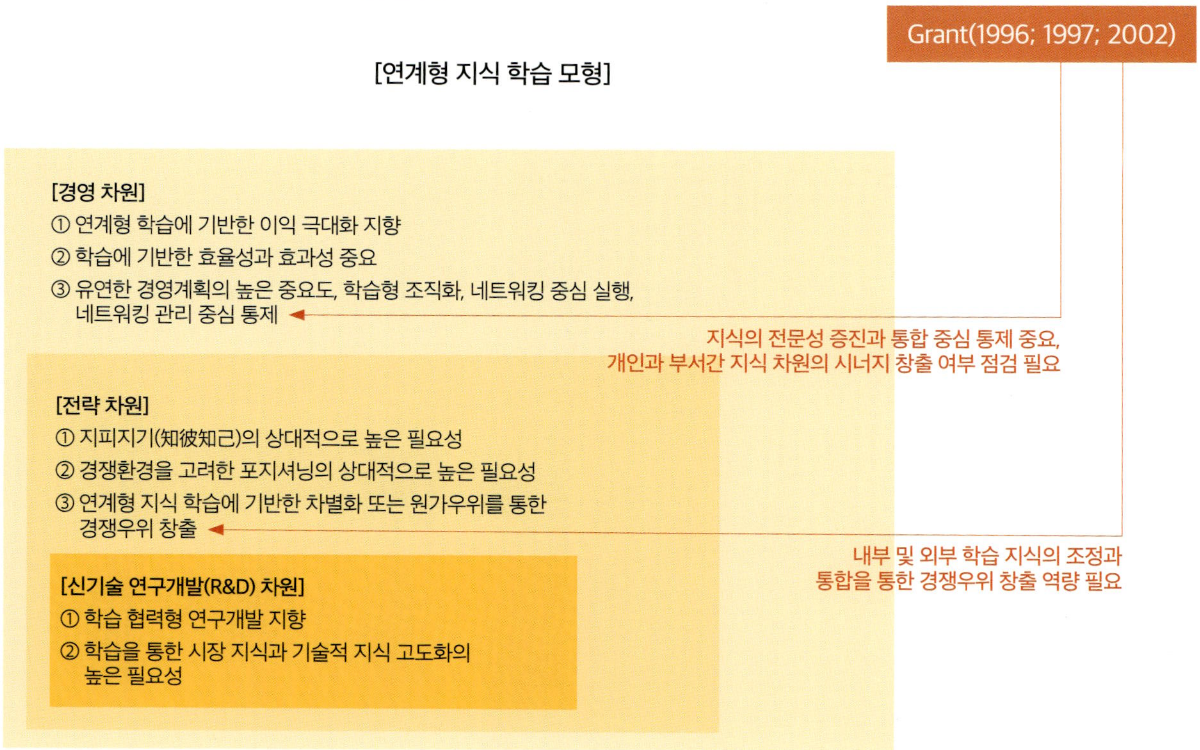

| 참고문헌

Barney, J. B. (1997). Gaining and sustaining competitive advantage, Addison-Wesley Publishing Company.

Christensen, C. M. (1997). Innovator's dilemma : When new technologies cause great firms to fail, Harvard Business School Press.

Evans, P., & Wurster, T. S. (1997). Strategy and the new economics of information. Harvard Business Review, 75(5), 70-82.

Grant, R. M. (1996). Toward a knowledge-based theory of the firm. Strategic Management Journal, 17(Winter Special Issue), 109-122.

Grant, R. M. (1997). The knowledge-based view of the firm: Implications for management practice. Long Range Planning, 30(3), 450-454.

Grant, R. M. (2002). The knowledge-based view of the firm. In C. W. Choo & N. Bontis (Eds.), The strategic management of intellectual capital and organizational knowledge (pp. 133-148) Oxford University Press.

Kaplan, R. S., & Norton, D. P. (1996). The balanced scorecard: Translating strategy into action, Harvard Business Press.

Nonaka, I., & Takeuchi, H. (1995). The knowledge-creating company: How Japanese companies create and the dynamics of innovation, Oxford University Press.

Rothwell, R. (1994). Towards the Fifth-generation Innovation Process. International Marketing Review, 11(1), 7-31.

Von Krogh, G., Ichijo, K., & Nonaka, I. (2000). Enabling knoweldge creation - how to ublock the mystery of tacit knowledge and release the power innovation, Oxford University Press.

16장

6세대 기술혁신 경영전략 주요 대표 이론 활용의 중요 요인

6세대 기술혁신 경영전략의 주요 대표 이론은 9장에서 서술한 개방형 기술혁신 지식네트워크 모형이다. 본 장에서는 Von Hippel (2005), Teece(2009), Anderson(2012)의 주요 연구 결과들이 시사하는 개방형 기술혁신 지식네트워크 모형의 활용에 중요 요인들을 살펴보았다.

16.1 중요 요인 ① : 선도 사용자 및 온라인 사용자 커뮤니티의 지식 활용

Eric Von Hippel은 2005년 저서인 『Democratizing

Innovation』에서 선도 사용자(lead user)와 사용자 커뮤니티(user community)를 통한 기술혁신의 우수한 효율성과 효과성을 강조하며 6세대 개방형 기술혁신 지식네트워크 모형의 활용에 중요한 시사점을 제공하였다.

Von Hippel(2005)는 사용자들을 통한 기술혁신과 관련하여 다양한 연구결과들을 보여주고 있는데, 다음 2가지 연구결과는 특히 6세대 개방형 기술혁신 지식네트워크 모형의 활용과 관련하여 매우 유용한 시사점들을 제공하고 있다. 첫째, 사용자들(users)은 기술혁신에 매우 중요한 원천이지만 모든 사용자가 기술혁신에 유의미한 긍정적인 기여를 하는 것은 아니며, 선도 사용자(lead user)가 기술혁신에 핵심적인 역할을 하고, 선도 사용자에 의한 기술혁신이 사업적으로도 매력도가 높다. 둘째, 사용자 커뮤니티는 사용자들이 혁신을 위해 필요한 지식과 경험들을 무료로 공유하는 중요한 외부 지식의 원천이다.

전술한 Von Hippel(2005)의 연구 내용은 6세대 개방형 기술혁신 지식네트워크 모형의 활용과 관련하여 다음과 같은 유용한 시사점들을 제공하였다.

첫째, 기업의 제품이나 서비스를 사용하는 사용자들에 기반하여 6세대 개방형 기술혁신 지식네트워크 모형을 실행할 경우 기술혁신 전략의 유효성 측면에서 사용자들이 선도 사용자가 맞는지를 식별할 수 있는 엄밀한 분별력이 필요하다. 제품을 구입하여 사용하는 사용자들은 효과적인 기술혁신에 매우 중요한 역할을 하나

Von Hippel(2005)에 따르면 모든 사용자들이 기술혁신에 유용한 아이디어나 지식을 가지고 있는 것은 아니며, 선도 사용자들이 기술혁신에 효과적인 역할을 한다. 따라서, 사용자들을 기술혁신의 원천으로 활용할 경우에는 선도 사용자가 맞는지를 정확하게 구별하고 확인할 수 있는 엄밀한 분별력을 기업이 보유하고 있어야만 개방형 기술혁신 지식네트워크 모형의 활용을 통한 기술혁신의 성공 확률을 높일 수 있다.

둘째, 6세대 개방형 기술혁신 지식네트워크 모형의 성공적인 활용을 위해서는 온라인 사용자 커뮤니티에 축적되는 제품과 서비스 관련 정보와 지식을 잘 활용할 필요가 있다. 6세대는 스마트폰의 사용 확산과 함께 온라인 사용자 커뮤니티가 왕성하게 생겨난 시기이다. 일반적으로 제품과 서비스에 대한 사용자들의 의견이나 정보를 수집하기 위해서는 적지 않은 비용이 소요되지만, 온라인 사용자 커뮤니티에서는 사용자들이 기업의 제품이나 서비스에 대한 의견과 정보뿐만 아니라 기술혁신에 유용한 지식들을 공유한다(Von Hippel, 2005). 따라서 온라인 사용자 커뮤니티에 공유되어 있는 사용자들의 의견, 정보 및 지식을 활용하는 것은 개방형 기술혁신 지식네트워크 모형의 성공적인 활용에 효율적이며 효과적인 밑거름이 될 수 있다(Von Hippel, 2005).

개방형 기술혁신 지식네트워크 모형의 활용에 Von Hippel(2005)가 시사하는 중요 요인을 본 학술서에서 분석된 개방형

그림 16-1 Von Hippel(2005)가 시사하는 중요 요인

Von Hippel(2005)

[개방형 기술혁신 지식네트워크 모형]

[경영 차원]
① 지식 네트워크의 개방을 통한 이익 극대화 지향
② 내외부 지식의 조화에 기반한 효율성과 효과성 중요
③ 순발력 있는 경영계획의 높은 중요도, 개방형 조직화, 네트워킹 중심 실행, 네트워크 관리 중심 통제

[전략 차원]
① 지피지기(知彼知己)의 높은 필요성
② 경쟁환경을 고려한 포지셔닝의 높은 필요성
③ 지식네트워크의 개방에 기반한 차별화 또는 원가우위를 통한 경쟁우위 창출

[신기술 연구개발(R&D) 차원]
① 개방형 연구개발 지향
② 개방을 통한 시장 지식과 기술적 지식 고도화의 높은 필요성

선도 사용자 및 온라인 사용자 커뮤니티를 활용한 연구개발 필요

기술혁신 지식네트워크 모형의 핵심 내용과 관련하여 조명해보면 <그림 16-1>과 같다.

16.2 중요 요인 ② : 동적 역량의 창출과 유지

David J. Teece는 2009년 『Dynamic Capabilities and Strategic Management: Organizing for Innovation Growth』라는 저서를 통해 동적 역량(dynamic capability)이 기업의 성공과 실패를 좌우하는 핵심적인 요소이자 전략의 주요 성공 요인임을 주창하여 6세대 개방형 기술혁신 지식네트워크 모형의 활용의 지평을 확대하는 데 큰 공헌을 하였다.

Teece(2009)는 기업이 지속적으로 생존하기 위해서는 자사의 역량이 한 시점에 정태적으로 계속 머무르는 것이 아니라 환경변화에 맞춰 지속적으로 새로워져야 됨을 강조하였다. Teece(2009)에 의하면 동적 역량은 ①환경의 변화로부터 발생하는 위험과 기술적 기회를 감지하는 역량, ②환경 변화에서 도모할 수 있는 기회를 잡을 수 있는 역량, ③새로운 기회를 바탕으로 자사의 강점을 새로운 핵심역량으로 승화시킬 수 있는 역량 등의 세 가지 역량으로 구성된다.

Teece(2009)의 연구는 6세대 개방형 기술혁신 지식네트워크 모형의 활용과 관련하여 다음과 같은 중요한 시사점을 제공하였다.

그림 16-2 Teece(2009)가 시사하는 중요 요인

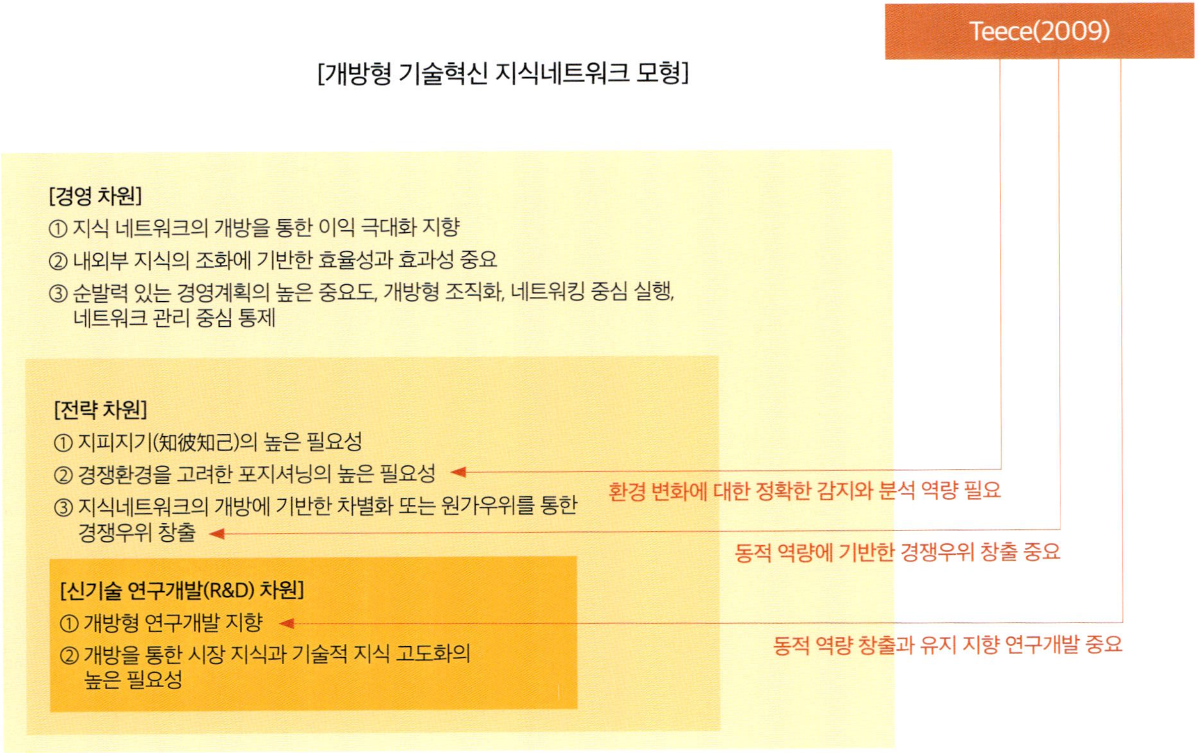

첫째, 개방형 기술혁신 지식네트워크 모형의 활용을 통해 개발된 기술혁신 역량은 정태적이어서는 안된다. Teece(2009)가 주창한 바와 같이 기술혁신 역량이 환경 변화에 따라 동태적으로 변화할 수 있을 때 지속적인 경쟁우위를 창출하고 유지할 수 있다.

둘째, 환경 변화에 따른 새로운 기회를 기반으로 자사가 지니고 있는 기술적 강점을 새로운 핵심역량으로 승화시킬 수 있는 역량이 개방형 기술혁신 지식네트워크 모형의 활용에 매우 중요하다.

Teece(2009)는 움직이지 않고 고인 물은 결국 썩어서 못쓰게 되듯이 환경의 변화를 면밀하게 감지하고, 변화 사이에서 기회를 잡아 자사의 장점을 경쟁우위로 승화시킬 수 있는 동적역량이 개방형 기술혁신 지식네트워크 모형의 활용에도 중요하다는 것을 시사하고 있다.

Teece(2009)가 개방형 기술혁신 지식네트워크 모형의 활용에 시사하는 중요 요인을 본 학술서에서 분석된 개방형 기술혁신 지식네트워크 모형의 핵심 내용과 관련하여 살펴보면 <그림 16-2>와 같다.

16.3 중요 요인 ③ : Makers와의 지식 협력

Chris Anderson은 2012년 『Makers: The New Industrial Revolution』이라는 제목의 저서를 통해 이제는 3D 프린터와 정보 기술을 비롯한 다양한 방법을 통해 개인이 기술혁신과 제조를 할 수 있는 새로운 기술혁신 시대의 도래와 양상을 소개함으로써 6세대 개방형 기술혁신 지식네트워크 모형의 활용에 중요한 시사점들을 제공할 수 있는 연구 결과를 제시하였다.

전술한 1세대~5세대의 기술혁신 경영전략의 주요 대표 이론들은 기본적으로 기술혁신 및 제조가 기업 내부에서 이루어진다는 것을 가정하며, 기업 외부에 개인 소비자들은 기술혁신에 필요한 제품이나 서비스와 관련한 의견과 정보를 제공하는 역할만 할 뿐이다. 즉, 1세대~5세대의 기술혁신 경영전략의 주요 대표 이론들은 기업이 기술혁신과 제조와 관련한 핵심적인 역할을 담당하고 있다고 가정하였다. 이러한 기본 가정은 기업 외부에 개인들이 기술개발과 제조에 필요한 다양한 장비들을 구비하기 어렵다는 한계점에 기반한다. Anderson(2012)는 이런 기본 가정이 3D 프린팅 기술과 공유 제조시설을 통해 변화하고 있음을 지적한다.

Anderson(2012)는 개인이 직접 기술혁신을 하고 제조와 생산까지 하는 Makers의 시대가 정보 기술과 제조 기술의 급속한 발전을 기반으로 도래하여, 향후 새로운 기술혁신 패러다임이 될 큰 가능성을 잘 보여줌으로써, 6세대 개방형 기술혁신 지식네트워크 모형의 활용과 관련하여 다음과 같은 중요한 시사점들을 제공한다.

첫째, 개방형 기술혁신 지식네트워크 모형에서 외부 지식의 원천으로서 Makers와의 협력을 적극 활용할 필요가 있다. Makers는 신기술에 대한 새로운 아이디어뿐만 아니라, 아이디어를 제품화로 연결시킬 수 있는 수준 높은 지식을 가지고 있다. 그러므로 Makers는 개방형 기술혁신 지식네트워크 모형을 위해 중요한 외부 지식의 원천이 될 수 있다.

둘째, Makers의 기술혁신 결과물들을 지속적으로 파악하고 학습하는 것이 개방형 기술혁신 지식네트워크 모형을 위한 학습에서 중요하다. 외부 지식의 원천으로서 Makers와의 협력과 함께 다양한 Makers의 기술혁신 결과물들을 분석하고 학습할 필요가 있다. Makers의 기술혁신 결과물들에 대한 학습은 개방형 기술혁신 지식네트워크 모형의 성공적인 활용에 중요한 밑거름이 될 수 있다.

개방형 기술혁신 지식네트워크 모형의 활용에 Anderson(2012)가 시사하는 중요 요인을 본 학술서에서 분석된 개방형 기술혁신 지식네트워크 모형의 핵심 내용과 관련하여 조명해보면 <그림 16-3>과 같다.

그림 16-3 Anderson(2012)가 시사하는 중요 요인

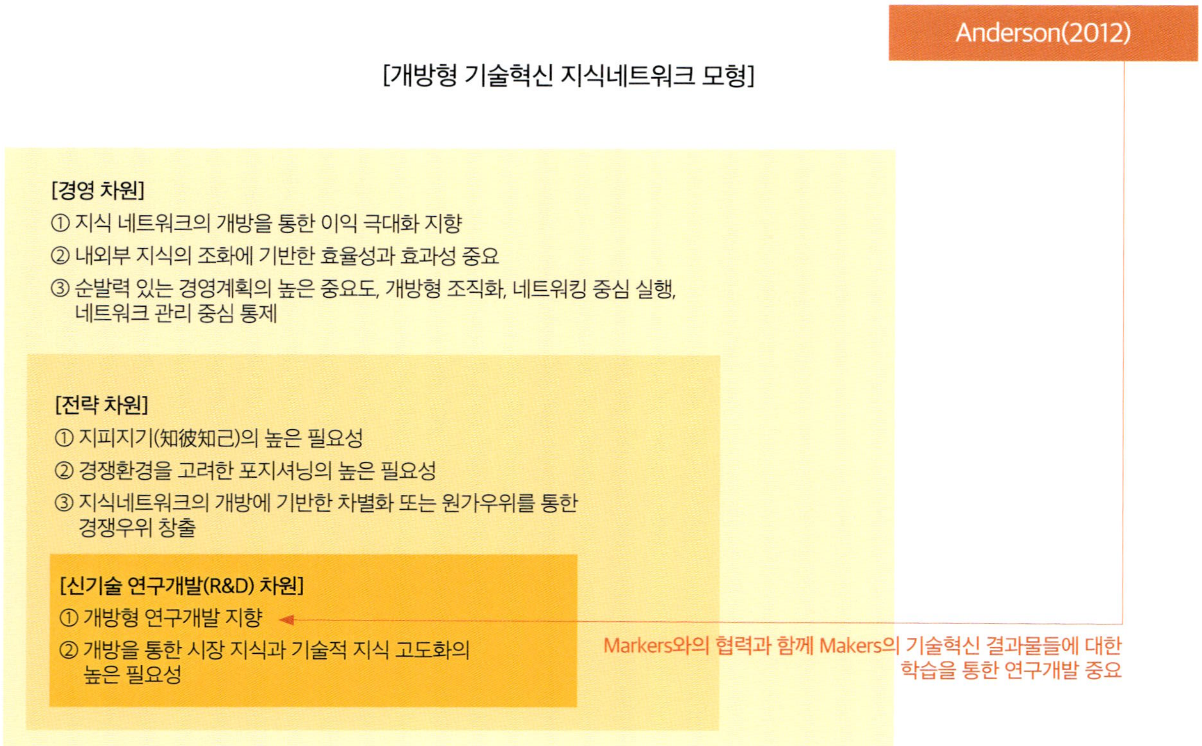

참고문헌

Anderson, C. (2012). Makers: The new industrial revolution, Crown Business.

Teece, D. J. (2009). Dynamic capabilities and strategic management: Organizing for innovation and growth, Oxford University Press.

Von Hippel, E. (2005). Democratizing innovation, MIT Press.

17장

각 세대별 기술혁신 경영전략 활용의 중요 요인 비교

본 학술서의 Part III 부분에 해당하는 11장~16장에서는 세대별 기술혁신 경영전략 이론을 대표하는 모형의 활용과 관련하여 주요 유관 연구들에서 조명된 중요 요인들을 각 세대별로 살펴보았다. 본 장에서는 다음과 같은 2가지 차원을 기준으로 각 세대별 기술혁신 경영전략 주요 대표 이론의 활용과 관련된 중요 요인들을 상호 비교하였다. 아울러, 본 장의 마지막 절에서는 후속 연구를 위한 제언을 제공하고 있다.

첫째, 본 장에서는 각 세대별 기술혁신 경영전략 활용의 중요 요인들을 기술혁신 경영전략의 5단계(Afuah, 2003; Betz, 2011; David, 2007)를 기준으로 살펴본다. 즉, 본 장에서는 세대별 기술혁신 경영전략 활용의 중요 요인들이 5단계 과정(①기술혁신 경영전략의 목표 설정, ②기술혁신 경영전략을 위한 전략적 분석, ③기술혁신 경영전략의 수립, ④기술혁신 경영전략의 실행,

⑤기술혁신 경영전략의 성과 평가) 중에서 어떤 단계들과 상대적으로 깊이 관련되어 있는지를 조명하여 기술혁신 경영전략 활용의 중요 요인들에 대한 이해의 폭을 넓히도록 하였다.

둘째, 기술혁신 경영전략의 성공적인 활용에는 기업의 자원과 역량이 필수적이다. 따라서, 본 장에서는 11장~16장에서 학습한 각 세대별 기술혁신 경영전략 주요 대표 이론 활용의 중요 요인들의 기반이 되는 자원과 역량을 기준으로 각 세대별 기술혁신 경영전략 주요 대표 이론 활용의 중요 요인들을 상호 비교한다.

17.1 기술혁신 경영전략의 5단계에 기반한 비교

1세대~6세대의 세대별 기술혁신 경영전략 주요 대표 이론 활용의 중요 요인을 기술혁신 경영전략의 5단계를 기준으로 비교해보면 <표 17-1>과 같다.

세대별 기술혁신 경영전략 활용의 중요 요인들은 공통적으로 전략적 분석과 전략 수립의 단계와 밀접하게 관련되어 있다. 1세대의 Rogers(1962)는 소비자 그룹의 혁신 수용도 차이를 기술혁신 경영전략을 위한 전략적 분석과 전략 수립 시 고려해야함을 시사하였다. 2세대의 Henderson(1970)은 제품 포트폴리오 분석이 기술혁신 경영전략을 위한 전략적 분석과 전략 수립에 반영될 필요가 있음을 시사하였다. 3세대의 Ohmae(1982)는 경쟁사, 고객 및 자사에 대한 전략적 분석이 기술혁신 경영전략의 성공적인 활용에 필수적이며, 이러한 분석 결과가 전략 수립으로 이어져야 함을 보여준다. 4세대의 Hammer & Champy(1993)은 비즈니스 프로세스의 비효율적인 요소(예: 병목 또는 중복 프로세스)에 대한 엄밀한 분석이 필요하며, 이를 기술혁신 경영전략 수립의 밑거름으로 삼아야함을 시사한다. 5세대의 Nonaka & Takeuchi(1995)는 기업 내부에 지식창출 순환 과정의 구축을 위한 전략적 분석과 이를 바탕으로한 기술혁신 경영전략 수립의 중요성을 시사한다. 5세대의 Barney(1997)은 기업 내부 자원의 특성에 대한 전략적 분석이 선행되고 이를 바탕으로 기술혁신 경영전략 수립이 필요하다는 점을 시사해주었다. 6세대의 Von Hipple(2005)는 선도 사용자들과 사용자 커뮤니티의 지식이 전략의 수립에 고려돼야 함을 시사하고 있다.

1세대 및 2세대 기술혁신 경영전략 주요 대표 이론 활용의 중요 요인들은 기술혁신 경영전략의 목표 설정 → 기술혁신 경영전략을 위한 전략적 분석 → 기술혁신 경영전략의 전략 수립과 관련된 요인들에 주로 집중이 되어 있으나, 3세대, 4세대 및 5세대의 기술혁신 경영전략 주요 대표 이론 활용의 중요 요인들은 기술혁신 경영전략의 실행과 관련된 요소들도 다루고 있다는 점에서 눈에 띄는 차이가 있다. 특히 6세대의 기술혁신 경영전략 주요 대표 이론 활용의 중요 요인들은 대부분 기술혁신 경영전략의 실행과 관련성이 높다는 점이 주목할 만한 차이점이다. 예를 들어, 6세대의 Von Hippel(2005)가 강조하고 있는 선도 사용자들과 온라인 커뮤니티 활용은 기술혁신 경영전략의 실행과 직접적으로 관련되며, Anderson(2012)가 시사하는 Makers와의 지식 협력을 통한 기술개발 또한 기술혁신 경영전략의 실행에 의미 있는 시사점을 제공하고 있다. 이는 6세대로 갈수록 기술혁신 경영전략의 실행의 중요성이 점점 더 커지고 있다는 점을 시사해준다.

특히, 다른 세대와는 달리 5세대의 Kaplan & Norton(1996)은 기술혁신 경영전략의 성과 평가를 집중적으로 다루고 있다는 점이 주목할 만한 부분이다. 기술혁신 경영전략의 성과 분석은 단순히 재무적인 성과만으로는 정확한 평가가 어렵기 때문에, Kaplan & Norton(1996)이 주창한 균형성과표에서와 같이 신기술 개발을 통해 얻게 되는 학습 효과를 비롯하여 다양한 측면과 장기적인 관점에서의 성과 평가가 기술혁신 경영전략의 유효성 평가에 적합하다.

표 17-1 세대별 기술혁신 경영전략 주요 대표 이론별 활용의 중요 요인 관련 기술혁신 경영전략의 단계, 필요 자원 및 필요 역량

세대	대표 이론	중요 요인	중요 요인 관련 연구	기술혁신 경영전략의 관련 단계	필요 자원	필요 역량
1세대	기술적 지식 주도 모형	고객지향 가치창출	Drucker (1954)	①기술혁신 경영전략의 목표 설정 ②기술혁신 경영전략을 위한 전략적 분석 ③기술혁신 경영전략의 수립	• 고객 지식	• 고객 분석역량
1세대	기술적 지식 주도 모형	소비자의 혁신 수용도에 대한 고려	Rogers (1962)	②기술혁신 경영전략을 위한 전략적 분석 ③기술혁신 경영전략의 수립	• 고객 지식	• 고객 분석역량
1세대	기술적 지식 주도 모형	시장 지식에 기반한 다각화	Ansoff (1957)	②기술혁신 경영전략을 위한 전략적 분석 ③기술혁신 경영전략의 수립	• 시장 지식 • 제품 지식 • 경쟁사 지식	• 시장 분석역량 • 제품 분석역량 • 경쟁사 분석역량
2세대	시장 지식 주도 모형	시장 지식의 다각화와 세분화	Kotler (1967)	②기술혁신 경영전략을 위한 전략적 분석 ③기술혁신 경영전략의 수립 ④기술혁신 경영전략의 실행	• 고객 지식 • 시장 지식 • 경쟁사 지식	• 고객 분석역량 • 시장 분석역량 • 경쟁사 분석역량
2세대	시장 지식 주도 모형	시장의 점유율과 성장률에 기반한 제품 포트폴리오 분석	Henderson (1970)	②기술혁신 경영전략을 위한 전략적 분석 ③기술혁신 경영전략의 수립	• 고객 지식 • 시장 지식 • 경쟁사 지식	• 시장점유율 분석역량 • 시장성장률 분석역량

세대	대표 이론	중요 요인	중요 요인 관련 연구	기술혁신 경영전략의 관련 단계	필요 자원	필요 역량
2세대	시장 지식 주도 모형	경쟁사대비 강점 및 약점 분석, 환경으로부터의 기회와 위협 분석	Andrew (1971)	②기술혁신 경영전략을 위한 전략적 분석 ③기술혁신 경영전략의 수립	• 무형자산(공유 비전 및 가치) • 내부 조직 지식 • 환경 지식	• 외부환경 분석역량 • 내부능력 분석역량
3세대	기술 및 시장 지식 융합 모형	수직적 통합을 통한 내부화	Williamson (1975)	②기술혁신 경영전략을 위한 전략적 분석 ③기술혁신 경영전략의 수립	• 시장 지식	• 수직적 통합역량
3세대	기술 및 시장 지식 융합 모형	포지셔닝, 원가우위, 차별화우위,	Porter (1980)	②기술혁신 경영전략을 위한 전략적 분석 ③기술혁신 경영전략의 수립 ④기술혁신 경영전략의 실행	• 시장 지식 • 경쟁사 지식 • 품질 지식 • 내부프로세스 지식	• 외부환경 분석역량 • 품질 차별화역량 • 내부 프로세스 효율화 역량
3세대	기술 및 시장 지식 융합 모형	조직 내 인간 관계, 조직원 참여형 의사결정, 신뢰, 자율성, 팀워크, 고용 안정성	Ouchi (1981)	②기술혁신 경영전략을 위한 전략적 분석 ③기술혁신 경영전략의 수립	• 무형자산 (신뢰, 팀워크) • 내부 조직 지식	• 내부 조직 분석역량 • 무형자산 구축 역량

세대	대표 이론	중요 요인	중요 요인 관련 연구	기술혁신 경영전략의 관련 단계	필요 자원	필요 역량
3세대	기술 및 시장 지식 융합 모형	협력적이며 보완적인 팀 구성, 리더의 소통능력, 기업 전체 목표와 연계된 팀의 전략적 사고	Belbin (1981)	②기술혁신 경영전략을 위한 전략적 분석 ③기술혁신 경영전략의 수립	• 내부 조직 지식	• 팀구성 역량 • 팀 커뮤니케이션 역량
3세대	기술 및 시장 지식 융합 모형	3C 분석 (고객분석, 경쟁사분석, 자사 분석)	Ohmae (1982)	②기술혁신 경영전략을 위한 전략적 분석 ③기술혁신 경영전략의 수립	• 고객 지식 • 경쟁사 지식 • 내부 조직 지식	• 고객 분석역량 • 경쟁사 분석역량 • 내부 능력 분석역량
3세대	기술 및 시장 지식 융합 모형	실행 중심, 고객 밀착, 기업가 정신 및 사람에 기반한 생산성 증대	Peters & Waterman (1982)	③기술혁신 경영전략의 수립 ④기술혁신 경영전략의 실행	• 무형자산 (기업가정신) • 내부 조직 지식	• 실행력 • 학습력 • 집중력 • 무형자산 구축 역량
3세대	기술 및 시장 지식 융합 모형	환경의 특성에 적합한 유효한 조직구조	Mintzberg (1983)	②기술혁신 경영전략을 위한 전략적 분석 ③기술혁신 경영전략의 수립	• 환경 지식 • 내부 조직 지식	• 환경 분석역량 • 내부 조직 구성역량

세대	대표 이론	중요 요인	중요 요인 관련 연구	기술혁신 경영전략의 관련 단계	필요 자원	필요 역량
4세대	병렬형 지식 융합 모형	시간 중심의 신속한 연구 개발, 제조, 판매 및 유통	Stalk (1988)	③기술혁신 경영전략의 수립 ④기술혁신 경영전략의 실행	• 시간 • 내부 조직 지식 • 경쟁사 지식	• 신속한 실행력 • 경쟁사 분석역량 • 내부 능력 분석역량
4세대	병렬형 지식 융합 모형	글로벌 다차원 역량, 진출 시장의 특수성에 적합한 차별화, 협력에 기반한 상호의존적인 글로벌 조직 구조	Bartlett & Ghoshal (1987)	②기술혁신 경영전략을 위한 전략적 분석 ③기술혁신 경영전략의 수립	• 시장 지식 • 경쟁사 지식 • 고객 지식 • 내부 조직 지식	• 환경 분석역량 • 현지화 역량 • 내부 조직 구성역량
4세대	병렬형 지식 융합 모형	비즈니스 프로세스 리엔지니어링을 통한 프로세스 효율화	Hammer & Champy (1993)	②기술혁신 경영전략을 위한 전략적 분석 ③기술혁신 경영전략의 수립	• 내부 프로세스 지식	• 내부 프로세스 분석 역량 • 내부 프로세스 개선 역량
4세대	병렬형 지식 융합 모형	핵심역량의 발굴, 미래 지향적인 시각과 혁신 추구	Hamel & Prahalad (1994)	②기술혁신 경영전략을 위한 전략적 분석 ③기술혁신 경영전략의 수립 ④기술혁신 경영전략의 실행	• 내부 조직 지식	• 내부 능력 분석역량

세대	대표 이론	중요 요인	중요 요인 관련 연구	기술혁신 경영전략의 관련 단계	필요 자원	필요 역량
5세대	연계형 지식 학습 모형	지식창출의 순환 과정 구축	Nonaka & Takeuchi (1995)	②기술혁신 경영전략을 위한 전략적 분석 ③기술혁신 경영전략의 수립	• 내부 조직 지식	• 내부 능력 분석역량 • 학습 역량 • 지식 창출역량 • 지식 공유역량
5세대	연계형 지식 학습 모형	균형적이며 장기적인 관점의 전략적 성과 평가	Kaplan & Norton (1996)	④기술혁신 경영전략의 실행 ⑤기술혁신 경영전략의 성과 평가	• 고객 지식 • 내부 프로세스 지식 • 내부 조직 지식	• 학습력 • 내부 프로세스 분석 역량 • 고객 분석역량 • 재무 분석역량
5세대	연계형 지식 학습 모형	지속적인 자기 혁신의 조직 문화 및 객관적이며 정확한 시각	Christensen (1997)	②기술혁신 경영전략을 위한 전략적 분석 ③기술혁신 경영전략의 수립 ④기술혁신 경영전략의 실행	• 고객 지식 • 시장 지식 • 경쟁사 지식	• 고객 분석역량 • 경쟁사 분석역량 • 품질 차별화역량
5세대	연계형 지식 학습 모형	가치있고 희귀하며 모방불가능한 자원 및 역량 발굴	Barney (1997)	②기술혁신 경영전략을 위한 전략적 분석 ③기술혁신 경영전략의 수립	• 시장 지식 • 경쟁사 지식 • 내부 조직 지식	• 내부 자원 분석역량

세대	대표 이론	중요 요인	중요 요인 관련 연구	기술혁신 경영전략의 관련 단계	필요 자원	필요 역량
5세대	연계형 지식 학습 모형	정보기술이 초래한 정보의 도달범위와 풍부성 증대에 대한 전략적 고려	Evans & Wurster (1997)	②기술혁신 경영전략을 위한 전략적 분석 ③기술혁신 경영전략의 수립	• 시장 지식 • 경쟁사 지식	• 정보 분석역량 • 정보 활용역량
5세대	연계형 지식 학습 모형	내외부 지식의 통합과 개인 및 부서 지식의 통합	Grant (1996;1997; 2002)	②기술혁신 경영전략을 위한 전략적 분석 ③기술혁신 경영전략의 수립 ④기술혁신 경영전략의 실행	• 지식	• 지식 전문화역량 • 지식 통합역량
6세대	개방형 기술 혁신 지식네트워크 모형	선도 사용자 및 온라인 사용자 커뮤니티의 지식 활용	Von Hippel (2005)	③기술혁신 경영전략의 수립 ④기술혁신 경영전략의 실행	• 고객 지식	• 고객 분석역량
6세대	개방형 기술 혁신 지식네트워크 모형	동적 역량의 창출과 유지	Teece (2009)	③기술혁신 경영전략의 수립 ④기술혁신 경영전략의 실행	• 환경 지식 • 내부 조직 지식	• 환경변화 감지역량 • 환경변화 적응역량 • 내부능력 개발역량 • 학습역량
6세대	개방형 기술 혁신 지식네트워크 모형	Makers와의 지식 협력	Anderson (2012)	③기술혁신 경영전략의 수립 ④기술혁신 경영전략의 실행	• 환경 지식 • 기술적 지식	• 환경변화 분석역량 • 신기술 학습역량

17.2 기술혁신 경영전략 주요 대표 이론 활용의 중요 요인에 필요한 자원 및 역량에 기반한 비교

1세대부터 6세대까지의 기술혁신 경영전략 주요 대표 이론 활용의 중요 요인들을 위해 필요 자원과 역량을 기준으로 비교해보면 <표 17-1>과 같이 '지식'이 필수 자원이라는 공통점을 찾을 수 있다. 특히, 세대별로 '고객 지식', '시장 지식' 및 '경쟁사 지식'은 다양한 기술혁신 경영전략 주요 대표 이론 활용의 중요 요인들을 위해 공통적으로 필요한 자원이다. 예를 들어, 고객 지식은 1세대의 Drucker(1954)가 강조하고 있는 중요 요인인 '고객지향 가치 창출'과 Rogers(1962)가 주창한 중요 요인인 '소비자 혁신 수용도 분석'에 필수적이다. 또한, 시장 지식과 경쟁사 지식은 Ansoff(1957)이 얘기한 중요 요인인 '다각화를 통한 성장'에 기반이 된다. 2세대의 Kotler(1967)이 시사하는 중요 요인인 '시장 지식의 다각화와 세분화'는 고객 지식, 시장 지식 및 경쟁사 지식이 없이는 불가능하다. 3세대의 Williamson(1975)가 강조한 '수직적 통합을 통한 내부화'는 시장 지식을 필요로 하고, Porter(1980)의 '포지셔닝, 원가우위 및 차별화우위'는 시장 지식과 경쟁사 지식에 기반한다. 같은 세대의 Ohmae(1982)의 '3C 분석'은 고객 지식과 경쟁사 지식이 없이는 활용할 수 없다. 4세대의 Bartlett & Ghoshal(1987)이 얘기한 중요 요인인 '진출 시장의 특수성에 적합한 차별화'에는 시장 지식, 경쟁사 지식 및 고객 지식이 필수적이다. 5세대의 Christensen(1997)의 '지속적인 자기 혁신 문화 및 객관적인 시각' 또한 시장 지식, 경쟁사 지식 및 고객 지식의 기반 위에서만 가능하다. 6세대의 Von Hippel(2005)가 강조한 '선도 사용자 및 사용자 커뮤니티의 지식 활용'에도 고객 지식이 필수적이다.

반면, 이러한 공통점과 함께 세대별 기술혁신 경영전략 주요 대표 이론 활용의 중요 요인들을 위한 필요 자원 측면에서 눈에 띄는 차이점을 찾을 수 있다. 먼저 1세대에서 2세대를 거쳐 3세대에 접어들면서 무형자산이 기술혁신 경영전략의 성공적인 활용에 필요한 자원으로 부각된다. 2세대 Andrew(1971)은 기업 내에 '공유된 비전 및 가치'와 같은 무형자산이 기술혁신 경영전략의 성공에 필요한 자원 중 하나임을 시사한다. 3세대의 Ouchi(1981)이 강조한 신뢰와 팀워크 또한 무형자산에 기반을 두고 있다. 아울러, 3세대 Peters & Waterman (1982)가 강조한 '탁월한 성과를 내는 기업들의 공통적인 특성' 역시 기업가정신과 같은 무형자산이 필요한 자원임을 보여준다.

2세대부터 6세대로 갈수록 유관 연구들은 내부조직지식이 기술혁신 경영전략 주요 대표 이론 활용에 필요한 자원임을 잘 보여주고 있다. 2세대의 Andrew(1971)이 얘기한 '경쟁사 대비 자사의 강점 및 약점 분석'은 내부 조직 지식에 기반한다. 2세대의 Ouchi(1981)이 강조한 '조직내 인간관계, 신뢰 및 자율성'과 Belbin(1981)이 강조한 '협력적이고 보완적인 팀 구성'은 내부 조직 지식에 바탕을 두고 있다. 4세대 Hamel & Prahalad(1994)의 '핵심역량의 발굴'과 5세대 Nonaka & Takeuchi(1995)의 '지식창출의 순환 과정의 구축' 또한 내부 조직 지식에 기반한다. 6세대 Teece(2009)가 강조한 중요 요인인 '동적 역량의 창출과 유지' 또한 내부 조직 지식에 바탕을 두고 있다.

기술혁신 경영전략 주요 대표 이론 활용에 필요한 역량의 세대별 공통점과 차이점은 전술한 필요 자원의 세대별 특성과 궤를 같이 하고 있다. 그러나, 여기서 주목해야 될 점은 3세대부터 6세대로 갈수록 요구되는 필요 역량이 더 다양화되는 된다는 점이다. 3세대의 Peters & Waterman(1982)는 실행력, 학습력 및 집중력을 필요 역량으로 주목하고 있다. 4세대 Hammer & Champy(1993)은 내부 프로세스 분석 역량 및 내부 프로세스 개선 역량을 필요 역량으로 보고 있다. 5세대의 Nonaka & Takeuchi(1995)는 학습역량, 지식 창출 및 공유 역량을 필요 역량으로 강조하고 있다. 6세대 Teece(2009)는 환경변화 감지역량 및 환경변화 적응역량을 중요한 필요 역량으로 보고 있다.

17.3 기술혁신 경영전략의 후속 연구를 위한 제언

본 학술에서는 기술혁신 경영전략의 중요성과 개념(Part I)과 기술혁신 경영전략의 세대별 주요 대표 이론(Part II) 및 각 세대별 기술혁신 경영전략의 주요 대표 이론의 성공적인 활용을 위한 중요 요인(Part III)을 주요 유관 연구들에 대한 고찰을 통해 살펴보았다.

1950년대부터 2010년대 전반까지의 시기를 6세대로 구분하여 각 시대별 기술혁신 경영전략 주요 대표 이론의 발생 배경 및 특성을 살펴보고 이러한 이론들의 활용과 관련한 중요 요인들을 분석한 결과를 바탕으로 본 학술서에서 제공하는 향후 후속 연구들을 위한 제언은 다음과 같다.

첫째, 2010년 후반기 이후에 7세대에 기술혁신 경영전략 이론의 주요 대표 이론에 대한 연구가 필요하다. 2010년 후반기 이후에는 인공지능, 빅데이터, 사물인터넷, 클라우드 컴퓨팅이 비즈니스에 활발히 접목되면서 시장 경쟁을 둘러싼 경쟁의 다양성과 깊이가 더욱 고도화되고 있다. 이러한 상황에서 발전되고 있는 7세대 기술혁신 경영전략의 주요 대표 이론에 대한 연구가 필요하다.

둘째, 본 학술서에서는 6세대의 시대 구분을 통해 기술혁신 경영전략의 주요 대표 이론들에 대한 연구 결과를 제시하였으나, 향후 후속연구들에서는 보다 더 조밀한 시대 구분을 통해 기술혁신 경영전략 이론의 발전사를 더 밀도 있게 조명한다면 기술혁신 경영전략에 대한 이해의 폭을 넓히는 데 큰 기여를 할 수 있을 것으로 예상된다.

셋째, 기술혁신 경영전략 활용의 중요 요인들을 조명함에 있어서 보다 더 다양한 유관 연구들의 시사점들을 바탕으로 중요 요인들을 도출하는 것이 필요하다. 기술혁신 경영전략 활용의 중요 요인들을 파악하고 분석하는 것은 기술혁신 경영전략의 이론을 이해하는 것 못지 않게 중요하다. 그러므로, 더 다양한 유관 연구들을 통해 기술혁신 경영전략 활용의 중요 요인들을 조명하는 것은 향후 기술혁신 경영전략 분야의 연구에 큰 공헌을 할 수 있을 것으로 사료된다.

넷째, 기업의 규모와 특성 차이에 따른 시대별 기술혁신 경영전략의 주요 대표 이론과 활용의 중요 요인들에 대한 상호 비교 연구가 필요하다. 예를 들어, 중소기업과 대기업의 특성의 차이가 고려된 기술혁신 경영전략의 주요 대표 이론들과 활용의 중요 요인들을 시대별로 조명하고, 중소기업에 적합한 기술혁신 경영전략의 주요 대표 이론 및 활용의 중요 요인들을 대기업에 유용한 기술혁신 경영전략의 주요 대표 이론 및 활용의 중요 요인들과 시대별로 상호 비교하는 연구는 기술혁신 경영전략에 대한 이해의 폭과 깊이를 증대하는 데에 크게 공헌할 것으로 보인다.

다섯째, 산업별 특성 차이에 따른 시대별 기술혁신 경영전략의 주요 대표 이론과 활용의 중요 요인들에 대한 비교 연구가 필요하다. 전자 산업과 패션 산업에 필요한 기술적 지식과 시장 지식에는 큰 차이가 있듯이 상이한 산업별로 효과적인 기술혁신 경영전략의 주요 대표 이론에는 차이가 있을 수 있다. 따라서, 주요 산업에 따라 적합한 기술혁신 경영전략의 주요 대표 이론과 활용의 중요 요인들을 시대별로 조명하고, 산업별 기술혁신 경영전략의 주요 대표 이론과 활용의 중요 요인들의 시대별 공통점과 차이점을 분석하는 연구는 기술혁신 경영전략의 이론과 활용 분야의 발전에 큰 기여를 할 수 있을 것으로 사료된다.

참고문헌

Afuah, A. (2003). Innovation management : Strategies, implementation, and profits, Oxford University Press.

Anderson, C. (2012). Makers: The new industrial revolution, Crown Business.

Andrews, K. R. (1971). The concept of corporate strategy, Dow Jones-Irwin.

Ansoff, H. I. (1957). Strategies for Diversification. Harvard Business Review, 35(5), 113-124.

Barney, J. B. (1997). Gaining and sustaining competitive advantage, Addison-Wesley Publishing Company.

Bartlett, C. A., & Ghoshal, S. (1987). Managing across borders: New organizational responses. Sloan Management Review, 29(1), 43-53.

Belbin, R. M. (1981). Management teams : Why they succeed or fail, Heinemann.

Betz, F. (2011). Manaing technological innvovation. Wiley.

Christensen, C. M. (1997). Innovator's dilemma : When new technologies cause great firms to fail, Harvard Business School Press.

David, F. R. (2007). Strategic management: Concepts and cases, Pearson.

Drucker, P. F. (1954). The practice of management, Harper & Brothers Publishers.

Evans, P., & Wurster, T. S. (1997). Strategy and the new economics of information. Harvard Business Review, 75(5), 70-82.

Grant, R. M. (1996). Toward a knowledge-based theory of the firm.

Strategic Management Journal, 17(Winter Special Issue), 109-122.

Grant, R. M. (1997). The knowledge-based view of the firm: Implications for management practice. Long Range Planning, 30(3), 450-454.

Grant, R. M. (2002). The knowledge-based view of the firm. In C. W. Choo & N. Bontis (Eds.), The strategic management of intellectual capital and organizational knowledge (pp. 133-148) Oxford University Press.

Hamel, G., & Prahalad, C. K. (1994). Competing for the future Harvard, Business School Press.

Hammer, M., & Champy, J. A. (1993). Reengineering the corporation: A manifesto for business revolution, Harper Business.

Henderson, B. D. (1970). The product portfolio. https://www.bcg.com/publications/1970/strategy-the-product-portfolio, 2022.09.04.

Kaplan, R. S., & Norton, D. P. (1996). The balanced scorecard: Translating strategy into action, Harvard Business Press.

Kotler, P. (1967). Marketing management: Analysis, planning, and control, Prentice-Hall.

Mintzberg, H. (1983). Structure in fives: Designing effective organizations, Prentice-Hall.

Nonaka, I., & Takeuchi, H. (1995). The knowledge-creating company: How Japanese companies create and the dynamics of innovation, Oxford University Press.

Ohmae, K. (1982). The mind of the strategist : The art of Japanese business, McGraw-Hill.

Ouchi, W. G. (1981). Theory Z : How American business can meet the Japanese challenge, Addison-Wesley Publishing Company.

Peters, T. J. & Waterman, R. H. (1982). In search of excellence: Lessons from America's best-run companies, Harper and Row.

Porter, M. E. (1980). Competitive strategy: Techniques for analyzing industries and competitors, Free Press.

Rogers, E. M. (1962). Diffusion of innovations, Free Press.

Stalk, G. Jr. (1988). Time--the next source of competitive advantage. Harvard Business Review, 66(4), 41-51.

Teece, D. J. (2009). Dynamic capabilities and strategic management: Organizing for innovation and growth, Oxford University Press.

Von Hippel, E. (2005). Democratizing innovation, MIT Press.

Williamson, O. E. (1975). Markets and hierarchies: Analysis and antitrust implications, Free Press.

| 찾아보기

| 찾아보기

허용석

● **학력**

KAIST 경영공학 박사
서울대학교 경영학 석사
성균관대학교 영어영문학 학사 및 경영학 학사

● **경력**

(현) 영남대학교 경영대학 경영학과 교수
(전) 한국경영정보학회 Information Systems Review 편집위원
(전) 삼성경제연구소(SERI) 수석연구원
(전) KAIST 지식경영연구센터(KMRC) 수석연구원
(전) 한국경영학회 상임이사
(전) 한국산업경영학회 이사
(전) 한국지식경영학회 지식경영연구 편집위원
(전) 한국산업경영학회 경영연구 편집위원

● **주요 연구 분야**

기술혁신전략, 지식경영전략, 제품 및 서비스 혁신전략, 데이터 사이언스, 인공지능, 빅데이터 분석

● **수상**

한국지식경영학회 추계학술대회 최우수 논문상(2013년)
영남대학교 우수연구상(2015년)
한국경영정보학회 추계학술대회 공로상(2018년)
영남대학교 강의우수교수상(2018년)
영남대학교 우수연구상(2020년)

기술혁신 경영전략의 이론과 활용

초판 발행 2022년 10월 25일
초판 2쇄 2023년 10월 20일
지은이 허용석
펴낸이 최외출
펴낸곳 영남대학교 출판부
출판등록 1975년 9월 5일 경산 제16-1호
주소 경북 경산시 대학로 280
전화 053)810-1801 **팩스** 053)810-4722
홈페이지 book.yu.ac.kr
ISBN 978-89-7581-858-5 93320